La era del plástico

ÁLVARO LUNA

La era del plástico

Una nueva amenaza para la conservación de la naturaleza

GUADALMAZÁN

© Álvaro Luna, 2020
© Talenbook, s.l., 2020

Primera edición: marzo de 2020

Reservados todos los derechos. «No está permitida la reproducción total o parcial de este libro, ni su tratamiento informático, ni la transmisión de ninguna forma o por cualquier medio, ya sea mecánico, electrónico, por fotocopia, por registro u otros métodos, sin el permiso previo y por escrito de los titulares del *copyright*.»

Cualquier forma de reproducción, distribución, comunicación pública o transformación de esta obra solo puede ser realizada con la autorización de sus titulares, salvo excepción prevista por la ley. Diríjase a cedro (Centro Español de Derechos Reprográficos, www.cedro.org) si necesita fotocopiar o escanear algún fragmento de esta obra.

Guadalmazán • Colección Divulgación Científica
Director editorial Antonio Cuesta
Corrección José López Falcón

www.editorialguadalmazan.com
pedidos@almuzaralibros.com - info@almuzaralibros.com

Imprime: BLACK PRINT

THEMA: PDZ; PSAF; RNC
ISBN: 978-84-17547-22-6
Depósito Legal: CO-256-2020
Hecho e impreso en España-*Made and printed in Spain*

A los jóvenes investigadores a los que les está tocando convivir con el lado negativo de la ciencia. Ánimo, de todo se sale.

Índice

Prólogo 15

1. El hombre y su obra 23
2. De la ciudad al resto del planeta 39
3. El impacto por descubrir 57
4. Un mundo bajo nuestros pies 67
5. Rebelión en la granja 77
6. El monstruo del lago era de plástico 87
7. Las obstruidas arterias del mundo 97
8. Un cuento de corrientes marinas e islas de plástico 111
9. Playas de plástico 121
10. *Mare plasticum* 139
11. El día que descubrimos la tragedia 149
12. Ahogados en plástico 159
13. La telaraña marina 173
14. Al abordaje 185
15. ¿Plástico y cambio climático? 193
16. Lo invisible a los ojos 205
17. La última frontera 215
18. *Homo plasticus* 227
19. El futuro 237
20. *Res non verba* 247

Epílogo 257
Agradecimientos 263
Bibliografía 267

Hay alguien que ha llamado a la nuestra, así como se habla de la cultura de la piedra, de la cultura del bronce, de la cultura del hierro, hay alguien que ha llamado a esta, a la nuestra, la cultura de la basura, la cultura de los desperdicios. Verdaderamente es muy posible que este poco poético denominador de nuestra vida actual haya acertado. Porque hay quien más optimista nos llama la época del átomo, la época del automóvil, la época del petróleo, pero ciertamente, lo que más nos diferencia de todas las otras épocas, de todas las otras culturas, lo que más preocupa y lo que verdaderamente puede transformar más radicalmente la posición de la humanidad en el presente es la basura: basura no solamente en forma de coches viejos, que se hacinan y amontonan en cementerios; basura no solo en forma de bolsas de plástico y de esos famosos envases sin retorno que van a llegar a España y al mundo entero. No cabe la menor duda de que la nuestra puede también llamarse la civilización de la BASURA.

Félix Rodríguez de la Fuente

Podemos juzgar el progreso por la valentía de las preguntas y la profundidad de las respuestas; por la osadía de encontrar la verdad más que en regocijarnos en lo que nos hace sentir bien. No quiero creer, quiero saber.

Carl Sagan

¡Por el amor de Dios, parad esta denigración a la ciencia! ¡Dejad de darle poder a la gente que no cree en la ciencia, o peor aún, a aquellos que fingen no creer en ella por sus propios intereses! Ellos saben quiénes son y nosotros sabemos quiénes son ellos.

Harrison Ford
Cumbre mundial de acción contra el cambio climático

Prólogo

En marzo de 2018 estaba de viaje en Egipto, tierra llena de historia, el sueño de todo viajero. No era la primera vez que me encontraba con el problema de los plásticos frente a frente, pero ciertos matices de mis observaciones fueron haciendo brotar en mi interior la necesidad de escribir este libro.

Cierro los ojos y vuelvo momentáneamente a Keops, Kefrén y Micerinos, las más famosas de entre todas las pirámides. Allá estoy, atónito, sintiendo ante mí esa sensación familiar que aparece cuando contemplamos la grandeza de lo inmortal. El peso de la historia, podríamos llamarlo, en forma de torrente emocional. Uno se frota los ojos, incapaz de creer que la construcción de algo de semejante envergadura fuera posible en un pasado remoto. Casi sin quererlo, intento comprender el tiempo que ha pasado desde el auge de esta civilización irrepetible, pero la mente humana no parece hecha para comprender con toda su profundidad esas escalas temporales, ni para cotejar en todo su significado ni el pasado ni el futuro. Tal vez ese sea parte del problema.

Esa mañana de 2018 hacía un sol de justicia en Egipto pese a ser temprano. Las primeras excursiones de asiáticos —que, a falta de occidentales, atemorizados por la omnipresente amenaza terrorista, copan el nuevo turismo de Egipto— comenzaron a aparecer por cada rincón, como emergidos de las arenas. Iban pertrechados con todo tipo de recursos para combatir la crudeza del desierto, como si en vez de una hora fueran a pasar semanas desafiando a la tempestad de polvo. Todos parecían bien informados sobre la importancia de una correcta hidratación, no cabe duda. En un país árido, que además recibe a millones de personas no adaptadas a ese entorno, la venta de agua y refrescos parece tan natural como el respirar. A ninguno le faltaban en su equipamiento botellas y latas. Los que no las traían desde el hotel las compraban a los abundantes vendedores ambulantes, que pululaban de pirámide en pirámide, casi obligándote a adquirir su mercancía por pura insistencia. Como no podía ser de otro modo, una vez vacíos, la mayoría de los recipientes acabaron en el suelo, donde, si el viento se alzaba, en pocas horas quedaban sepultados, como así perduran tras miles de años cientos de maravillas de la antigüedad que aún esperan a ser desenterradas.

Ciertamente, aquel día —y deduzco que otros muchos—, allá por donde pasaban las hordas de excursionistas se hacían notar, dejando un visible reguero de desperdicios que los pocos barrenderos no parecían capaces de abordar. En cualquier caso, a nadie parecía importarle. Los lugareños, por su parte, no pretenden juzgar lo que ven, como si el turista fuese de una casta especial al que todo se le permite. El visitante ocasional, por su lado, se contenta con sus selfis de turno, motivación prioritaria en los tiempos que corren. Un mundo de usar y tirar, acumulando vivencias de usar y tirar.

De aquel día recuerdo no parar de ver botellas de plástico tapizando el suelo, acumulándose bajo la arena del desierto. «Igual soy muy exigente», pensé, acostumbrado ya a tener que asimilar que en demasiadas ocasiones las cosas son como son, y no como desearíamos. Pero no, aquello era inadmisible, un lugar de esas características no podía estar lleno de botellas de plástico esparcidas por doquier. En ese momento me estaba intentando convencer a mí mismo, sin terminar de entender qué pretendía mi mente bombardeándome. Sentía esas punzadas que los conservacionistas tan bien comprendemos cuando vemos que se daña la naturaleza.

Dejé atrás el barrio de Guiza, acomodado en un destartalado taxi con espíritu de coche de Fórmula 1, no apto para cardíacos. A través de sus ventanas, como si estuviera visionando una película basada en un futuro pesimista, seguí fijándome en la visión tan desagradable que habían convertido en realidad. Contrariado, observé la basura que adornaba cada rincón de El Cairo, ciudad digna de conocer en profundidad, una caja de sorpresas que deleita a la vez que inquieta, una ciudad llena de vida y energía. El espectáculo era esperpéntico. Había remolinos de viento cargados de plásticos y papeles, acúmulos de basura en los bordes de las aceras, vertederos insospechados en callejones traseros. Llegué a observar ovejas comiendo plásticos en una acera polvorienta. Un momento de los que no se olvidan.

Como no podía ser de otro modo, me deleité con las vistas del Nilo, rey de los ríos, el vaso sanguíneo que engendró a la civilización más sorprendente que ha alumbrado nuestra especie. Este otro lugar inmortal de la memoria humana tampoco se libra del descontrol urbano que le ha tocado presenciar. Es una víctima más del desaforado crecimiento de una desordenada jungla de asfalto que, según las últimas estimaciones, supera los 20 millones de habitantes. La gestión de residuos es a todas luces insuficiente. Viven desbordados.

Junto al cauce principal serpentean diversos canales de agua que aparecen y desaparecen por diferentes barrios de la ciudad. Forman parte de populosos barrios formados a base de edificios irregulares, con las entrañas a la vista, pero con elegantes palomares en sus tejados. No exagero si digo que el estado de estos canales es lo más sorprendente que he visto en mi vida. Aquella mañana, ante mis ojos, se abrían cientos de metros de cauces de agua literalmente sepultados en basura. Anteriormente me había topado de bruces en otros países con escenas igualmente llamativas, pero ante este espectáculo daban ganas de frotarse los ojos para comprobar si lo que estaba observando era un espejismo, una especie de delirio obra de las altas temperaturas.

Orilla del Nilo en un pueblo cualquiera. El plástico
se mezcla con la arena y las piedras.

Edfu, Alto Egipto. Niños egipcios juegan junto a un pequeño bote
en la orilla del Nilo [29 de diciembre de 2011, Senderistas].

Todo fluía con cotidianidad para los cairotas, menos el agua que circula por su ciudad, cuya superficie ni se veía, totalmente cubierta de infinitos envases de plástico. De un simple golpe de vista pude cotejar que en ese desaguisado destacaban botellas de bebidas de todo tipo, y también las de productos de limpieza como la lejía. Fue un descubrimiento horrible. Las aves acuáticas saltaban entre la basura, intentando encontrar un hueco desde donde atisbar el agua para arponear alguna presa. En las orillas algunos padres pescaban con sus hijos, lo que me hizo comprender la situación complicada en la que viven muchos de los habitantes de una ciudad insostenible. Al lanzar la caña el anzuelo rebotaba entre botellas, enganchándose, hasta que tras varios intentos lograba abrirse hueco entre las basuras que flotaban. Internamente no sabía si desear que un pez picara, porque solo imaginar que alguien pudiera comer un ser salido de esas aguas me daba ganas de vomitar. La misma sensación se repetía cuando veía enormes pescados en los mercados, flotando en enormes recipientes de agua marrón, y que supuse que no vendrían de sitios mucho mejores.

Durante los siguientes días surqué el Nilo en dirección sur para conocer los diferentes tesoros de Egipto y descubrí infinidad de rincones hermosos e inolvidables. Desde el barco podía dominar bastante territorio en ambas orillas del río. Eso era especialmente estimulante, al poder de ese modo adquirir una perspectiva amplia del territorio. Al existir muchas horas entre destinos tenía tiempo libre para observar todo lo que el paisaje ofrecía, principalmente aves y templos imperecederos, que parecían observar el mundo desde la quietud de las arenas. Cuando pasábamos por asentamientos humanos, el tramo de orilla correspondiente al pueblo o ciudad en cuestión se presentaba desolador. De nuevo encontraba mucha basura, un elemento impropio de un paisaje que merece algo mejor. Ante mis ojos aparecían auténticos vertederos improvisados, donde todo tipo de basuras de colores yacían esparcidas, formando parte de la naturaleza de las orillas junto a córvidos y garzas, que intentaban encontrar alimento entre esos mismos desechos. Esa es la realidad: los egipcios usan el río como vertedero municipal, como lugar donde deshacerse de sus residuos. Triste destino para una tierra milenaria. Los niños saludaban efusivamente. Podía percibir sus enormes sonrisas blancas pese a los cientos de metros que separaban el barco de sus pueblos. Viven rodeados de basuras, es lo que hay, y no parece que eso vaya a cambiar radicalmente. En ese momento tomé conciencia de algo evidente: generamos muchos desechos, hay que deshacerse de ellos, y pocos rincones del mundo ofrecen soluciones eficaces para que esto se haga debidamente.

Sentado en la cubierta del barco, mientras permanecía tumbado a la sombra de un toldo que me protegía del calor del desierto, agarré lápiz y libreta y comencé a esbozar el esqueleto de un libro que tratase sobre la problemática de los plásticos. La línea que seguiría fluyó al instante, de modo que rellené varias páginas esquematizando el flujo de los residuos por el planeta: del humano al medio natural, comenzando por lo más inmediato a nosotros, y terminando en la red de comunicaciones de la propia naturaleza, para acabar depositándose en los más insospechados lugares. El hilo sería ese, el viaje del plástico por todo el mundo, con sus causas y consecuencias, desde lo evidente a lo discreto, mostrando lo que sale en los medios y lo que aún no ha encontrado lugar en los mismos. Así, empezaría por las ciudades, proseguiría por la tierra y las aguas continentales, y luego seguiría al plástico por los mares y océanos del mundo, para terminar de vuelta en nosotros, los humanos.

Teniendo una idea general de qué quería contar tan solo faltaba ponerse a ello, empezando por leer la considerable información que existe sobre la temática del plástico en la naturaleza. Otro punto vital era dedicar un espacio de mi apretada agenda a avanzar con paso firme hasta que el libro estuviera terminado. Esto ha sido lo más difícil, sinceramente. Hacer el doctorado es extenuante y no da tregua, pero el que quiere algo tiene que poner toda la carne en el asador, y yo quería escribir este libro.

Afrontar la creación de esta obra también tuvo una parte previa de reflexión, de análisis de cómo transcurre nuestra sociedad y de cómo intentar plantear un tema polémico. Corren malos tiempos para la lírica. Entre *fake news*, posverdades y la profusión de radicalismos y postmodernismos de bajo calado argumental, la sociedad se encuentra perdida, entregando la conformación de su realidad a disparates que surgen en todas las direcciones, copando todos los ámbitos de la vida. ¿Qué puedo decir, si pese a las clamorosas evidencias incluso un sector político defiende alegremente que el cambio climático es un invento y que la teoría de la evolución es solo un punto de vista? En estos tiempos la templanza y la búsqueda de la honestidad intelectual no parecen ser muy premiadas, y para más inri esto coincide justo con el momento de la historia de la humanidad en el que más información hay disponible. Esto genera una contradicción difícil de asumir para los que creemos en la cultura como factor elemental para la construcción de una sociedad civilizada. Dicho esto, hacer un buen uso de la información disponible, sin caer en tentaciones relacionadas con la demagogia, el sensacionalismo y la visceralidad imperante, ha sido mi principal preocupación.

Al final he sido capaz de hilar todo un libro, dedicando diferentes apartados del mismo a todos los ecosistemas que esbocé en la cubierta de un barco surcando el Nilo. A veces me daban ganas de desahogarme, de gritar la rabia que da escribir sobre este tema, pero intentaba calmarme, trataba de escribir un libro con templanza. Espero que mi trabajo haya merecido la pena, sobre todo por el fin didáctico y transformador que puede tener en el lector que interiorice lo que aquí se cuenta. Sin más dilación, les doy la bienvenida a una vuelta al mundo un tanto particular, no tal vez la más deseada: la vuelta al mundo desde el punto de vista del plástico.

El geoquímico estadounidense Clair Cameron Patterson (1922-1995).

1. EL HOMBRE Y SU OBRA

*Quizá la más grande lección de la historia es que
nadie aprendió las lecciones de la historia.*
Aldous Huxley, escritor inglés

Clair Cameron Paterson fue un personaje clave del siglo XX, uno de esos nombres al que nadie pone cara, pero al que debemos más de lo que creemos. Este científico estadounidense escribió su nombre con letras de oro en la historia al haber logrado revelar la edad de la Tierra. Sin embargo, será tal vez más recordado por haber sido uno de los primeros en luchar públicamente contra las grandes fortunas asociadas al negocio del petróleo. Paterson, en un período controvertido de nuestro pasado reciente, y sin dejar margen a la duda, se embarcó en una lucha que le acarreó infinitos problemas durante buena parte de su vida.

En el siglo pasado algo ocurrió en todo el mundo con el plomo. Por algún motivo, el plomo comenzó a usarse indiscriminadamente en multitud de objetos de la vida cotidiana: pinturas para el hogar, envases de alimentos, utensilios de cocina, tuberías de agua y, sobre todo, en el combustible de los vehículos. Que el plomo era tóxico y había repercutido en la salud humana desde la antigüedad era conocido, por lo tanto, resultó extraño su repentino auge. Sin embargo, nada parecía importar a la hora de usarlo sin control. En resumidas cuentas, habíamos hecho amigable algo que debía ser tratado con mucha precaución. En una era en la que los avances y la publicidad nos prometían la llegada de una sociedad moderna y avanzada, nadie parecía interesado en reparar en los posibles efectos adversos que el desaforado uso de combustibles con plomo pudiera tener en toda la Tierra. Así, con la complicidad de la sociedad, de un modo silencioso, fuimos liberando plomo por el mundo a través de los tubos de escape de nuestros coches.

Lo que estaba ocurriendo no tenía lógica, como así se terminó demostrando. Los datos obtenidos por Paterson y sus colaboradores durante años corroboraron que el plomo, en efecto, estaba viajando a todos los rincones del mundo, hasta los más insospechados. Entre otros resultados mostraron que su presencia en el ambiente se había multiplicado por mil en cien años, y que había llegado a lugares tan remotos como el fondo del mar, el hielo de Groenlandia, la Antártida, e incluso al interior del ser humano. Hoy se puede afirmar que los humanos del siglo xx han tenido más plomo en su organismo que cualquier antepasado, lo que es una evidente consecuencia de las nefastas decisiones tomadas durante ese momento del pasado.

En resumidas cuentas, habíamos generado un problema de índole planetaria, un daño al que nos había conducido la cara oculta de nuestro modelo de desarrollo. Sin duda, estábamos conociendo el reverso de lo que, por otro lado, se puede considerar como el mejor momento de la humanidad en cuanto a esperanza y calidad de vida, etapa en la que seguimos transitando pese al pesimismo imperante en parte de la sociedad. Durante el transcurso de sus investigaciones, Paterson no mereció credibilidad; es más, recibió avisos de grandes empresas vinculadas al petróleo para que parara de investigar sobre el plomo. Al mismo tiempo le ofrecieron suculentas ofertas para que focalizara su interés en otros temas, presionaron a sus superiores e intentaron atemorizarle. Las grandes multinacionales, ante la negativa del científico, siguieron desprestigiando su trabajo durante años, pese a que las evidencias apuntaban a que, indudablemente, los automóviles y otros útiles de nuestra vida diaria estaban liberando demasiado plomo en el planeta.

Pero los hechos son caprichosos, la realidad tiene la fea costumbre de existir, independientemente de la opinión de cada uno, y al mismo tiempo ser medible mediante técnicas adecuadas que nos aproximan a su conocimiento. Como no podía ser de otro modo, tras veinte años de lucha, la contundencia de las pruebas aportadas por Paterson y otros científicos consiguieron que tan polémico elemento dejara de usarse con tanta alegría en la vida cotidiana. Desde ese momento se logró prohibir su incorporación a los combustibles y se redujo su uso en diversos materiales. En resumen, pasó a ser tratado como un elemento con el que tomar precauciones, al vincularse indudablemente a problemas para la salud humana y para el medio ambiente. En consecuencia, lo que vino a continuación no podía sorprender a nadie: en cuestión de pocos años, el nivel de plomo en el torrente sanguíneo de personas de todo el mundo comenzó a descender notablemente. Paterson, y por extensión la humanidad, habían ganado.

Puede resultar extraño comenzar un libro sobre plástico hablando del plomo, pero las similitudes entre este caso y el del plástico, y la cercanía en el tiempo entre ambos casos, invita a pensar. Parece como si el plomo hubiera sido un aviso, y que el plástico es otra señal que nos alerta del mismo patrón, aunque con nueva cara. Los humanos somos unos seres fascinantes, dignos de estudio, capaces de lo mejor y de lo peor. Entre los defectos que se nos pueden atribuir se encuentra el ser incapaces de comprender la dimensión de nuestros actos. Curiosamente, en caso de hacerlo, podemos mostrar una inusual habilidad para obviar lo evidente, o acomodar los hechos a lo que mejor venga a nuestra mente, con tal de vivir con menos preocupaciones. No es simplemente cuestión del ser humano actual —quien, no obstante, sí que ha profundizado en la desconexión con su propio entorno—, pero en cualquier caso resulta un acto torpe que nos muestra como seres en una extraña deriva.

En cualquier caso, quiero romper una lanza a favor de nuestra generación, aunque sin actuar como abogado del diablo. Actualmente se tiende a considerar que nuestra generación es la mala de la película, que vivíamos en el Edén eterno, pero llegó la era industrial y al ser humano le perdió el color del dinero. Yo no lo creo, simplemente veo que tal vez se han unido varios hechos que juntos resultan peligrosos: lo peor de la ambición humana ha coincidido con el momento en el que más humanos ha habido en el planeta, y en el que mayor potencial para acometer aquello que nos propongamos hemos alcanzado. No es que antes el ser humano no produjera desaguisados, los ha hecho siempre, pero afectaban a menor escala, reduciendo a cenizas alguna ciudad, tal vez incluso alguna sociedad al completo, pero no afectando a todo el planeta. Podemos pensar en la propia Mesopotamia, cuna de la civilización, que sufrió los avatares de la sobreexplotación de la tierra, a lo que se sumó el empobrecimiento de las mismas por el riego con agua con demasiada sal. En el caso de los mayas, siempre de moda, se comienza a sugerir que la mala gestión de sus recursos naturales influyó de forma decisiva en su declive. También se considera que sufrieron las consecuencias de sus malas decisiones ambientales los habitantes de la isla de Pascua, que deforestaron su único hogar hasta provocar la debacle de su propio pueblo. Incluso un país tan de moda como Islandia perdió mucho suelo fértil y vegetación por el sobrepastoreo. No ha sido hasta tiempos recientes cuando se han propuesto revertir esta situación y acometer prometedoras tareas de recuperación.

Aunque la mala gestión del medio ambiente no ha sido la única excusa que explica el declive de muchas sociedades, no cabe duda de que el factor ecológico contribuyó a la desaparición de algunas de ellas, haciéndolas vulnerables y poniendo en bandeja que hoy queden como un recuerdo. En parte, todo es un problema de escala. Podría parecer que estos ejemplos que daba en el anterior párrafo han sido ensayos de los que no hemos aprendido nada. Eso sí, sus consecuencias pueden repetirse ahora a mayor escala, en caso de seguir caminando por el filo de la navaja pretendiendo no cortarnos. Nuestro defecto es que ahora sabemos que lo estamos haciendo, tenemos datos de sobra. Las cuentas no salen, estamos deteriorando el planeta a un ritmo desaforado, pero parece que a pocos les interesa solventarlo. Somos muchos extrayendo y produciendo, en muchos rincones del mundo, inmersos en un sistema que premia esa carrera hacia un futuro que se presenta borroso.

El plástico es un símbolo inequívoco de nuestra era. Vivimos en un mundo plastificado, pero, como acabamos de ver, no es la primera vez que nuestras decisiones tienen repercusiones negativas. Seguramente, las sociedades que nos precedieron ni se dieron cuenta de lo que pasaba o podía terminar ocurriendo. Quién sabe, tal vez lo intuían, pero no podían apearse de ese extraño viaje a la autodestrucción, en el que los prudentes rara vez son escuchados ante los cantos de sirena de la prosperidad veloz, o del inexcusable presente inmediato. Al menos en esta ocasión no contamos con un solo equipo de científicos obstinados como el capitaneado por Paterson, sino con cientos de ellos repartidos por todo el mundo, y con mayor libertad para trabajar, lo cual sin duda beneficia el avance del conocimiento. Que hagamos caso a la ciencia es otro cantar.

El plástico ha triunfado, eso es un hecho. Es moldeable, elástico, más barato que otros materiales, y tiene propiedades que lo hacen muy útil como aislante térmico y eléctrico. Sí, parece un gran avance, el ser humano ha creado algo realmente interesante, explorándolo con ahínco para obtener infinidad de variedades y formas partiendo de una base similar. Sin embargo, no sabría decir en qué momento exacto de nuestras vidas el plástico se nos fue de las manos. Eso ha de ser debido a que se ha tratado de un proceso gradual del que uno no es totalmente consciente. Me recuerda a aquello de la rana a la que metes en agua hirviendo y salta, pero que al meterla en agua templada que se va calentando gradualmente no percibe que se está cociendo, y termina muriendo.

Creede, Colorado. Mina de plomo para la industria bélica.
Andreas Feininger, 1942 [Library of Congress].

La historia del plástico nos lleva a un viaje atrás en el tiempo, aunque tampoco hay que remontarse muy lejos. En el siglo XIX el ser humano comenzó a considerar el uso industrial de materiales destacados por su elasticidad, aunque no derivados del petróleo. Es el ejemplo del caucho, empleado en la elaboración de neumáticos, entre otros fines. Estábamos jugando con nuevos materiales que lo cambiaban todo, y estábamos haciéndolo en una época en la que la sociedad humana se adentró sin vuelta atrás en el momento de la historia que ahora nos ocupa, donde dio el pistoletazo de salida la industrialización. Fue también una era de grandes inventores e inventos, disputas por patentes, la creación de grandes emporios económicos, etc.

Poder abaratar costes, e incluso no tener que depender de materias primas relacionadas con la explotación directa del medio natural, motivó que entonces parte de la atención comenzara a focalizarse en obtener materiales sintéticos por otras vías. Así llegamos a la parkesina, inventada por el británico Alexander Parkes en 1856. Este invento parecía tener fundamento. Era moldeable en caliente pero rígido en frío, unas propiedades sorprendentes. Fue el primer avance, pero para entonces nadie podía presagiar lo que se iría desencadenando hasta llegar al momento actual. Pese a la aparente brillantez del hallazgo, el momento del plástico aún no había llegado.

John Wesley Hyatt focalizó su esfuerzo en obtener materiales plásticos a partir de celulosa vegetal. Durante la segunda mitad del siglo XIX, el billar estaba muy de moda en Estados Unidos y Europa. Las mesas de billar abundaban en casas de familias pudientes de todo el mundo, pero las bolas en aquellos tiempos se hacían de marfil, obtenido a partir de colmillo de elefante. Puro lujo y desenfreno. Ya por esas fechas —lo que son las cosas—, los periódicos comenzaron a alertar del peligro de extinción de estos grandes mamíferos, invitando a reflexionar sobre lo absurdo de hacer desaparecer a una especie para hacer objetos absolutamente prescindibles. Ante esta mala publicidad se lanzó un anuncio ofertando una suculenta cifra para aquel que aportara un sustituto al marfil para la elaboración de bolas de billar. Hyatt, sin formación específica en ciencias, había logrado patentar diversos inventos, así que se lanzó al nuevo reto. Comenzó probando con una mezcla de ácido nítrico y algodón, pero resultó ser inflamable, así que las pruebas siguieron. Finalmente dio con la clave: logró un producto maleable, impermeable y consistente. Mejoraba a los productos plásticos estrictamente naturales, lo cual ya era un paso notable. El hecho de no tener que realizar plantaciones de árboles que tardaban años en rendir, ni tener la obligación de tener la fuente de materia prima a miles de kilómetros de la fábrica, parecía un aliciente claro. Patentó su invento en 1870, y lo bautizó como celuloide, al estar compuesto en parte por celulosa de algodón. Lamentablemente, las bolas de billar realizadas con este nuevo material sonaban demasiado al colisionar, por lo que su invento no fue aceptado para el fin que había sido diseñado —de hecho, se dice que nunca cobró la cifra ofrecida—. En cualquier caso, había logrado grandes avances en la elaboración de un material sintético con propiedades combinadas que no tenían otros productos. Poco después, el mismo invento, aunque con diversas mejoras, alcanzaría su mayor éxito en la industria del cine y la fotografía.

Respecto a los plásticos como los tenemos hoy en mente, si hubiera que poner fechas exactas se podría decir que todo comenzó hacia 1907, cuando el químico de origen belga Leo Hendrik Baekeland patentó la baquelita, el primer plástico realmente sintético. Como ya pasara antes, este producto surgió ante la necesidad de suplir a otro con origen natural, la goma laca, que procedía de la resina procedente de la secreción de un insecto asiático. Esta goma es la que se usa por ejemplo para impermeabilizar y tapizar diferentes superficies del hogar a modo de barniz. También es buen aislante eléctrico, lo que la posicionó como un producto muy demandado ante la expansión imparable de la electricidad —¿alguien imagina hoy un mundo sin electricidad?—. Al proceder de un insecto, era muy difícil satisfacer la imperiosa necesidad de obtener el producto, por lo que buscarle un sustituto sintético se erigió en una prioridad que resultaría realmente útil. Las grandes propiedades de la baquelita, que parecía ser aplicable a una infinidad de campos, proporcionaron pingües beneficios a Baekeland. Esta fue la primera vez que el plástico se puso de moda, aplicándose a multitud de objetos de la vida cotidiana. Pronto se hizo evidente que este descubrimiento era uno de esos pocos elegidos para cambiar la historia. Esto permitió seguir profundizando en la investigación y promoción de más materiales sintéticos con el mismo origen, dando lugar a la amplia variedad de plásticos que conocemos hoy. El plástico, tras diversos escarceos amorosos con la sociedad en el pasado, iba a despegar hacia el estrellato, ganándose los corazones del mundo entero.

Pasaron las décadas. Aquello a lo que coloquialmente llamamos plástico se fue instalando cada vez más en nuestras vidas, si bien ocupando en términos generales un segundo plano si hablamos en el conjunto del planeta —no es el caso de Estados Unidos, donde estaba más asentado su uso, e incluso constituía una moda—. Paulatinamente, nuevos polímeros sintéticos salieron al mercado, con nuevos y diversos fines. Hacia la mitad de siglo aún no se llegaba a la tonelada de plástico generada por año, pero en la década de los 40-50 del pasado siglo su fabricación comenzó a dispararse. Sus usos parecían infinitos, y ese era un eslogan muy tentador para los tiempos que corrían. Tras dos guerras mundiales en la primera mitad de siglo, a lo que se sumaba la necesidad de levantar la economía de cada país. Laboratorios de todo el mundo daban rienda suelta a su imaginación, creando cada vez más compuestos derivados del petróleo destinados a los más variopintos fines. Todo era color y alegría.

Allá por los 60 los primeros estudios científicos comenzaron a reportar casos de aves marinas con plásticos en su tracto intestinal. Parecía algo anecdótico a la par que preocupante. La euforia de los nuevos materiales podía tener una cara B que no se debía desatender, pero nadie estaba dispuesto a ser el aguafiestas que frenara una carrera meteórica. Hacia los años 70 comenzábamos a atisbar un escenario similar al que conocemos hoy. Durante una expedición científica llevada a cabo en esta década en el mar del Norte aparecieron pequeños trozos de plástico en el agua. Se trataba de piezas que también hicieron acto de presencia en otra investigación en el océano Atlántico. Las evidencias continuaron apareciendo, discretamente, en distintos lugares del mundo. Parecía algo generalizado, el nacimiento de un problema global. Algo que había comenzado de forma disimulada empezaba a mostrar su cara más oscura.

En la década de los 80 saltaron las primeras alarmas serias. Poco a poco, más científicos coincidieron en advertir sobre los daños para el medio ambiente que la acumulación de plásticos en la naturaleza, sobre todo en los mares, estaba ya ocasionando. En ese momento nadie comprendió a los científicos, ni dio prioridad a sus avisos: seguían clamando en el desierto. La sociedad no quería dejar de usar plástico, a todos nos iba bien con él, así que durante las siguientes décadas el tema no se haría prioritario.

Con el comienzo del nuevo siglo los problemas se han disparado, como así lo ha hecho la producción de plásticos, que inexplicablemente sigue subiendo de modo imparable, pese a la información ya disponible. En los últimos tiempos han surgido nuevas modas, como plastificar cada pieza de fruta y verdura de modo individual, o poner doble o triple envoltorio a multitud de alimentos procesados que no requieren tal mimo en sus envases. Los problemas asociados a esta locura han explotado en nuestras propias narices. La cara oscura del plástico se hace visible a lo largo y ancho del mundo, en sus más variadas formas. Esto ha llevado a estudiar incluso el rol negativo que los plásticos pueden ocasionar para nuestra salud. El cúmulo de evidencias que actualmente tenemos sobre los efectos de la contaminación por plástico es lo suficientemente amplio como para sonrojar a quien niegue lo evidente.

Actualmente la problemática del plástico ha llevado a iniciar multitud de líneas de investigación en todo el mundo, convirtiéndose en uno de los temas de moda científica, junto al cambio climático. Gracias a esta gran labor hoy sabemos que, además de la basura que vemos, hay otros plásticos de menor tamaño que pasan desapercibidos, a no ser que se usen técnicas de detección más potentes. De hecho, el método de clasificación de plásticos más habitual es hacerlo dependiendo de su tamaño. Dentro de esta clasificación los más obvios de entre los plásticos son los técnicamente denominados *macroplásticos*, que poseen un tamaño de más de 5 milímetros. Ahí entran todos los que tenemos en la mente, los que vemos por la calle o en la playa: botellas, bolsas, tapones, etc. En conjunto, forman junto a desechos no plásticos presentes en el medio lo que se ha venido a denominar *basuraleza*, polémico término que pretende alarmar sobre la cantidad de desechos humanos que encontramos fuera de control, hasta en los sitios más insospechados. El mayor porcentaje de estos plásticos presentes tanto en nuestras calles como en la naturaleza corresponde a colillas, bolsas de supermercado y diversos plásticos de embalaje. En este *ranking* negativo aparecen igualmente los bastoncillos para los oídos, también vasos y platos, compresas, y otro producto de moda sobre al que se está intentando poner freno: las toallitas húmedas.

Me paro en este último caso por lo disparatado que resulta. Las aterciopeladas y fragantes toallitas húmedas no biodegradables no pueden ser arrojadas al retrete. A la gente eso no le importa, por lo que la gran proliferación que han tenido en años recientes, y su mal uso, están generando enormes atascos en los sistemas de alcantarillado y depuración de muchas ciudades. Al circular por las cañerías, junto a otras múltiples basuras, las toallitas forman verdaderos tapones de aspecto monstruoso, que los ingleses han bautizado como *fatbergs*, icebergs de grasa. Se estima que cada año se generan 10 kilogramos de residuos procedentes de estas toallitas por cada español, lo que da un

Restos de toallitas húmedas que, tras no ser depuradas, llegan al mar. Palma de Mallorca.

resultante total de varias toneladas de este prescindible producto circulando libremente por las tuberías. Al traducirlo a dinero, esto provoca pérdidas millonarias en tareas de reparación y mantenimiento.

Dejando atrás el mundo de la basura perfectamente reconocible, la clasificación prosigue adentrándose en terrenos más misteriosos, como el de los microplásticos. A diferencia de los anteriores, estos elementos tienen un tamaño menor de 5 milímetros. Esto los hace en ocasiones directamente imperceptibles al ojo humano, convirtiéndolos en una amenaza silenciosa. Hay dos vías por las que un plástico puede entrar en esta categoría. La primera de ellas es a partir de trozos de macroplástico, que al descomponerse por procesos de erosión, o al ser ingeridos por la fauna, van dando lugar a partículas cada vez menores. Estos microplásticos en primera instancia llegan al medio como residuos de mayor tamaño, pero luego cambian de categoría. Por otro lado, existen los plásticos que tienen este diminuto tamaño ya desde su proceso de fabricación, apareciendo como tales en el medio. A este grupo pertenecen multitud de fibras sintéticas presentes en nuestra ropa, en las alfombras, y en las esponjas de fregar los platos, por dar ejemplos de la vida cotidiana.

El tema de los microplásticos es peliagudo. Como decía, de prácticamente todas nuestras prendas de vestir se desprenden fibras sintéticas, hagamos lo que hagamos. Se estima que en cada lavado pueden liberarse más de 2000 de estas pequeñas fibras. De nuestras lavadoras partirán rumbo a las depuradoras de agua, que no siempre lograrán asimilarlas. También aparecen en el aire. Por hacernos a la idea del alcance de este problema. Se estima que solo en París puede haber varias toneladas de microfibras flotando en el aire, con posibilidad de depositarse finalmente en cualquier lugar, ya sea tierra o agua, donde entrarán a formar parte de la red de la vida.

Un caso particular de microplástico es la purpurina, partículas brillantes que podemos usar en disfraces y maquillaje para fiestas, pero que acarrean consecuencias desagradables, en las que de nuevo no reparamos. Como ya pasara con el ejemplo de las fibras de la ropa, las depuradoras tampoco pueden filtrar la purpurina para retirarla del medio, por lo que estos elementos llegan de forma masiva a los cauces de agua, y por último al mar. Resulta increíble cómo algo prescindible, un capricho estético humano, puede ser tan dañino, así como resulta increíble que a nadie le importe esto.

Finalizando este repaso a la clasificación, como una categoría especial de microplástico están los *nanoplásticos*, el último descubrimiento. Se trata de partículas de menos de un micrómetro, un tamaño realmente reducido. En esta categoría entran productos que han tenido un gran auge en los últimos años, como las microesferas que se han venido usando en detergentes, cosméticos y pasta de dientes. Son productos del día a día, con fines que van desde el aspecto estético de los productos mencionados a la exfoliación de la piel. Sea como sea, si los microplásticos habituales son inabarcables para las depuradoras, estos aún más pequeños son imparables. Los daños que pueden ocasionar los nanoplásticos se multiplican, al lograr penetrar en lugares que permanecían vetados a plásticos de mayor tamaño —como las membranas celulares—, llegando así incluso a depositarse en diferentes tejidos del organismo, con consecuencias impredecibles. En este sentido, hoy sabemos que los nanoplásticos están alterando el crecimiento y la reproducción de diferentes invertebrados acuáticos, que sufren de este modo las consecuencias de vertidos que en gran medida proceden de las grandes ciudades y sus zonas industriales.

La realidad parece demostrar que el problema del plástico va mucho más allá de lo que parecía en un principio. No se trata de reciclar o recoger la basura que ensucia la naturaleza, sino que nuestra vida cotidiana también libera infinidad de partículas más difíciles de frenar. Así, se puede afirmar que la lucha contra el uso desproporcionado del plástico se ha erigido como uno de los mayores retos conservacionistas. Los políticos intentan priorizar en sus agendas —dentro de la lentitud siempre patente en materia conservacionista— la búsqueda de un giro, estrategias que lleven a la humanidad a un terreno en el que se racionalice el empleo desaforado de materiales sintéticos basados en recursos efímeros. La guerra para bajar al plástico del pedestal, donde se ha instalado con el beneplácito de todos, parece haber comenzado. No obstante, la realidad es que vivimos una situación extraña, en la que por un lado hay concienciación —la gente sabe sobradamente lo que está ocurriendo—, pero por otro lado el romance con el plástico sigue, al menos para buena parte de la sociedad.

Tenemos ante nosotros un reto que marcará nuestro futuro. Hoy podemos confirmar, como veremos a lo largo del libro, que los plásticos han llegado a todos los confines de la tierra, de polo a polo, al ecuador, al Everest, a los grandes ríos y a las profundidades marinas. Sus efectos, aunque ahora lográsemos frenar este avance, perdurarán en el planeta durante siglos. El período de descomposición de los plásticos se extiende más allá de nuestras propias vidas. Tanto es así que se han encontrado plásticos ingeridos por aves marinas que provenían de un avión derribado 60 años antes, a casi 10 mil kilómetros de distancia de donde se encontraba esa ave. El mundo es dinámico, está en constante movimiento. Lo que uno hace puede repercutir en la otra punta del globo en un momento indeterminado, y lo peor es que seguimos sin darnos cuenta de ello.

Actualmente, el 10 % de la basura que generamos en el mundo es plástico y solo un pequeño porcentaje, ínfimo si lo valoramos en todo el planeta, se recicla. Muchos de estos materiales son de un solo uso, o se emplean para empaquetar, pero más allá de eso no tienen más sentido. Se podría decir que han sido inventados y vendidos para ser usados durante solo unos minutos. Otros no llegan al año de vida útil, pero dejan igualmente su huella durante décadas. Siguiendo con cifras, basta decir que tocamos a 40 kilógramos de plástico por cada persona que habita este mundo.

Generamos tal cantidad cada año que podríamos envolver la Tierra en ellos. De seguir la tendencia actual, dentro de treinta años la cantidad de plástico producida servirá para envolver nuestro planeta 6 veces. Los números abruman, pero están ahí, concisos y certeros, dando a entender que posiblemente hemos perdido el norte. Hay mucho plástico en nuestras vidas, y por desgracia un gran porcentaje del mismo tiene un uso prescindible. En EE. UU., por ejemplo, los productos de plástico que tienen menos de 3 años de vida útil son los segundos más fabricados, y como también pasa en Europa, la mayoría de ellos solo son usados una vez, antes de pasar a ser un residuo que de no gestionarse debidamente puede perdurar miles de años en la naturaleza. Parece que hemos apostado por algo efímero en nuestras vidas, pero duradero en cuanto a sus efectos posteriores, lo que es confuso y poco sostenible.

En cualquier caso, no sería honesto terminar este capítulo sin recordar que, aunque ahora son el centro de todas las críticas, los plásticos juegan un rol muy importante en diferentes ámbitos, donde su uso sí que supone un claro beneficio. Los plásticos han supuesto un avance increíble, aportan soluciones técnicas en muchos campos, en los que son insustituibles o representan la mejor opción. Sería torpe negar el uso que se da a los plásticos en la medicina, por ejemplo. Pensad en vuestras experiencias a lo largo de la vida visitando a médicos. Pensad igualmente cuántos instrumentos basados en el plástico habéis visto o usado que suponen una clara mejoría respecto a lo que había antiguamente. Prescindir de algunos de los materiales hechos con plástico nos sumiría en siglos de retraso, y nadie desea eso. Pongamos todo en su contexto.

2. DE LA CIUDAD AL RESTO DEL PLANETA

«La ciudad no tiene otro centro sino nosotros mismos.»
Orhan Pamuk, escritor turco
Premio Nobel de literatura en 2006

Una mañana como otra cualquiera me encontraba en el aeropuerto de Palma, con una pequeña mochila de mano como único equipaje. El motivo principal de mi viaje exprés a los Países Bajos no era otro que visitar el Museo de Historia Natural de Róterdam. Estoy convencido de que nadie ha oído hablar de él, y de que nadie que visite el país de los tulipanes incluiría una visita a este modesto rincón entre sus principales objetivos. Ciertamente, yo tampoco tenía idea de la existencia de este lugar, lo había conocido poco antes a través del libro *Darwin viene a la ciudad*, de Menno Schilthuizen.

A la mañana siguiente a mi llegada, muy temprano, partí de Eindhoven a Róterdam con mi agenda bien organizada. Mi primera impresión al llegar a esta ciudad fue que se trata de un lugar moderno, sofisticado, plagado de obras arquitectónicas rompedoras que parecen competir entre ellas. Al salir de la estación caminé en línea recta por una avenida ajardinada, con numerosos puntos de agua plagados de aves acuáticas. Al final de dicha avenida a la derecha me

Darwin viene a la ciudad, de Menno Schilthuizen.

esperaba el museo, distante de la estación solo unos veinte minutos a pie. Tanta ilusión tenía en conocerlo que al final llegué una hora antes de que abriera, lo que me permitió pasear por la ciudad.

En general todo en Róterdam es orden y silencio, lo que uno esperaría de una ciudad de estas latitudes. Me sorprendió en cualquier caso que un rato antes de la apertura del museo se arremolinaran en la puerta algunos niños acompañados de sus padres, dispuestos a pasar una mañana de sábado diferente. A la hora que se indicaba en la puerta un señor abrió el museo, dando el pistoletazo de salida a las visitas del sábado. Los niños se fueron al instante con unas monitoras, con el fin de conocer el museo de un modo lúdico y adaptado a su edad, y yo, con el mismo espíritu que los niños —aunque solo acompañado de mi cámara y mi libreta—, me dispuse a visitar las diferentes salas del museo.

Pero ¿qué es lo que realmente había ido yo a hacer en este museo? El Museo de Historia Natural de Róterdam es pionero en varios aspectos. Lo que los ha hecho únicos principalmente es que llevan desde la década de los 60 hasta la actualidad incluyendo en sus colecciones fauna urbana. Se trata principalmente de animales que han sido hallados muertos en la ciudad, ya sea por atropello u otras causas atribuibles generalmente al hombre. Esto es más interesante de lo que parece. Gracias a la labor continua del museo puede comprobarse cómo animales que antes estaban en esta ciudad ya no lo están, y justo lo contrario, cómo han aparecido especies nuevas a través de diferentes vías.

De este modo, una de las salas principales, la dedicada a naturaleza en la ciudad, contiene una magnífica muestra de fauna urbanita. En esta sala aprovechan para explicar por qué ciertas especies están en la ciudad, qué adaptaciones muestran estos animales al vivir en un entorno tan original, y plantean el debate sobre cómo algunos de nuestros malos hábitos afectan a la naturaleza que nos rodea. Así, junto a los ejemplares disecados, este museo, en un alarde de originalidad, muestra objetos que han sacado del interior de ciertos ejemplares. Por ejemplo, el zorro está acompañado de restos que han encontrado en su interior. Entre el contenido del tracto digestivo de estos animales aparecen kebabs y otras comidas asociadas a nosotros, pero también envoltorios de caramelo, y otros plásticos que aparecen esparcidos en la ciudad. También encontramos en la exposición objetos hallados dentro de gaviotas, que van desde un bastoncillo para los oídos a papel de aluminio, pasando por vidrio, envoltorios de plástico, un peine de plástico, un tenedor y diferentes cuerdas, igualmente de plástico. Sin embargo, los plásticos hallados en animales disecados del museo no aparecen solo a partir de contenidos estomacales, sino también en nidos de aves. Así, la sala la preside un enorme nido de cisne compuesto en su totalidad de basura, sobre todo botellas de plástico, chanclas de playa y todo lo que uno pueda imaginarse que aparece en el medio. También muestran un nido de paloma compuesto de cable de acero y residuos varios, y un nido de grajilla común forrado de fibras plásticas de colores.

Pero ojo, pese a todo, la exposición de naturaleza urbana no es la que ha hecho popular al museo. La exposición estrella lleva el tétrico nombre de «Muertes de animales», por lo que uno sabe a lo que atenerse sin grandes sorpresas. Allí yacen diferentes víctimas de muertes en situaciones rocambolescas, dignas de mención. Está el gorrión al que dispararon por derribar 23 mil piezas de dominó en el *Domino Day* de Holanda de 2005, un evento en el que 4 millones de piezas de dominó debían caer por efecto dominó formando una figura. También aparece una gaviota que chocó con un helicóptero, los restos de una garza real que un mendigo se estaba comiendo y que la policía requisó, un pato que murió al chocar con las cristaleras del museo y que tras ello fue abusado por otro pato —este suceso se publicó en una revista científica, al ser el primer caso de necrofilia homosexual en patos—, y la estrella del museo: el erizo cuyo caso dio la vuelta al mundo.

El erizo McFlurry es mundialmente famoso, principalmente por lo llamativo de la situación que rodeó su muerte.

Estos animales introducen la cabeza en los recipientes del helado de la cadena McDonald's que la gente tira al suelo. Tan solo buscan su cena, y la presencia de comida golosa resulta demasiado tentadora. El problema radica en que luego no pueden sacar la cabeza del envase, falleciendo por asfixia. De esta guisa, aún con la cabeza metida dentro del McFlurry que ocasionó su muerte, permanece disecado en una vitrina el famoso ejemplar, siendo posiblemente el rincón más fotografiado del museo. La popularidad que ha alcanzado la exposición de este animal por culpa de nuestra basura ha desatado una oleada de críticas a la cadena de hamburgueserías, más si cabe al constatarse que más erizos estaban falleciendo por la misma causa, lo que finalmente ha llevado a McDonald's a cambiar el diseño del envase.

El principal resumen que pude extraer de mi visita es que, en nuestro entorno, empezando por las ciudades, tenemos más basura de la que pensamos. Nosotros vemos simplemente suciedad, pero esa suciedad puede estar dañando a la vida salvaje. Las cifras del plástico asustan: cada año se generan 500 millones de toneladas de plástico en el mundo. Por desgracia, atendiendo a su uso efímero, y al poco reciclaje y gestión que se realiza, actualmente se estima que solo el 9 % del plástico producido en la historia ha sido retirado del medio, por lo que entre lo que ya hay y lo que seguirá llegando, todo apunta a que vamos a seguir plastificando el mundo. De todo el que llega a la naturaleza, el 80 % se origina en tierra firme, principalmente en entornos urbanos y zonas agrícolas; el restante 20 % llega al medio directamente desde el mar, en forma de redes y otros útiles de pesca que quedan abandonados. Atendiendo a este desequilibrio en los porcentajes, se estima que la contaminación por plásticos en tierra podría ser incluso superior a la de los mares, entre 4 y 20 veces más, según la fuente que se consulte. Sin embargo, casi todos los estudios sobre plástico se han centrado en mares y océanos. La explicación a esta descompensación entre la aparente importancia del plástico en ecosistemas terrestres y el escaso número de estudios realizados en este medio es muy sencilla.

Nido de cisne hecho de basura [Museo de Historia Natural de Rotterdam].

El famoso erizo McFlurry [Museo de Historia Natural de Rotterdam].

Comparando el medio terrestre y el acuático, parece que la basura presente en tierra firme es menos palpable, más difícil de rastrear. Pero, sobre todo, entiendo que debe ser muy difícil estudiar plásticos en tierra y bajo ella, básicamente por los métodos de muestreo y el procesado de las muestras. Pese a la carencia de información, voy a intentar explicar aquello que se conoce partiendo de estudios científicos.

La magnitud de la cantidad de basura presente en el medio y su distribución espacial responde en primer lugar a la cantidad que producimos, pero también al continuo crecimiento poblacional global, y a que cada vez ocupamos más rincones del mundo. A poco que lo pienso, la problemática de la gestión de los desechos ha debido ser una constante a lo largo de la historia de las ciudades, no es algo reciente. Ya los romanos diseñaron basureros y alcantarillado para mejorar la salubridad de sus urbes. Además, algunas de sus industrias poseían sus propios vertederos, ubicados lejos de las casas para evitar problemas. No obstante, durante buena parte de la historia ha sido habitual que basuras de toda índole, incluyendo nuestras propias evacuaciones, recibieran una gestión inexistente o antihigiénica, acumulándose en las calles. No fue hasta el siglo XX cuando se instauraron los vertederos tal y como hoy los conocemos. Al principio estos rincones estuvieron dominados por desechos orgánicos, pero paulatinamente fueron incorporando más basuras de otra naturaleza, como vidrios y plásticos. El aumento de este nuevo tipo de basura basada en el plástico no es asunto baladí. Haciendo cuentas, por dar un solo ejemplo, Coca Cola fabrica cada año 110 mil millones de botellas, y anualmente se fabrican casi 500 mil millones de botellas de plástico en todo el mundo, por dar cifras redondas. Estas botellas pueden tardar en degradarse una media de 450 años. Las cifras para otros utensilios de nuestra vida cotidiana arrojan datos igual de preocupantes: los vasos que usamos cuando vamos de barbacoa y las bolsas tardan más de 50 años en desaparecer, una colilla 5 años, calzado de plástico 20 años, un mechero 100 años.

En demasiados rincones del mundo la basura aflora en cada esquina. Ante esta tesitura, el plástico, que supone un considerable porcentaje de nuestros desechos, ha encontrado en las ciudades el lugar perfecto desde el que comenzar su viaje por la naturaleza. Dada la concentración de plástico que parecen albergar los suelos urbanos, podría esperarse también que en estos lugares se perciban sus efectos inmediatos de modo más notable. Los animales, tanto los que pasan desapercibidos como aquellos en los que reparamos más, nos sirven de magnífica alarma de lo que estamos haciendo con el planeta. Sin embargo, la realidad es caprichosa. Pese a lo intuitivo que podría parecer, apenas se han estudiado los efectos de los plásticos en las ciudades. Esto se comprende mejor al entender que, de hecho, no hay muchos biólogos que usen la ciudad como lugar de estudio. Si hoy sabemos que la contaminación por plástico es un problema global, y que buena parte de estos productos contaminantes empiezan su viaje en la ciudad, la lógica indicaría que los efectos sobre la fauna urbana deberían ser inmediatos, y extrapolables a otros ecosistemas. Del mismo modo, las ciudades deberían ser áreas en las que esforzarse en cortar de raíz la propagación de esta contaminación, atajando el problema en su origen. Curiosamente, nada de esto se da. Somos conscientes, pero no se produce un especial esfuerzo en mitigarlo ni comprenderlo.

En cualquier caso, lo poco que se ha estudiado habla por sí solo —aunque los resultados mostrados sean evidentes, no por ello son menos importantes—. Un caso que pone de manifiesto el potencial impacto del plástico en la fauna urbana es el del bulbul chino (*Pycnonotus sinensis*). En esta especie se ha analizado la composición de los nidos en varios enclaves con diferente grado de urbanización. Así, parece que la incorporación de materiales de procedencia humana (plásticos en este caso) se acrecienta conforme lo hace la influencia humana en el entorno. La primera conclusión que yo extraigo es que, si esto se hiciera en más ciudades, y para más especies, obtendríamos resultados parecidos según el tipo de nidificación de cada especie. La segunda conclusión abre nuevos interrogantes, porque nos conduce a un campo muy interesante. La composición del nido puede influir en diferentes aspectos de la vida de sus moradores, de modo que la inclusión de plásticos y otros materiales similares puede alterar el éxito reproductor de las parejas, y también su propia supervivencia. Volveremos sobre ello en capítulos posteriores.

Otro tema diferente es cómo el plástico puede zarpar desde las ciudades hasta los más remotos puntos del mundo, es decir, su dispersión, que permite conocer mejor su distribución. Ahí tampoco estamos haciendo todo lo posible por obtener conocimiento; es más, no creo que seamos ni conscientes de que esto pase. Es un problema profundo, con muchas ramificaciones. El modo de transporte del plástico, y la distancia a la que llega, dependerán de factores que engloban tanto las características del plástico en sí como al agente que lo mueve. El viento tiene un rol primordial, transportando a nivel local macroplásticos, pero su papel asusta mucho más en el caso de los microplásticos, partículas que como motas de polvo pueden viajar por la atmósfera, a cualquier rincón del mundo. Por otro lado, el agua, a través de sus corrientes, puede hacer llegar plásticos a multitud de playas y recónditos puntos en la inmensidad de los océanos, lejos de su origen.

No obstante, una vía primaria de transporte de plásticos somos nosotros, que no gestionamos los residuos debidamente, ya sea en nuestras calles o cuando viajamos en algún vehículo. Sin ir más lejos, todos hemos visto ese escenario tan habitual en el que medianas y arcenes de carreteras aparecen con mucha basura acumulada de años, por lo que a nadie extrañará lo que estoy contando. De este modo, se podría decir que la enorme telaraña de vías de comunicación que hemos diseñado a lo largo y ancho del mundo está sirviendo para diseminar desechos conforme nosotros las transitamos. Aparte de lanzar basura desde vehículos, el propio desplazamiento de automóviles y camiones levanta polvo, motivando que pequeñas partículas de plástico vuelvan a estar en suspensión en el aire, pudiendo depositarse en nuestras vías respiratorias, o en cualquier rincón de la ciudad o fuera de ella.

Pero la red de comunicaciones humana no es la única vía para que el plástico aparezca en el medio. He mencionado previamente la agricultura, porque realmente es digno de mención el rol de dicha actividad humana en la dispersión y acúmulo de plástico en el medio. Actualmente se considera que el 2 % del plástico de Europa va destinado a la agricultura, por un 4 % en Estados Unidos. El porcentaje se supone que puede ser un poco mayor en el ámbito mediterráneo, aunque no he podido obtener cifras certeras. No parece mucho, pero en cantidad sí que resulta ser una gran cifra. Se estima que el consumo anual de plástico por parte de la agricultura a nivel mundial es de 2,5 millones de toneladas, que se emplean tanto en invernaderos y mantos como en bandejas, macetas, mangueras, y cuantos fines os vengan a la mente. Se desconoce cuánto de ese plástico puede de algún modo quedar en el medio. Sin embargo, sabemos que es un hecho que ocurre, no es una mera suposición. Tanto yo como otros muchos naturalistas hemos visto con nuestros ojos que hay zonas agrícolas del mundo en las que el plástico no se retira del medio, sino que parte de él acaba mezclado con la tierra, o acumulado en rincones discretos en pleno monte.

Por dar números, se estima que, en Europa, en países como Italia, Francia y España, hay cifras de reciclaje de plástico agrícola del 20-30 %. Me detengo en datos de algunos países de Europa, porque si los porcentajes aproximados que he podido encontrar para estos países son esos, imaginad para la inmensa mayoría de zonas del mundo que tienen otro nivel de desarrollo y de posibilidades reales de gestionar sus residuos. Debemos estar hablando de porcentajes de reciclaje irrisorios, tristemente.

En los casos en los que el plástico agrícola no tiene una gestión adecuada tras su uso, encontramos dos caminos para explicar cómo y dónde acaba. El primero, sorprendente por lo inocente del planteamiento, es no retirar el plástico del propio suelo destinado a agricultura. En este escenario, sucesivos arados y tratamientos de esa tierra lo trocearán y mezclarán, convirtiéndolo en una parte cada vez más imperceptible de ese suelo, en el que permanecerá durante generaciones. La segunda vía es amontonar el plástico en cualquier rincón, lo que solo confina el problema a espacios concretos, sin solucionarlo. Una idea para evitar la formación de vertederos de plástico agrícola fuera de control es incinerar los desechos, pero hacerlo libera diversos componentes tóxicos a la atmósfera, que pueden finalmente ser depositados de nuevo en el suelo, entrando así en la red de la vida. Plastificar el campo, pero luego triturar esos plásticos y que se mezclen con la tierra parece una estrategia de bombero pirómano, como el resto de las opciones más extendidas. Me planteo qué campo quieren dejar a las generaciones futuras los que hacen este tipo de prácticas.

Un ejemplo básico de cómo el empleo del plástico en agricultura puede tener una cara oculta adversa lo encontramos en el difundido uso de los mantos, que, aunque más discretos que los invernaderos, aparecen en Europa hasta cuatro veces más que estos. Supongo que todos los hemos visto alguna vez. Son líneas de plástico oscuro bien aferradas al suelo, en cuyo interior hay tierra junto a semillas o plantones del cultivo en cuestión. Las plantas crecen a través de rendijas y agujeros facilitados por el agricultor, beneficiándose de tener temperatura y humedad más altas que si estuvieran a la intemperie. Entre otros beneficios de esta técnica tan difundida se encuentran la obtención de una mayor producción, cosechas más tempranas, la ausencia de malas hierbas que requieran del uso de herbicidas, una menor erosión del suelo, mayor protección frente a heladas, e incluso un uso más eficiente del agua.

Por hacernos a la idea de algunas cifras básicas empleando ejemplos concretos, se ha podido demostrar que el polietileno (del que están hechos por ejemplo estos mantos) solo pierde el 0,2 % de su peso por año cuando

Cultivo de hortalizas bajo plástico [Talsen].

permanece enterrado en el suelo. En otro estudio, que fue llevado a cabo durante décadas, empleando el mismo material se estimó en 300 años el tiempo que debería transcurrir para que una película de 60 micrómetros se degradara al completo. Trabajos más recientes han enterrado durante 8 años y medio cantidades de polietileno destinado a mantos para cultivo (concretamente de sandía), observando que tras este período no se observaba degradación alguna en los mismos. Que esto perdure en el medio no debe dejar indiferente. Todo tiene un efecto, todo reacciona con todo. Así, la presencia de plástico en el suelo se ha relacionado con una menor porosidad del mismo. También se ha dicho que la presencia de plástico en el suelo obstaculiza la circulación del agua y el aire, e incluso que genera un impacto en las comunidades de seres vivos que habitan bajo tierra. Introducir cada vez más toneladas de plástico en suelos de todo el mundo para luego dejarlo allí parece una tendencia que no se está corrigiendo, y cuyos resultados se dejan ver ya, y se seguirán viendo durante siglos.

Pero esto no es todo. Yendo más allá, la liberación de compuestos tóxicos durante el uso y posterior desuso es otro problema que hay que añadir. Los ftalatos han copado el interés en este aspecto, y van a aparecer repetidamente en este libro. Este aditivo que comúnmente se usa en los plásticos está apareciendo en mayor concentración en suelos agrícolas con gran presencia de plástico que en terrenos destinados a otro tipo de agricultura. Como ocurre con otros tóxicos liberados al medio agrícola, los ftalatos pueden acabar tanto en aguas superficiales como subterráneas y llegar al acuífero, y pueden también aparecer en el aire, o incluso penetrar en las plantas (lo que finalmente podría llevarlos a la cadena trófica, incluyéndonos a nosotros en ella). Los ftalatos procedentes de plástico agrícola están apareciendo en tal proporción que, por ejemplo, sus niveles en plantas y suelos cultivables de China superan lo que los estándares de seguridad de la Unión Europea y Estados Unidos permiten. Otro compuesto químico que puede desprenderse de los plásticos son los pesticidas que se vierten sobre los cultivos en algún momento de su ciclo de vida. Parte de estos compuestos pueden quedar depositados y adheridos en el plástico con el que se conforma el manto o invernadero. Trasladar plásticos sobrantes de un lado a otro, enterrarlos, o en general, no tratarlos debidamente, puede llevar a que por lixiviado esos pesticidas terminen siendo liberados al medio, allá donde terminen reposando los restos de plástico acumulados una vez no sirvan. De nuevo, toca pensar en lo que ocupa la agricultura en todo el mundo, cuántas prácticas desaconsejables se estarán llevando a cabo fuera de foco, en países en los que nadie vigila lo que se hace.

 Hasta ahora he narrado lo que pasa con el uso del plástico agrícola dentro de una relativa conciencia de lo que se está haciendo (independientemente de que esté bien o mal), pero lo más inesperado es que el mundo agrícola, en este caso sin querer, está transportando desde los núcleos habitados al campo ingentes cantidades de microplástico. De esto no se sabía prácticamente nada hasta hace poco, por lo indetectable de estas partículas, más si cabe en tierra y bajo ella. Ya vimos que en el agua que se desecha de nuestras lavadoras, por citar un ejemplo, hay plásticos. Os comentaba la cantidad de plásticos que aparecen por doquier en la ciudad, incluso atascando tuberías, y cómo la tecnología presente en las depuradoras de agua aún no ha dado con la clave para interceptar un enorme porcentaje de los plásticos sumergidos en el agua que les llega. Las aguas residuales, y los lodos de las plantas de tratamiento, son residuos a los que se pueden dar distintos usos, entre ellos su aplicación agrícola. Esto quiere decir que se transporta lodo desde depuradoras de agua, ubicadas en núcleos habitados por el ser humano, y se esparce por hectáreas de terreno agrícola a kilómetros de distancia de las ciudades. No estoy especulando, ya se han encontrado fibras sintéticas en lodo procedente de plantas de tratamiento de aguas residuales, hasta quince años después de haber sido vertidos en el campo esos lodos. Esto es una mala noticia. No tengo en mente la cuenta de las toneladas de lodos procedentes de aguas residuales que se habrán repartido por suelo agrícola de todo el mundo, pero lo que parece un genial método de reutilización esconde un regalo oculto muy desagradable. A mí personalmente me parece increíble que microfibras de nuestras prendas de vestir, por citar lo más característico, puedan acabar a cientos de kilómetros de casa, en cultivos de los que luego nos alimentaremos. Este transporte silencioso, capa a capa, año a año, convierte la detección de microplásticos en tierra firma, y sobre todo su retirada, en un objetivo difícil de acometer.

Si abandonamos el mundo de la agricultura, en otro tipo de suelos no urbanos ni agrícolas también aparecen plásticos. En mi opinión, en estas áreas el plástico podría distribuirse en manchas de territorio que soportan mayor impacto humano, véanse zonas de acampada, espacios para el baño, áreas recreativas y merenderos, vertederos improvisados y descontrolados, etc. Un ejemplo obvio que apoya mi argumentación son las romerías y otras fiestas que suceden al aire libre. Cuando se celebran durante días estas festividades, zonas habitualmente enmarcadas en un entorno natural sufren una presión para la que no están acondicionadas, de modo que incluso semanas después del multitudinario evento aún permanecen en el monte restos de todo tipo de basuras. Allí genera un impacto, y desde allí se expande en múltiples direcciones. Diversos córvidos, y mamíferos pequeños y medianos, acuden esos días atraídos por la fragancia de la descomposición y el aroma goloso de nuestros restos, por no hablar de miles de insectos, que terminan atrapados dentro de latas y botellas. Dada la cantidad de fiestas localizadas en entornos naturales que hay en España, al final son multitud los puntos que generan un mapa de potenciales acúmulos de basura puntual pero constante cada año. Las cifras pueden ser alarmantes, algún día seremos conscientes de las mortandades de diversos animales producidas por estos acúmulos de basura en plena naturaleza

Otro contexto sumamente interesante de acúmulo de plástico son las estaciones de esquí, ubicadas generalmente en zonas de alta montaña de gran valor paisajístico y natural. Cuando uno visita estos lugares siente el aire frío y puro, cree estar en entornos cuidados al detalle. Craso error. Las estaciones de esquí generan un impacto ambiental difícil de asumir, sobre el que no corresponde ahora profundizar, pero existe. Sí que toca hablar de plástico, y eso es lo que voy a hacer. Sirva de ejemplo el caso de Sierra Nevada, en Granada. En invierno miles de personas acuden a su cita anual con la nieve en este enclave delicioso. Cada fin de semana la zona habilitada para el disfrute del visitante acoge a las mismas personas que muchas playas. ¿Creéis que la conducta de la gente en la nieve es diferente a la de la playa? ¿Veis que las playas con mucho público están limpias?

La nieve es un entorno engañoso. La basura puede quedar rápidamente oculta, o acabar enterrada ante nuevas nevadas. Pero luego, cuando el turista se marcha a la par que la nieve, llega el deshielo, y ahí salen a relucir las verdades. En este caso la realidad es fría como la nieve que se fue. Delata que durante los meses invernales los usuarios de la estación de esquí fueron sumando, poco a poco, kilogramos de basura esparcida, que una vez retirada la nieve por el deshielo sale a la luz. Así, en primavera, liberados de la prisión blanca, los desechos recobran vida, como la vegetación, y vuelan libres, dispersándose por la montaña. Aquella que no es transportada y permanece en el mismo sitio tenderá a acumularse, delatando la intensa presencia humana de los meses anteriores. Como podrán imaginar, esto es el ciclo sin fin, porque al año siguiente volverá a nevar, volverán los turistas, volverá la basura a quedar enterrada en la nieve, y llegará el deshielo. Por lo tanto, las zonas de montaña destinadas al esquí y otros deportes son zonas de acumulación anual de plástico. Esto, llevado a un plano temporal, supone que a lo largo de las décadas el turismo de nieve y montaña puede dejar una huella notable en entornos que, por otro lado, pueden estar protegidos y ser de gran valor ambiental.

El caso de Sierra Nevada no es único. De nuevo, diversos países de amplia tradición en cuanto a actividades de alta montaña están viendo que este problema les salpica, y están peleando por no contaminar sus suelos y bosques con plástico. Dicha lucha puede contemplarse en estaciones de esquí de Austria, Suiza, Italia y Estados Unidos, por ejemplo. En otros lugares siguen sin ni siquiera intentarlo, como en Marruecos, donde me hacen saber que la mayoría de los usuarios que acuden al Jebel Attar, una de las pocas zonas de esquí del país, dejan su basura allí, ante la imposibilidad de depositarla en algún espacio habilitado para ello.

Aunque he venido argumentando que en ecosistemas terrestres puede parecer que los potenciales impactos del plástico quedan restringidos a ciertas áreas de mayor presencia humana, no siempre es así. Esto solo resulta válido para macroplásticos. Los microplásticos pueden volar como si fueran motas de polvo. Pueden llegar a sitios insospechados, como el lector descubrirá conforme avance el libro. Por mucho que uno haga cálculos, si el viento puede hacer viajar al plástico por todo el mundo, sus impactos se pueden deslocalizar, dándose en casi cualquier sitio. Esto no es contrario a la idea expuesta de que cuantas más actividades humanas se permitan en un entorno natural más basuras aparecerán asociadas a esos puntos, y mayor impacto de las mismas recibirán sus comunidades de organismos. Tan solo eleva el área de dispersión a cientos o miles de kilómetros desde donde el plástico quedó fuera de control.

Mientras los estudios sobre contaminación por plástico en el medio terrestre siguen sin aparecer, continúo observando cantidades lamentables de basura en todo tipo de parajes naturales. Allí no hay barrenderos. El viento repartirá esa basura por el territorio, dispersándola, y motivando que los impactos que surjan a raíz de su presencia parezcan invisibles. Que hay mucha basura en nuestro entorno es un hecho, incluso en los espacios mejor conservados de cada país. Siempre hay un incívico, siempre hay una corriente que arrastra lo que no debe. Como veremos en los dos siguientes capítulos, estamos tan solo comenzando a atisbar el daño del plástico en el medio terrestre. En cualquier caso, lo poco que se sabe es suficientemente revelador, la realidad es dramática. Por desgracia, da la sensación de que apenas estamos en la superficie de un universo que en las próximas décadas dará mucho qué hablar.

Intuyo que las dificultades asociadas al muestreo en tierra ralentizarán el proceso de estudio, que será muy difícil igualar el volumen de conocimiento adquirido sobre la contaminación por plásticos en el medio acuático. No obstante, en este momento que ahora vivimos cada pequeño paso, cada granito de arena que haga crecer mínimamente el conocimiento que tenemos sobre plásticos en tierra firme, es un punto de luz, una pieza que ayuda a completar el puzle. Desde estas páginas animo a científicos y conservacionistas a sumar con datos, aunque sean anecdóticos. Aunque parezcan casos aislados no lo son, son parte de un fenómeno global sin límites. A grandes rasgos, me da la sensación de que el 95 % de publicaciones científicas sobre la problemática del plástico se centra en el medio acuático. Esto quiere decir que queda todo por hacer en el medio terrestre, que cada hallazgo cuenta. Recoged basura en vuestras excursiones al campo, anotad de qué se trata, de qué fecha parece ser, en qué tipo de paisaje aparecía, etc. Compartidlo por Internet a través de algunas plataformas de almacenamiento de observaciones. Hay que equilibrar la balanza, poner un poco de imaginación y lanzarse a compartir experiencia y conocimientos sobre lo que uno ve en las zonas que frecuenta. En el fondo la mayoría de las personas pasamos más tiempo en tierra que en el mar, por lo que en nuestra vida cotidiana podemos recopilar información y hacer observaciones de interés.

3. EL IMPACTO POR DESCUBRIR

Cualquier paisaje es un estado del espíritu.
Henri-Frédéric Amiel, filósofo y escritor suizo

Desde hace un tiempo vengo fijándome en la cantidad de palomas urbanitas que llevan enredado entre sus patas algo de plástico. Generalmente son hilos o pequeñas cuerdas, pero, sea como sea, el hecho es que por el tipo de visión que las palomas tienen no son capaces de percibir este tipo de fibras presentes en el suelo. Evidentemente, a la larga la constricción puede llevar a cortar la circulación y a la pérdida de algún dedo o miembro entero. Este es uno de los motivos (si bien no el único) por el que vemos con demasiada frecuencia palomas con dedos deformes o caminando sobre muñones. Durante largo tiempo tan solo contemplé este hecho como conservacionista preocupado, pero poco más podía hacer. No obstante, una tarde como otra cualquiera me tocó vivir más de cerca el problema del plástico y su efecto sobre la fauna terrestre.

Ese día volvía del supermercado, bien cargado de bolsas, cuando vi a una paloma moverse de forma extraña debajo de un coche. Al acercarme salió disparada por el lado opuesto del vehículo, pero para mi sorpresa llevaba enganchada a otra paloma. Desde luego, era lo que menos esperaba encontrarme. La situación, por muy rocambolesca que fuera, tenía fácil comprensión. Una tenía enganchados en una de sus patas diferentes hilos, algunos de ellos de bastante duración. Por un capricho del destino otra se había quedado enganchada al hilo que la primera de ellas ya tenía, de forma que finalmente ambas quedaron atadas por el hilo enredado en sus patas. Como no me pareció lógico dejarlas morir en esa lenta agonía las cogí, y ya en casa con ayuda de una amiga nos entretuvimos intentando arreglar el desaguisado. No fue fácil, ya que una de ellas tenía heridas de consideración, infección, y el hilo realmente clavado en la carne, muy difícil de extraer.

Finalmente, todo salió bien. Esos dos ejemplares tuvieron suerte, pero la inmensa mayoría de los animales que se ven perjudicados por el plástico lo hacen fuera de foco y sufren terribles consecuencias. Esa es la realidad. El plástico que viaja por tierra afecta a diferentes especies terrestres, y seguro que lo que se ve es solo la punta del iceberg. Un ligero repaso a lo poco que se conoce al respecto nos puede ilustrar levemente sobre un problema cuya dimensión aún se nos escapa. Son ejemplos escasos de aquí y de allá, los primeros esbozos de un dibujo que, aunque aún no vemos al completo, podemos ya visualizar.

Las aves son tal vez el grupo animal donde más información se ha recopilado hasta el momento sobre el impacto del plástico. Puede ser interesante empezar por ellas. En el caso de estos seres alados, una de las interacciones más complejas que mantienen con el plástico es su uso como material de construcción para nidos, sobre todo allá donde estos elementos son omnipresentes, como es el caso de las ciudades y zonas rurales, ya vistos en su momento en el libro. En este sentido, he podido observar por mí mismo los desagradables efectos de plásticos depositados en nidos de cigüeña (*Ciconia ciconia*), ocasionando gangrena y amputación de una o las dos patas de multitud de desvalidos cigoñinos, que obviamente no tuvieron opciones de sobrevivir. En algún caso he visto a ejemplares adultos con fibras y cuerdas de colores enredados en patas o la cabeza, incluso bolsas de plástico que casi cubrían a individuos enteros. Con toda seguridad esto entorpece el desempeño de sus actividades diarias. Poniéndonos en el extremo más negativo, he podido contemplar a alguna cigüeña muerta colgando de su nido, al que había quedado encadenada de por vida al no poder desasirse de los materiales que ella misma había llevado, y que de un modo u otro se habían enredado en diferentes partes de su cuerpo.

No son las cigüeñas y sus pollos las únicas aves afectadas por estos residuos. En un estudio llevado a cabo en EE. UU. se pudo constatar cómo una población de águilas pescadoras (*Pandion haliaetus*) empleaba cuerdas y otras fibras de plástico en la elaboración de sus nidos, con el resultado de que 12 de estas rapaces (el 4,5 % de la población estudiada) quedaron enredadas y fallecieron. En el mismo país se ha estudiado la presencia de estos mismos elementos en nidos de cuervo americano (*Corvus brachyrhynchos*), obteniéndose que el 85 % de los nidos ubicados en una zona altamente urbanizada presentaba materiales de procedencia humana. En este caso se concluyó que el 5,5 % de los pollos que habitaban esos nidos quedaron enredados en cuerdas, dándose una reducción significativa de la supervivencia de los mismos, que en gran medida no llegaron a volar. Algo similar se ha observado para los ratoneros moros (*Buteo rufinus*) en Bulgaria, en los que a lo largo del tiempo se ha constatado una mayor presencia de plásticos en nidos, que han originado mayor fracaso en las nidadas.

Por supuesto, el plástico presente en la naturaleza puede afectar de otros modos directos a la fauna, que por confusión puede ingerirlo deliberadamente en lugares como los vertederos. De nuevo, las cigüeñas hacen acto de aparición en este problema, ya que son animales que frecuentan estos lugares desde hace décadas, lo que hoy se sabe que ha alterado diferentes aspectos de su vida, como su uso del espacio y la migración. En un estudio llevado a cabo en Francia, en el 26 % de las cigüeñas muertas a las que se hizo necropsia se hallaron gomas elásticas en el tracto digestivo. Se repor-

Una cigüeña acicala su nido con ramas y bolsas de plástico [Naturaegeek].

taron siete casos de muerte causadas directamente por obstrucción intestinal. Se especula con que pueden confundir estos objetos con lombrices, y que los pollos y jóvenes, al tener menos posibilidad de discriminar o elegir su comida, son más susceptibles de ingerir erróneamente plásticos.

Otros usuarios frecuentes de vertederos y todo tipo de basuras son las aves carroñeras, lo que está motivando que en distintos puntos del mundo estos animales se adentren en zonas humanizadas en busca de comida fácil. Es el caso del zopilote (*Cathartes aura*), también llamado jote o simplemente buitre americano, uno de los principales carroñeros de América. En una población de jote estudiada en el desierto de Atacama, en Chile, unos científicos hallaron que el 83 % de las egagrópilas (bolas de restos no digeridos que las aves regurgitan) tenían plástico. El origen de estos elementos anómalos en la dieta de estas aves lo encontramos en la basura presente en las playas y las carreteras que atraviesan el desierto, donde los jotes prospectan en busca de comida rápida, como animales atropellados y desechos arrojados por humanos, que son ingeridos sin miramientos.

En el último año, el caso más espectacular lo han protagonizado los osos polares (*Ursus maritimus*). Estos colosos en apuros son de los grandes símbolos de la naturaleza, pero muy a su pesar son también de los principales abanderados en la lucha contra el cambio climático. Hoy se considera que los osos polares están siendo de los grandes perjudicados por el derretimiento de los polos, una situación desesperada que avanza sin cesar, y que puede provocar su desaparición en próximos siglos. Ante la veloz pérdida de hábitat y la falta de alimento (o la imposibilidad de atraparlo mediante las tácticas que han empleado durante milenios, más bien), estos gigantes símbolos del Gran Norte están siendo empujados al sur. Ante la desesperación, se acercan sin dudarlo a núcleos humanos en busca de algo que llevarse a la boca, lo que sea, porque están muriendo de hambre. A raíz de este nuevo uso del espacio, donde el oso polar solapa más con el hombre y sus intereses, unas imágenes se hicieron virales y dieron la vuelta al mundo: osos polares alimentándose en grupo en vertederos de una ciudad rusa. La escena era horrible, un símbolo de lo salvaje mendigando entre la inmundicia, al no tener otra opción.

Ante esta tesitura, es de esperar que los osos polares, al interaccionar con basura, lo hagan igualmente con el plástico, con las consecuencias que todos estaréis intuyendo. Y los primeros resultados no han tardado en llegar: hay plástico en el interior de osos polares. La zona premiada con el dudoso honor sido en Alaska, donde se han detectado trozos de plástico en trece estómagos de ejemplares analizados entre 1996 y 2018. Según los autores, la mayoría de los restos fueron bolsas de plástico y envoltorios de alimento transparentes. Esta tendencia seguirá al alza, porque los osos polares irán paulatinamente empleando más ciudades para alimentarse, y por error o al estar famélicos, terminarán ingiriendo aquello que no deben.

Respecto a otros vertebrados como los reptiles, nada hace sospechar que corran mejor suerte. Desde EE. UU. ya alertaron hace casi dos décadas de varias serpientes enredadas en mallas de plástico, una de ellas ya muerta, al haber tenido que estar expuesta al sol sin poder refugiarse. A raíz de varios informes alertando sobre lo extendido de este desafortunado hecho, cada vez más estudios han ido reportando casos de serpientes halladas atrapadas en mallas de plástico en zonas agrícolas. Las que pudieron liberarse, tras desenredarlas del plástico que las amenazaba, mostraban heridas por la constricción que el plástico estaba ejerciendo sobre sus cuerpos. De nuevo, la información referente a estos sucesos tiene procedencias geográficas de lo más dispar. Una breve búsqueda me lleva a encontrar el caso de una boa constrictora en Brasil con un aro de PVC alrededor de su cuerpo que le estaba causando lesiones, o una cobra real en el norte de Tailandia que estaba ahogándose al haber ingerido una bolsa de plástico.

Aunque es razonable pensar que muchos de los impactos del plástico se producen en zonas muy humanizadas, no hay que bajar las alarmas, porque estos materiales pueden alcanzar zonas más allá de nuestra área de influencia más estricta. En los últimos años se están lanzando campañas para frenar la liberación de globos en el medio, ya que cada vez se encuentran más animales que sufren percances por esta causa. Los globos son coloridos y divertidos, pero también una amenaza silenciosa, al ser en el fondo objetos que presentan una enorme capacidad de transporte por el viento. Esta capacidad de escapar a nuestro alcance puede originar que al final caigan donde menos se les espere.

En este sentido, investigadores de California especializados en ecosistemas desérticos afirman que los globos son la basura que más encuentran en estas zonas áridas, a kilómetros de cualquier ciudad. Es algo sorprendente e inesperado, pero que da buena cuenta del lado oscuro de lo que parecía un objeto inofensivo. Sin ir más lejos, en censos llevados a cabo en esta zona desértica, a raíz de encontrar una tortuga ahogándose al haber ingerido un globo, contabilizaron 178 globos de reciente aparición. Como en algunos casos se sabía la procedencia por lo que tenían impreso, se pudo determinar que algunos de esos aparentemente inofensivos divertimentos procedían de lugares a más de 200 kilómetros de donde fueron hallados.

A veces no hace falta ni vivir en entornos alterados, ni que el viento lleve globos que puedan asfixiarte. La mala suerte de ponerse de moda de cara al turismo de masas, y vivir en la región del mundo donde más plásticos hay en el medio, puede llevar a serios problemas. El dragón de Komodo (*Varanus komodoensis*) es el mayor lagarto del mundo, alcanza los tres metros. Habita tan solo algunas islas de Indonesia, donde está estrictamente protegido. Recientemente las autoridades locales han tenido que considerar cerrar al público las visitas a Komodo National Park, donde este inmenso reptil habita, al haberse dado casos desagradables de daños a animales, lo que se suma a otros episodios en los que gente de poca ética ha hecho lo que no debía, por ejemplo intentar llevarse ejemplares para traficar con ellos. En todo caso, también se habla de un enorme problema de basura. Es más, muchas de las fotos que los turistas hacen tienen como fondo indeseables cantidades de plásticos de colores que la gente tira, o que la marea arroja a las orillas. Se habla de dos millones y medio de botellas de agua usadas por turista cada año en estas islas, unos números que sin un plan de gestión de residuos eficaz dan problemas. La fauna única de este entorno está sufriendo las consecuencias de vivir rodeada de plásticos. Aún no se ha investigado a fondo, pero se sabe que los dragones de Komodo, aunque son carnívoros, están ingiriendo plástico, como lo atestiguan fotos de heces y otros restos asociados a estos reptiles en los que aparecen trozos de materiales sintéticos de colores. Observaciones esporádicas de restos como egagrópilas han podido detectar plásticos también en aves de la zona.

Otro aspecto pendiente de investigar son los microplásticos. No debe ser fácil rastrearlos, pero habiendo toneladas de ellos en el ambiente es probable que los animales lo estén respirando, o que los incorporen a su organismo cuando se acercan a un abrevadero a tomar agua. El plástico nos sale por las orejas, aparece en todos lados, y eso incluye lo imperceptible. Como primera avanzadilla en el estudio de microplásticos en fauna terrestre, un equipo chino ha analizado la presencia de partículas de origen humano en el interior de 17 aves que se encontraban en rehabilitación (se incluyen rapaces, garzas, tórtolas, etc.). Encontraron 354 fragmentos, de los que más del 60 % eran, o bien fibras de plástico, o fragmentos de escasos milímetros igualmente de plástico. Son solo 17 aves de las millones que hay en el planeta, pero estoy convencido de que cuando se empiece a analizar a fondo la cifra nos dejará helados.

Me da la impresión de que todos en nuestra experiencia personal hemos tenido encontronazos con el plástico. No obstante, más allá de la colección de datos anecdóticos que entre unos y otros podríamos aunar, no hay grandes estudios hechos sobre cómo los plásticos dañan a los animales terrestres. Apenas estamos vislumbrando la punta del iceberg. Fíjense en los ejemplos que he mencionado. Son solo unos pocos seleccionados de entre los escasos que hay, una colección de observaciones prácticamente casuales. Pese a ello, se hace notar la omnipresencia del problema de los plásticos en rincones muy diversos del mundo, enclaves con realidades socioeconómicas muy diferentes entre sí, y posibilidades de solución de sus problemas conservacionistas igualmente dispares. Por extraño que os parezca, en lugares que hasta hace pocos considerábamos remotos e inaccesibles, como las islas Galápagos, también están apareciendo animales sufriendo percances por el plástico desechado en los asentamientos humanos que empiezan a proliferar en dicho lugar. Nada se salva, todo es susceptible de verse afectado. Si uno piensa en la cantidad de plásticos presentes en el medio, y en la cantidad de aspectos de la vida de un abanico inmenso de organismos que pueden verse afectados por su ubicuidad, el escenario al que nos enfrentamos es desafiante, a la par que oscuro. Solo estamos cotejando aquellos escasos casos en los que alguien pasaba por allí, o casos que a un grupo concreto de científicos le ha dado por analizar con cierta profundidad, pero el gran grueso de efectos nocivos del plástico sobre los animales en medio terrestre está ocurriendo ahora, ante nuestros ojos, sin que nadie los perciba.

Planta en crecimiento mostrando su sistema radicular [Ifong].

4. UN MUNDO BAJO NUESTROS PIES

> *...por grande que sean las maravillas de la naturaleza, hay siempre razones físicas que pueden explicarlas.*
> Julio Verne, escritor francés, en *Viaje al centro de la Tierra*.

El ser humano tiene contradicciones francamente peculiares. Nos pasamos prácticamente toda la vida pisando suelo firme, con los pies en el suelo se podría decir, pero mucho de lo que en él ocurre permanece vetado a nuestros ojos. Si me paro a pensarlo, creo que en nuestra vida cotidiana somos más conscientes de los procesos de nuestro planeta que suceden frente a nosotros que de aquellos que acontecen en la oscuridad del mundo que se abre bajo nuestros pies. No obstante, el conocimiento científico sobre las dinámicas del suelo y sus propiedades sí es amplio, y sigue creciendo. Gracias a ello hoy sabemos que bajo el suelo se dan una serie de características reconocibles, entre las que se encuentran la ausencia de luz, menos oscilaciones en las temperaturas diarias y anuales, ausencia de organismos fotosintéticos (tan solo se encuentran presentes las raíces de los mismos) y preponderancia de organismos saprófitos (que se alimentan de materia muerta) en la cadena trófica.

Las comunidades biológicas subterráneas permanecen hoy en un estatus semidesconocido, sin que nadie se me enfade, ya que hay muchos y muy buenos expertos en esta área del saber. Con esta afirmación lo que quiero decir es que el conocimiento sobre muchos de sus habitantes aún encierra un mundo de posibilidades para los naturalistas. Cuesta adivinar qué estarán haciendo allá abajo, en la oscuridad, la infinidad de animales de vida discreta que, como las leyes de la naturaleza indican, tienen que comer, respirar, sobrevivir, reproducirse y desplegar todo su abanico de comportamientos. Mientras que podemos ver cada fase del ciclo de vida de un águila o un guepardo, la realidad de los seres que habitan los minúsculos espacios entre grano y grano, bajo piedras, y entre raíces, permanece en gran medida en las tinieblas.

Independientemente de los nombres propios que protagonizan la vida subterránea, es ampliamente conocido que la multitud de animales de escasos milímetros que componen la fauna edáfica determina, en su conjunto, diferentes patrones del suelo como el pH, la textura, el tamaño de grano, la porosidad y la humedad. No debemos pensar en la variedad de especies presentes, que también, sino en su abundancia, que puede llegar a ser realmente alta, pese a la aparente carencia de vida que puede percibirse al extraer unas paladas de tierra. Sin ir más lejos, hay estimaciones de hasta 10 mil y 100 mil colémbolos en un metro cuadrado de tierra, y los números de otros invertebrados de pequeño tamaño deben alcanzar cifras igualmente respetables. No es de extrañar, ante estos números, que a los organismos del suelo se les pueda considerar como verdaderos arquitectos del mismo, y que tengan mucho que decir en su devenir.

Además, pese a las diferencias notables entre el mundo de la superficie y el suelo, el ambiente subterráneo forma un continuo con aquello que tiene justo encima. De este modo, igual que la superficie se ve influenciada por el suelo que tiene debajo, la biodiversidad que se desarrolla en las pequeñas fisuras y espacios libres de la matriz de tierra o roca depende, en gran medida, del suministro de materia orgánica e inorgánica que provenga de las capas superiores. Ante esta situación, es fácil entender que los disturbios que se producen en la superficie repercutan en los niveles inferiores del suelo, incluyendo la liberación de elementos contaminantes.

Desde que el ser humano comenzó a contaminar indiscriminadamente el suelo y los acuíferos subterráneos, diversos grupos de investigación han focalizado sus esfuerzos en disminuir este impacto y remediarlo. De este modo, sabemos cómo se contamina el suelo por exceso de nitratos, y también buscamos vías para recuperar suelos contaminados por minería, por citar los dos ejemplos más conocidos. Ahora tenemos un nuevo reto por delante. Ha llegado el momento de incluir con determinación los plásticos en el listado, demasiado amplio a estas alturas, de contaminantes del suelo que están alterando la biota y la red de relaciones que se desarrollan entre estos seres vivos y su medio físico. Maltratar lo que no se ve, como hacemos con otros ecosistemas que no tenemos tan presentes en nuestro día a día, es común a cualquier rincón del planeta, y en el suelo, junto a los mares, tenemos a la víctima perfecta para dar suelta a los mayores despropósitos.

Como veremos en la parte central del libro, la problemática asociada a la presencia de plásticos en la naturaleza está siendo ampliamente estudiada en el medio acuático. Se ha erigido en moda, y hay que celebrar que así sea, porque el conocimiento que estamos alcanzando sobre el tema es realmente valioso y útil. Incluso dentro del medio acuático parece que la dificultad en el acceso a lugares que en muchas ocasiones permanecen remotos, frente a la relativa facilidad con la que se pueden obtener datos en la superficie, ha desequilibrado la balanza hacia estos últimos. De este modo, las zonas más inaccesibles de mares, ríos y lagos acumulan menos conocimiento respecto a la presencia y efectos del plástico.

Como puntualicé en anteriores capítulos, la contaminación por plásticos en tierra, y yendo más allá, los efectos de la misma sobre las comunidades biológicas que en tal medio

Se conocen más de 670 especies de lombriz de tierra [Helena Thompson].

viven, han quedado relegados al furgón de cola de las prioridades investigadoras. De nuevo, como no podía ser de otro modo, la superficie vuelve a ser el estrato más estudiado, por los mismos motivos que cuando hablamos del agua, y como acabo de describir en el capítulo anterior. Podría concluirse, siguiendo esta secuencia lógica, que lo menos estudiado en el *ranking* de ser globalmente lo menos estudiado en cuanto a contaminación por plásticos es el medio subterráneo terrestre. Dudoso honor, pero ahí está. Para ser más exactos, estamos aún lejos de tener una visión panorámica de cómo influye el plástico en las lombrices, los colémbolos, los ciliados, los rotíferos, las plantas y la miríada de pequeños organismos que viven en silencio, fuera de foco, en uno de los más extraños ecosistemas del planeta. Ya hemos visto cómo el plástico se adentra en el suelo, cómo los vertederos son cementerios imperecederos de plástico y otros residuos, pero parece importar a muy pocos cómo interaccionan los pequeños organismos del suelo con estos elementos a los que nunca han hecho frente.

A mi entender, las posibilidades de que los organismos del suelo porten plástico son altas, ya sea en forma de microplásticos que ingieren queriendo o sin pretenderlo, o trozos de mayor tamaño que pueden morder y comer, por no hablar de los que pueden quedárseles adheridos. Dicho esto, el mundo académico va dando pequeños pasos que superan considerablemente a aquel que había disponible, que era rotundamente cero. Es previsible que lo que hoy se va desvelando sobre algunas especies concretas, en muchas ocasiones en condiciones de laboratorio sea aplicable a la realidad de estas comunidades al completo. Esto convierte cada pequeño avance es un punto de luz en la oscuridad, nunca mejor dicho. En este caso, la especulación responsable sobre la dimensión del efecto de los plásticos en las comunidades subterráneas resulta un ejercicio con cierta base lógica, no un espurio intento de divagar.

De este modo, hay que citar algunos de los primeros hallazgos que universidades de rincones muy distintos del mundo están obteniendo. Por ejemplo, una primera aproximación bajo condiciones de laboratorio, empleando colémbolos como objeto de estudio, ha podido demostrar que estos microscópicos animales son capaces de transportar plástico a varios centímetros de distancia de donde fueron depositados. Si multiplicamos los miles de estos minúsculos habitantes que hay en el suelo y el plástico presente en el medio podemos atisbar una comprensión razonable de quiénes transportan microplásticos bajo tierra y de cómo lo hacen. En cualquier caso, pese al ejemplo de los colémbolos en laboratorio, esta primera avanzadilla de expertos que intenta comprender el rol de la fauna del suelo respecto al plástico está focalizándose en mayor medida en los animales estrellas del mundo subterráneo.

Atendiendo a la vital importancia de las lombrices para el suelo, y los amplios conocimientos que existen sobre su mantenimiento en condiciones de cautividad (lombricultura), era de esperar que de usar algún animal como modelo fueran ellas las elegidas, como así ha sido. Los trabajos centrados en estos animales abanderan las investigaciones sobre los efectos de los microplásticos en ambientes subterráneos. Esto nos permite adentrarnos muy lentamente en un universo que aún no somos capaces de analizar en su totalidad. Las viscosas lombrices son animales con merecida fama de arquitectos del suelo, dada su incansable actividad fabricando humus y removiendo tierra. Estos animales, en general, influyen en todos los aspectos del suelo, pudiendo alterar su estructura, y también participan en los procesos biogeoquímicos inherentes a dicho medio. Facilitan, en resumen, que el suelo sea un ecosistema lleno de procesos muy activos, en vez de un yermo lugar donde reina la parálisis.

Las características de la vida de las lombrices que les permiten ejercer su significativo efecto en el medio son variadas. Destaca su propia digestión del suelo y la materia orgánica que ingieren, y la creación de sus galerías, que favorece la oxigenación de la tierra y la retención de agua.

Igualmente, en sus desplazamientos en vertical transportan materiales en sentido descendente y ascendente, facilitando que diferentes nutrientes y materiales se movilicen a capas distintas de donde se encontraban.

Ahora visualicen por un momento todos los procesos que acabo de referir. Incorporen a toda esta cadena de relaciones y reacciones unas dosis considerables de un nuevo elemento, el plástico, que irrumpe para quedarse, y que entra en toda esta red como un elefante en una cacharrería. Imaginen, sin ir más lejos, esos suelos agrícolas que año tras año reciben plástico triturado que se mezcla con el suelo, o las toneladas de microfibra que van junto a los lodos procedentes de depuradoras de agua. Los resultados comienzan a arrojar fríos datos que nos posicionan en un escenario que, sin ser el deseado, sí que era esperable. Diversos estudios han podido demostrar que, en efecto, las lombrices interaccionan con el plástico. Evidentemente, esto trae consecuencias para ellas mismas y para su ecosistema. En primer lugar, se ha podido constatar que la ingestión de estos materiales sintéticos incrementa la mortalidad y disminuye el crecimiento de estos animales. Hilando más fino, se ha podido incluso detectar en algunos ejemplares la presencia de atrofias, inflamación o congestión, y respuestas del sistema inmune vinculadas al estrés, por tener alojados en el interior estos elementos anómalos. Que algo, en este caso el plástico, altere las posibilidades de éxito de animales ingenieros del suelo, claves para los ecosistemas donde viven, no puede ser una buena noticia.

También se ha podido comprobar cómo, ya sea adheridos en el moco que recubre a estos animales o en su tracto digestivo, viajan partículas de plástico. Estos pequeños fragmentos se sirven de estas vías de transporte para terminar depositándose en nuevos horizontes del suelo, alejándose de la superficie. Las consecuencias de los desplazamientos de microplásticos bajo tierra son negativas: ponen estos elementos sintéticos a disposición de otros organismos que habitan en esas capas del suelo. Además, se favorece que los plásticos profundicen verticalmente, haciendo que dada su perdurabilidad y las menores tasas de descomposición a mayor profundidad del suelo, puedan quedarse allí durante más tiempo del que somos capaces de imaginar.

Hasta ahora me he centrado en animales, pero no me he olvidado de las plantas. Las plantas tienen por lo general sus raíces en el suelo. Por esta vía pueden incorporar elementos del suelo a su propio organismo, y transportarlos por vía interna a otros órganos, como las hojas. Los efectos del plástico sobre las plantas aún no están nada claros, pero de nuevo los primeros pasos dan valiosas pistas sobre cuál puede ser el escenario general. Así, se especula con diferentes hipótesis, como por ejemplo que si el plástico altera la composición del suelo esto afecte a las plantas, ya sea variando la microbiota presente, reduciendo el agua retenida bajo la superficie al favorecer la evaporación de la misma, e incluso variando el patrón de agregación de las partículas del suelo, con consecuencias en la aireación y crecimiento de las raíces. Se desconoce si el plástico, al liberar componentes tóxicos, puede igualmente alterar a las comunidades microbiológicas del suelo, pero todo hace indicar que es así. En ecosistemas acuáticos se sabe que las comunidades de microorganismos son diferentes allá donde hay gran concentración de plástico, e incluso pueden variar las especies dominantes en la comunidad. Nada hace esperar que en el suelo vaya a ser distinto.

Por otro lado, en contextos donde pueden acumularse microplásticos, como compost procedentes de aguas residuales, o suelos de zonas urbanas o sujetos a gran deposición de elementos anómalos, puede darse el caso de que las plantas incorporen estos elementos a sus tejidos. En condiciones de laboratorio se ha comprobado cómo habas (*Vicia faba*) sometidas a distintas concentraciones de microplásticos sufrieron alteraciones de su crecimiento, y variaciones en la actividad de ciertas enzimas. La clave está en que los microplásticos pueden bloquear en las raíces poros de la pared celular y conexiones entre células, limitando la absorción y el transporte de nutrientes. Un estudio paralelo realizado en condiciones de laboratorio con otra planta domesticada, el trigo (*Triticum sp.*), ha revelado resultados similares, mostrando cómo la presencia de diferentes concentraciones de plástico afecta tanto el crecimiento subterráneo como aéreo de esta importante planta de interés comercial.

También en condiciones de laboratorio, pero usando plantas silvestres, se están hallando resultados llamativos. En un reciente caso usaron dos especies de macrófitos de agua dulce, cuyas raíces estaban en un sedimento al que se proporcionó polietireno en distintas concentraciones. Como era de esperar, se observaron daños en las raíces, concretamente en su longitud, si bien las concentraciones de plástico que se usaron en el experimento eran más altas que las que se podrían hallar en la naturaleza. En China, en un experimento pionero se han analizado plantas ubicadas en diferentes localidades (planta de reciclaje de plástico, bordes de camino y granja). El estudio ha revelado que presentaban distintos niveles de retardantes de llama bromados, cuya fuente originaria es el plástico. Y también dentro de lo pionero se encuentra otro reciente estudio que ha logrado comprobar cómo la presencia de microplásticos en el suelo altera la germinación de semillas (al bloquear poros de la misma) y el crecimiento radicular (por los mismos motivos ya explicados) en el berro hortelano (*Lepidium sativum*).

Estamos solo abriendo la caja de Pandora. Parece claro que el plástico ha entrado en la red de la vida subterránea, se infiltra entre las partículas del suelo favorecido por el transporte de los animales y daña a aquellos que de un modo u otro lo incorporan a su organismo. Una vez transformado en partículas más y más pequeñas, o descompuestos parte de sus componentes tóxicos, desconocemos cómo pueden interactuar con los seres vivos y con cuáles, porque ya incluyo a las plantas, que pueden incorporar compuestos liberados por el plástico vía raíces. A decir verdad, casi todo se está haciendo en laboratorio. Falta estudiarlo en la naturaleza, lo que no es una crítica sino un aviso que demuestra lo lejos que estamos de estar haciendo todo lo posible por comprender la problemática del plástico en tierra firme.

Multiplico los pocos casos para los que hay datos certeros a la inmensidad del mundo, con sus muchas comunidades semidesconocidas viéndoselas cara a cara con elementos a los que nunca antes han hecho frente en su historia evolutiva. Pienso en los otros muchos organismos del suelo cuya interacción con el plástico permanece aún en el limbo del conocimiento, como las hormigas y otros muchos invertebrados. Voy más allá, pienso en los animales que se arrastran por la superficie, pero luego se ocultan bajo tierra, y en general en los animales que excavan el suelo, removiendo enormes cantidades de tierra, como los armadillos y multitud de roedores. Por último, pienso en el poder transformador del hombre, que con sus arados y movimientos de tierra puede generar enormes desplazamientos de material de unas capas a otras del suelo, transportando el plástico inmerso de modo invisible. Estamos tan solo observando la superficie de un problema que se expande en el mundo silencioso del suelo. El futuro nos deparará nuevas sorpresas.

5. REBELIÓN EN LA GRANJA

*Los animales que estaban fuera miraban a un cerdo
y después a un hombre, a un hombre y después a
un cerdo, y de nuevo a un cerdo y después a un
hombre, y ya no podían saber cuál era cuál.*
George Orwell, escritor británico, en *Rebelión en la granja*

En este viaje tan peculiar que estoy haciendo por multitud de paisajes no podía faltar uno que ha resultado de vital interés para la humanidad. No sé si se han percatado de algo conforme avanzaban las páginas. Faltaba algo esencial. En el mundo rural, aparte de agricultura hay ganadería; en el mundo de la fauna terrestre, a la vez que fauna salvaje la hay doméstica —hoy en día incluso más abundante, por desgracia—. Puedo imaginar que a priori no contabais con un capítulo dedicado a la ganadería, y es normal, pero todo conduce a reflexionar sobre si este impacto puede estar dándose. Generalmente vemos a cerdos, cabras, vacas y ovejas, por mencionar lo más característico, en zonas rurales más o menos bien conservadas, donde el plástico a priori no parece un problema primario. Dicho esto, entiendo que en vuestra mente ambos mundos no parezcan interaccionar demasiado.

Hablaba en el prólogo de cómo en Egipto pude presenciar de primera mano cómo algunas ovejas comían plástico en mitad de El Cairo. He ahí la cuestión. En nuestra Europa

Una vaca «pasta» en un montón de basura. India,
Mathura, 20 de marzo de 2018 [Dodin].

Dos ovejas olfatean un trozo de plástico [Anarociogf].

moderna no hay ganado por las calles. Las cabras no pululan por el barrio como si fueran unos vecinos más. No obstante, esa no es la realidad para buena parte del mundo. En multitud de asentamientos humanos de Latinoamérica, África y Asia el ganado campa a sus anchas entre la gente, sin una especial separación entre humanos y animales. He podido ver todo tipo de ganado compartiendo vía pública con niños y mayores, reciclando restos de comida que unos y otros le dejaban. Es más, he podido ver a vacas echadas sobre montañas de basura y a cabras pelear por basura con aves carroñeras y oportunistas.

En los países en los que he podido presenciar este hecho pude comprobar de primera mano el descontrol en la gestión de residuos que tenían. El plástico les sale por las orejas, la basura se acumula sin remedio en cualquier rincón de la propia calle. Siendo así, se produce un verdadero solapamiento entre la basura y los animales domésticos, que transitan en su vida diaria dentro de los pueblos y su entorno inmediato. Se ha creado así un contexto en el que el ganado puede comer plástico. Ya tenemos el primer paso para que, en efecto, se produzca.

Por otro lado, la proliferación del uso de bolsas de plástico en multitud de países en vías de desarrollo desencadena que estas se transporten a las afueras de la ciudad mediante el agua y el viento. Así se crea el contexto en el que estos desechos pueden ser ingeridos por el ganado que pace a sus anchas a escasos kilómetros de las personas. Como decía al principio del libro, la ciudad ejerce un papel doble: acumulador de basura, por un lado, y repartidor de basura, por otro. En según qué regiones del mundo el ganado puede estar ingiriendo basura en los propios asentamientos humanos o en zonas ganaderas circundantes.

¿Por qué entonces a día de hoy nadie habla de que el ganado puede comer plástico? La respuesta es bien sencilla: porque donde esto está ocurriendo es en zonas remotas que injustamente nada tienen que ver con nuestro día a día. Además, hablamos de un ámbito que no tiene ninguna influencia en los intereses de la sociedad occidental. En la trastienda del mundo hay multitud de problemas de primer orden a los que no hacemos caso. Suena a ciencia ficción pararnos a analizar si sus cabras comen plástico.

Al hacer una búsqueda profunda uno puede encontrar estudios científicos que muestran que lo que digo no es una mera suposición, sino una realidad al alza. El primero de estos trabajos nos lleva a Etiopía, concretamente a la ciudad de Gondar. En el entorno de esta ciudad africana, en solo 6 años, los que transcurren desde 2004 a 2010, realizaron 711 ruminotomías en vacas. Esto no es otra cosa que operar al animal en cuestión realizándole un orificio por el que acceder a su interior, perforando para ello el lomo. Gracias a esta técnica se pudieron extraer del rumen de esos animales diferentes cantidades de bolsas de plástico y otros objetos dañinos inesperados. En el 30 % de los ejemplares se hallaron entre 5 y 9 kilogramos, pero de casi el 50 % (350 animales) se extrajeron más de 9 kilogramos de plástico.

Las vacas no son las únicas víctimas del plástico, también las cabras, ávidas comedoras de todo lo que esté a su alcance. Prosigo un poco más en Etiopía, aunque ahora voy a su capital, Addis Adeba. Allí, durante unos meses de 2008 se analizó la presencia de plásticos y otros objetos no deseados en el interior de cabras y ovejas. Los datos revelaron la presencia de cuerpos extraños en el interior de un 23 % de ejemplares analizados. Las bolsas de plástico fueron lo más predominante, al acaparar la mitad de los casos. En Nairobi (Kenya) entre 1982 y 2012 se analizó el interior de 403 cabras muertas y 367 ovejas. Había plástico en el 7 % de las primeras y casi 1 % de las segundas. Es poco, pero si nos centramos solo en los últimos años se percibe que cada vez aparece más (llegando al 15 %), y esta tendencia seguirá subiendo. La progresiva presencia del plástico en la ganadería correlaciona con la proliferación del uso de este material en ciertos países. Otro caso estudiado nos lleva a Jordania, donde en los ya lejanos años 90 otro informe reveló cómo la ingestión de plásticos estaba detrás de varios problemas de salud de las cabras, principalmente rumenitis e hiperplasia de rumen. Por último, en Irán han encontrado plástico (y otros objetos) en el interior del 27 % de ovejas (sobre un total de 185 ejemplares) y del 24,3 % de cabras (sobre 230 ejemplares). El 40 % de las hembras preñadas contenían objetos extraños en su interior.

Los animales que comen plástico pueden ver mermada su supervivencia, e incluso morir por albergar objetos anómalos en su interior. Si ya para los ganaderos europeos perder cabezas de ganado es un problema, imaginad para gente que vive en una economía de subsistencia. Tal vez esas pocas cabezas de ganado son su modo de vida. No podemos olvidar esto. Para comprender el impacto del plástico en la ganadería tenéis que viajar al mundo rural de países remotos, a zonas áridas, en ocasiones azotadas por la inestabilidad política. No todo el mundo tiene infinitos alimentos en el supermercado a su disposición, hay personas para las que su pequeño rebaño puede significar todo, y cuando digo todo quiero decir todo. Exponerse a perder eso por la presencia masiva de basura en el entorno puede marcar la diferencia.

Más allá de los animales domésticos por antonomasia, aquellos más frecuentes en casi cualquier país del mundo, hay otros casos de importancia local y regional. Se trata de animales que pueden ser usados para la carga de todo tipo de materiales, e incluso como medio de transporte. Generalmente esto se da en países con culturas ciertamente diferentes a la occidental, o que al menos mantienen diferencias notables aún hoy en día. Ejemplos muy claros los encontramos en regiones de Asia como India y Tailandia, donde el elefante (en este caso el asiático, *Elephas maximus*) sigue estando íntimamente relacionado con el hombre. Tanto es así que vienen siendo víctimas habituales de maltrato animal. Actualmente, los turistas reciben cada vez mejor información para no participar de dicho maltrato. Pero eso es historia para otro libro, me centro ahora en el plástico. Asia tiene un terrible problema con sus residuos, y los animales terminan interaccionando con el problema. En Sri Lanka se ha podido constatar la muerte de diversos elefantes por ingerir plástico en vertederos, y en diversos puntos del sudeste asiático se está pudiendo comprobar cómo, tanto los elefantes domésticos como los salvajes, están comiendo plástico y sufriendo severos problemas por ello.

Esto me trae recuerdos. En un viaje que realicé a Tailandia en el verano de 2018 hice una parada de varios días en el parque nacional Khao Yai. Son muchas las anécdotas que puedo rememorar de aquellos días en los que me sentí un poco gafe. Primero me tuve que quitar más de una decena de sanguijuelas de las piernas, luego un mono me dio un bofetón y me quitó mi comida mientras yo estaba tranquilamente sentado, un ciervo me destrozó la tienda de campaña y me robó la mochila, y para culminar, una civeta se me metió dentro de la tienda y no quería salir. Al día siguiente un enorme temporal inundó el *camping* y tuve que dormir en un improvisado campamento de emergencia que monté junto a otros visitantes y la ayuda del ejército.

Elefantes en el Parque Nacional Minneriya, Sri Lanka [Natalia Davidovich].

Entre tanto contratiempo, pude centrarme en una de las ideas de mi visita, que era ver elefantes. Tanto al ir como al volver al parque nacional pude ver diversos ejemplares domesticados, que supuse que estaban destinados a algún uso turístico con algo oscuro detrás. Al estar amarrados y con mucha basura a su alcance, pude comprobar de primera mano cómo estos animales se llevaban a la boca, ayudándose de la trompa, varias botellas de plástico, que tras un bocado eran ingeridas sin más dilación. Lo mismo realizaron con varias bolsas de colores. Algunos lugareños y turistas que pasaban por ahí se reían lo veían cómico, pero yo nunca entendí cuál era la gracia. Dicho esto, mientras hacía varios senderos por el parque nacional crucé tramos que transcurrían por asfalto o por anchos caminos de tierra. Allí vi excrementos de elefantes salvajes de los que sobresalían plásticos. Entre ellos sobre todo había bolsas de plástico de supermercado y bolsas de *snacks*. Al parecer, por lo que hablé con algún guardaparque, cogen esas basuras de los contenedores de las zonas de acampada, o de los márgenes de caminos. Posteriormente he podido conocer que se han dado casos de elefantes asiáticos muertos por colapso del tracto digestivo y fallo de otros órganos, al tener enormes plásticos dentro de su organismo.

Cambio radicalmente de paisaje para volver al mundo árabe y norteafricano. Si hay un animal que vinculamos al desierto ese es el dromedario (*Camelus dromedarius*). Su imagen es imprescindible en toda postal que se precie donde aparezcan dunas de fina arena y oasis plagados de palmeras con dulces dátiles. Por desgracia, como he podido comprobar en más de una ocasión, las cálidas arenas del desierto cada vez contienen más plástico. Los dromedarios no parecen hacer gran distinción entre lo que es comida y lo que no, así que inocentemente llenan su interior de basura.

Como muestra, en Emiratos Árabes Unidos la mitad de los camellos muertos fallece por comer plástico. Se dice que cada día mueren varios ejemplares debido a esta causa, lo que da una suma anual francamente triste. No sé en cifras exactas de cuántos estamos hablando en todo Oriente Medio y el norte de África, pero la proporción debe ser altísima. Generalmente se llega a la implicación del plástico en tales muertes cuando los animales comienzan a descomponerse tras morir. Es ahí, quedando tan solo su carcasa, cuando se perciben kilogramos de plástico que quedan a la vista en torno al cuerpo, formando una amalgama en lo que debía ser el estómago del animal. Las cifras récord de plástico dentro de un animal se suelen asignar a las ballenas, en ellas se han encontrado hasta 40 kilogramos de plástico dentro del tracto digestivo de un solo animal, pero en algunos dromedarios se han hallado hasta 52 kilogramos. Comparad el tamaño de un animal y otro y poned en perspectiva esa cantidad de basura.

La alta mortandad de un animal tan importante en el mundo árabe ha propiciado, junto a otras observaciones desagradables, que en Emiratos Árabes Unidos se empiece a combatir al plástico, aunque aún no han vencido en esta particular batalla. Actualmente se están exponiendo las bolas de cuerda y otros plásticos halladas en el interior de dromedarios muertos. Se llevan a exposiciones de todo el mundo, a modo de denuncia, para hacer pensar, para recapacitar. Algunas de estas bolas de basura pesan 30 kilogramos.

África y Asia son de las regiones que más problemas con el plástico tienen. Hemos visto algunos ejemplos de ganado ingiriendo plástico. Esto quiere decir que también los grandes mamíferos salvajes pueden comerlos. No sé si será algo que lleguemos a ver, pero sé que en algunos parques nacionales africanos se están poniendo muy serios con la basura porque no quieren un escenario donde se den situaciones como las que estoy describiendo. Tal vez llegue el día en que en los documentales de la sabana africana veamos animales sufriendo por el plástico. Si ese día llega, esto se habrá convertido en un problema adicional para los últimos reductos de megafauna mundial.

Atendiendo al acusado declive de multitud de estas especies, que el plástico haga acto de aparición y pueda causar lo que está desencadenando en cabras, dromedarios y elefantes asiáticos es un problema adicional. Nos puede servir de indicativo de lo que puede estar pasando en el medio ambiente, más allá de animales cercanos al hombre. Aparte de los grandes animales carismáticos hay pequeños y medianos mamíferos que pueden habitar esas mismas tierras, en los que nadie ha estudiado aún nada relacionado con el plástico. Creo que poder cotejar el posible efecto del plástico en ellos queda aún muy lejano, pero si en ciertas áreas del mundo se están liberando kilos y kilos de bolsas y otros plásticos al entorno la interacción puede estar dándose.

En buena parte del mundo este es el contexto, y los hechos demuestran que la interacción del plástico con mamíferos terrestres se está dando. Si esto llega a convertirse en un problema serio que requiera de medidas es algo que se verá en el futuro. Tal vez llegue el día en que haya tanto plástico que también en países de nuestro entorno, o en nuestro mismo país, esto se convierta en un tema que requiera atención. Por ahora solo estamos viendo algo a escala muy pequeña, en países concretos. No obstante, lo que hoy vemos lejano puede ser cercano, como otros tantos problemas. La cantidad de plástico en el medio sigue creciendo, seguimos incrementando su presencia allá donde ejercemos nuestra influencia. Nada es descabellado.

La basura se acumula en uno de los lagos de los montes Cárpatos [Roman Mikhailiuk].

6. EL MONSTRUO DEL LAGO ERA DE PLÁSTICO

Algunos lugares son un enigma, otros una explicación.
Fabrizio Caramagna, poeta italiano

Trazando mis esquemas mentales sobre qué incluir en el libro, todos los caminos me conducían a escribir sobre la influencia del plástico en los lagos. Tras haber revisado cómo el plástico fluye de las ciudades a entornos agrícolas y ganaderos, y exponer lo que puede pasar a la biodiversidad que vive sobre y bajo la tierra, algo no me terminaba de cuadrar. Las aguas continentales pueden tener mucho que ver en un libro sobre plástico, pues son una importante vía de transporte de estos al mar, como ocurre en el caso de los ríos. Además, las especies que viven en aguas de interior son también víctimas directas del impacto de este tipo de contaminación. En esto último vuelvo a incluir a los ríos, pero añado además los lagos, las lagunas y los pantanos de diverso tamaño y condición, cuyo rol como transportadores de plásticos al mar podría ser, no obstante, secundario.

Dedicar un capítulo a los ríos, y otro a los lagos y otros cuerpos de agua dulce, me pareció en principio difícil. Admito que es culpa mía, no estoy familiarizado con los lagos, sobre todo con el tamaño real y la importancia social y económica que pueden alcanzar. Mirando el mapa comencé a recordar las proporciones reales del mundo. No podemos olvidar que hay lagos que son más grandes que muchos países. Pienso en el lago Baikal, el Tanganika, el Turkana, el Titicaca, los grandes lagos de Norteamérica, el mar de Aral, etc. En sus orillas habitan millones de personas, y muchas obtienen su sustento de los lagos vecinos. A su vez, muchas ciudades vierten sus aguas residuales y desperdicios a estas masas de agua dulce, al ser lo que tienen a mano. Se me ocurren multitud de lagos inmensos que nada tienen que envidiar a un mar.

Ante esos nombres yo no puedo competir. Recuerdo de mi infancia la Laguna del Portil, en Huelva, una importante reserva para la avifauna pese a estar devorada por el afán urbanístico que ha asolado el litoral de España. A comienzos de los 90 —entiendo que por atraer gente ante el interés en convertir la zona en punto turístico— comenzó a circular de boca en boca que estaban viendo a un monstruo en esa laguna. Allá que fui alguna vez armado de pan duro, por si el monstruo acudía a mi señuelo en forma de comida. Lo más que vi fueron patos, fochas y algunas ondulaciones extrañas que permitían adivinar a algún ser bajo el agua, aunque a día de hoy he de reconocer que serían carpas. No se pudo ver al monstruo —de hecho nunca existió tal monstruo—, pero supongo que hablar sobre nuestra propia criatura de la laguna supuso un aliciente interesante para los aburridos veranos.

Aunque, si hay que hablar de monstruos de lagos, el más famoso es el monstruo del lago Ness, la joya de la criptozoología junto al Yeti. Sobre este ser misterioso se ha dicho ya de todo. Los defensores de su existencia argumentan que puede tratarse de una especie de reptil acuático de hace millones de años, cuyos últimos supervivientes habitarían enclaves como este famoso lago escocés. A decir verdad, tampoco existe tal monstruo. Cualquier mente medianamente lúcida podrá llegar a tal conclusión. Es más, no existen ni ese ni ninguno. Sin embargo, al final muchos lagos sí que tienen a otro tipo de monstruo, aunque en vez de tratarse de animales prehistóricos misteriosos estos monstruos aparecen disueltos en forma de millones de partículas de plástico. El lago Ness está entre los afectados por el plástico, como otros tantos lagos escoceses, y sus ríos y costas. A ver si ponen el mismo interés en este monstruo.

Comprender los problemas conservacionistas de los lagos debe incluir, por pura lógica, los impactos que reciben de los humanos que se arremolinan en su perímetro. Sin ser tierra firme, las aguas continentales están rodeadas de ella por todos lados, soportando todo tipo de alteraciones ocasionadas por el hombre (desecación, contaminación por productos químicos, sobreexplotación de recursos, etc.). Pese a su interés para los humanos, los lagos y otras masas de agua dulce han sido muy poco estudiados desde el punto de vista del plástico, sobre todo en comparación con mares y océanos. Algunas estimaciones arrojan el dato de que, en cuanto a sistemas acuáticos, el 87 % de los estudios se centran en ecosistemas marinos, por solo un 13 % en masas de agua dulce. Esta tendencia sigue, e incluso se acrecienta, por motivos que van desde la propia moda científica hasta el interés mediático. Además, como pasa con todo lo que tiene que ver con la ciencia, encontramos un sesgo en el conocimiento actual sobre la presencia de plásticos en agua dulce basado en la realidad económica y de desarrollo de cada zona del mundo. De este modo, casi el 70 % de los estudios sobre plásticos en agua dulce los han acaparado Europa y Norteamérica.

La realidad demuestra que los lagos y otras masas de agua dulce sufren su propia contaminación. Esto daña a su biodiversidad, e incluso puede afectar a intereses humanos, principalmente en los casos en los que de determinado lago se obtenga pescado para consumo, por citar el ejemplo más obvio. Dicho esto, los datos avalan lo que es evidente: generalmente los lagos más contaminados son aquellos que soportan una mayor presión humana. La contaminación en gran medida depende de la gestión de residuos que se hace desde el entorno que somete a presión a cada lago, que habitualmente será dudosa o nula. Es normal, si en sitios costeros vertemos aguas residuales y todo tipo de desperdicios al mar, no es de extrañar que otros hagan lo mismo en el caso de tener lagos y lagunas a su alcance.

Los grandes lagos de Estados Unidos y Canadá arrojan los datos más robustos obtenidos hasta el momento. Allí se ha podido constatar la presencia y el impacto de plásticos en la superficie y en las orillas. En algunos puntos en el interior de algunos de esto lagos se han podido hallar concentraciones similares a las de las famosas islas de plástico de los océanos. Estas evidencias llevan a suponer que los movimientos que existen dentro de estos enormes cuerpos de agua dulce tienden a concentrar la basura en ciertos puntos, al igual que las corrientes marinas lo hacen en los océanos.

En los grandes lagos de Norteamérica, el plástico se ha convertido en el rey de los desechos, ocupando hasta el 80 % de la basura recogida en las orillas. La cantidad de estos residuos contaminantes presentes en la columna de agua es igualmente impactante. Entre los plásticos más presentes vuelven a estar los restos de objetos de la vida cotidiana, pero también aparejos de pesca abandonados, y microplásticos y nanoplásticos usados por la industria. Entre estos últimos hacen acto de aparición los minúsculos gránulos de plástico procedentes de pasta de dientes, jabones y cremas exfoliantes, que se suman a las microfibras que viajan a partir de las lavadoras. Estos microscópicos desechos acaparan el 93 % de los plásticos hallados en el lago Huron, por ejemplo. Su origen, en este caso, parece ser las aguas que salen de cada hogar al ducharnos. Por otro lado, en el lago Michigan los cigarrillos son la basura más encontrada, con un origen bastante evidente. Los *pellets*, pequeñas esferas empleadas como materia prima para posteriores usos, también aparecen en orillas de lagos, como lo hacen en multitud de enclaves de todo el mundo. Al ser plásticos minúsculos, su habilidad para escapar de los barcos que los transportan hace que de modo pasivo se vayan desparramando por los enclaves más insospechados. El coste anual de la lucha contra el plástico en esta región limítrofe entre los dos grandes países de Norteamérica deja la escalofriante cifra de 400 millones de dólares.

Los Alpes parecen haber sido también una región clave para el estudio de los plásticos en lagos, dada la abundancia y variedad de sistemas lacustres que se reparten entre Francia, Austria e Italia, por destacar lo más conocido. Los europeos hemos encontrado en los Alpes el sistema de estudio idóneo para emular a los americanos con sus grandes lagos. Poco a poco se va sabiendo que, en los lagos italianos, por ejemplo, el tipo de plástico y la cantidad en la que se encuentra son similares a las observadas en Norteamérica, lo que hace más sólidos los resultados y permite generalizar con cierta seguridad. Otro dato significativo que vuelve a aparecer es que en estos lagos las proporciones de plástico no difieren notablemente respecto a lo observado en mar abierto, lo que también coincide con lo visto en los grandes lagos.

Como decía, es muy poco lo que se ha estudiado fuera de las grandes potencias económicas; no obstante, lo poco que hay es esclarecedor. Nada hace presagiar que la situación de los lagos asiáticos, africanos y latinoamericanas vaya a suponer una excepción en cuanto a la contaminación de sus lagos por plástico. Tristemente, sabemos los niveles de otros tipos de contaminación que tienen sus masas de agua dulce, y la imposibilidad de acometer tareas para reparar el daño, lo que permite augurar que el plástico debe estar muy presente también. África también tiene sus grandes lagos, algunos de ellos conocidos por cualquier científico que se precie. Hace años la película *La pesadilla de Darwin* sorprendió al mundo al revelar cómo la introducción de la perca del Nilo había alterado totalmente la naturaleza del lago Victoria, e incluso la economía de su entorno. Años después, estos peces introducidos vuelven a dar que hablar, al ser los protagonistas del primer trabajo en el que se han encontrado microplásticos en peces en el continente africano. De este modo, un grupo de investigadores ha podido hallar la presencia de pequeños fragmentos plásticos en el 20 % de las percas del Nilo (*Lates niloticus*) y las tilapias del Nilo (*Oreochromis niloticus*) capturadas. El origen de estos plásticos vuelve a estar en las poblaciones que rodean al lago, que vierten sus basuras y todo tipo de residuos al mismo sin pensar en consecuencias futuras.

También se puede viajar a Asia en busca de plásticos en lagos. Para profundizar en la idea de que lo de los plásticos no es un problema de ciertos rincones del mundo, me remito a los datos obtenidos en lagos de la meseta tibetana, región de nieves perpetuas, montañas imponentes y escasa huella humana. Supongo que al referirme a este rincón del mundo tienen en mente algo así como lo que muestran los programas de televisión de alpinismo, algo así como la morada del Abominable Hombre de las Nieves. Allí se encuentran los lagos a mayor altitud de la Tierra, lejos de grandes núcleos de ajetreo humano y núcleos industriales. Pues ni eso le has librado del plástico. En seis de los siete sitios muestreados en una reciente investigación (repartidos en cuatro lagos) se pudieron hallar microplásticos, además aconcentraciones sorprendentes, más tratándose de enclaves tan apartados del mundanal ruido. Así, los resultados aportan que hay microplásticos en un rango que perfectamente puede superar las mil piezas por metro cuadrado, proporciones similares a la de los grandes lagos norteamericanos, aunque algo inferiores a las analizadas para algunos lagos alpinos de Suiza e Italia. Resulta difícil de explicar, pero parece deberse a que en esas remotas tierras tibetanas no existe gestión de residuos, por lo que toda basura potencial acaba en el medio. Luego el deshielo y las escorrentías favorecen que circulen a los lagos, donde los plásticos quedarán retenidos. La historia del Tíbet no es única. También se han encontrado restos de plástico en otras zonas remotas, como el lago Hovsgol de Mongolia. En este exótico enclave se han desarrollado expediciones para buscar tan ubicuo elemento sintético, tanto en las orillas como flotando en la columna de agua. Se han detectado cantidades mayores que en algunos de los lagos más famosos del mundo. En este caso no dominaron los microplásticos en ninguna de sus formas, sino que destacaron objetos de la vida cotidiana como bolsas, botellas y redes.

Estos dos ejemplos han desencadenado que haya que añadir a la ecuación reinante un matiz: no se trata tan solo de que haya mucha o poca presencia humana en torno a un lago. En caso de que alrededor de un lago haya poca gente, pero su efecto acumulado sea mayor, al no existir modo alguno de gestionar esos residuos —al aparecer en lugares remotos—, las cantidades de plástico pueden igualar a las halladas en zonas más habitadas, pero con mejor control de residuos. Como tema pendiente de estudio queda saber cuánto plástico se encuentra sumergido en la columna de agua, a qué profundidades, e incluso si hay plásticos en los fondos de los lagos. Los primeros indicios apuntan a que sí —lo que no sorprende a nadie, dicho sea de paso—.

Una vez comprobado cómo los plásticos están presentes en los lagos como en cualquier otro rincón del planeta, toca hablar de cómo afectan a los seres vivos que los habitan, aspecto sobre el que he proporcionado una leve pincelada. Podría empezar citando que en condiciones de laboratorio se ha podido constatar cómo los nanoplásticos (nano-poliestireno, en este caso) afectan al crecimiento y la fotosíntesis del alga *Scenedesmus obliquus*, y también a algunos parámetros como el crecimiento y la mortalidad del pequeño crustáceo *Daphnia magna*. Mientras el primer caso es un ejemplo de fitoplancton, el segundo lo es del zooplancton, organismos que están en la base de la cadena trófica, de los cuales se alimentan multitud de organismos, y otros de estos a su vez.

Respecto a organismos mayores, si ya vimos el ejemplo del lago Victoria, cada vez surgen más ejemplos de todo el mundo. Por ejemplo, se han encontrado microplásticos casi en el 100 % de las percas amarillas (*Perca flavescens*) estudiadas en el lago Champlain, en la frontera entre Estados Unidos y Canadá. En un estudio paralelo en el lago Ontario se encontraron microfibras en más del 84 % de los peces que se analizaron. Son solo algunos ejemplos, pero si se mirase lago por lago, país por país, las cifras deberían ser similares, o al menos nada me hace sospechar lo contrario.

No solo los animales puramente acuáticos sufren las consecuencias de la presencia del plástico en su hábitat. Las aves de humedales interaccionan con él, igual que sus parientes terrestres y marinas. Esto ha podido constatarse en España, sin ir más lejos, concretamente en la focha común (*Fulica atra*), el ánade real (*Anas platyrhynchos*) y el tarro blanco (*Tadorna tadorna*) en lagunas de La Mancha húmeda. En este caso los investigadores encontraron plástico en el 43 % de las heces del tarro blanco, en el 45 % de las del ánade, y en el 60 % en las de focha. Los plásticos se identificaron como procedentes del mundo agrícola, algo que podría ser extrapolable a otras masas de agua interior presionadas por actividades humanas. Haciendo cálculos esto viene a ser lo mismo que decir muchas a lo largo y ancho del mundo. También en un lugar tan lejano a España como Sudáfrica se ha podido constatar algo similar. En dos humedales de dicho país se analizaron 283 muestras de heces y 408 plumas, y pudieron constatar la presencia de microfibras de plástico en el 5 % de las primeras y el 10 % de las segundas —en este caso, obviamente, adheridos en el exterior—. Se corroboró al mismo tiempo que tienen más microplásticos los especímenes que habitan humedales a los que se vierten aguas residuales, lo que hace imaginar que esos enclaves tendrán asimismo más microplásticos sumergidos. Como las aves analizadas pertenecían a diferentes especies de patos y gansos, se pudo valorar también que, según el comportamiento de cada especie, unas serán más susceptibles que otras de albergar plástico en su interior. Los gansos se alimentan en la orilla, mientras que algunos patos bucean y se alimentan de invertebrados y plantas acuáticas, o lo hacen en la superficie del agua, ingiriendo igualmente cuanto allí se encuentre.

En concordancia con estos resultados, un estudio llevado en Canadá, en el que se analizaron 350 aves muertas pertenecientes a 18 especies, encontró que la prevalencia de microplásticos en el interior de estos animales viene a ser la misma que la observada en el medio marino, pese a que a este último se le ha dado mayor peso en la literatura científica y en los medios de comunicación. Parece evidente que el hecho de que los datos avalen que existe la misma cantidad de plásticos en aguas continentales que en ecosistemas marinos conlleva que sus impactos tiendan a igualarse (considerando, obviamente, la menor diversidad de especies que, en general, albergan los lagos, las lagunas y otras masas de agua dulce).

En general, parece que en los lagos encontramos otro talón de Aquiles del conocimiento de los plásticos. Hay poco trabajo realizado a día de hoy en comparación con otros ecosistemas. Queda mucho por avanzar, sobre todo en ciertas regiones geográficas y para más especies; incluso se debería ahondar en investigar lo que pasa más allá de las orillas y la superficie. En cualquier caso, lo que sí que está hecho parece esclarecedor, no da lugar a dudas: los lagos, y me atrevería a decir que muchas aguas de interior, están recibiendo ingentes cantidades de plástico que difícilmente encontrarán escapatoria, por lo que se acumularán. Aunque a priori podría intuirse que aquellos lagos, lagunas y pantanos que no reciban aguas procedentes de núcleos urbanos, o que directamente sufran vertidos de los mismos, podrían estar libres de plástico, esto no parece una verdad tan rotunda. No hay que olvidar que los microplásticos vuelan, pueden depositarse en estas aguas, así como en cualquier lugar indeterminado del planeta. Esto me lleva a pensar si habrá microfibras y otros pequeños fragmentos de plástico en masas de agua dulce que aparentemente no sufren una presión directa por parte del hombre. Tal vez dentro de muchos años podamos ver un mapa general que muestre el plástico presente en la mayoría de los lagos del mundo. Por ahora toca esperar.

La Boca en Buenos Aires, Argentina, octubre de 2018 [Manuel Ochoa].

7. LAS OBSTRUIDAS ARTERIAS DEL MUNDO

El agua es la fuerza motriz de toda la naturaleza.
Leonardo da Vinci, polímata italiano

El mundo tiene un problema enorme con la gestión de sus aguas dulces. Sinceramente, uno tiene la impresión de que la impunidad con la que entre todos hemos maltratado los ríos no tiene parangón con otros ecosistemas del planeta. Han bastado pocos siglos para alterar el ciclo natural de estos cursos de agua mediante enormes presas, lo que ha desencadenado la extinción en buena parte de su área de distribución de especies que dejaron de poder subir y bajar por los ríos a su libre elección. Actualmente, solo uno de cada tres de los 242 ríos más largos del mundo circula libre, y casi todos los que lo hacen es porque se encuentran en zonas prácticamente vírgenes. Además, sobre todo en tramos urbanos, los hemos canalizado, transformándolos en un simple conducto asfaltado por el que circula agua. Dentro de estas actuaciones de urbanización de los ríos les hemos arrebatado su vegetación natural, y edificado en sus vegas, por no hablar de que los hemos rediseñado, haciéndolos rectilíneos y eliminando los meandros.

Como si no fuera bastante con esto, durante décadas se han vertido indiscriminadamente todo tipo de sustancias contaminantes, procedentes tanto de ciudades como de sectores como la ganadería. Todos nos hemos topado alguna vez con una misteriosa tubería que aparece de la nada y desagua en cursos de agua un líquido de color, olor y consistencia sospechosos. Este fue el escenario durante buena parte del siglo XX, cuando muchos ríos europeos se convirtieron en canales de agua chocolatada y pestilente, y buena parte de su biodiversidad quedó confinada a aguas de mayor calidad en la alta montaña. En las últimas décadas parece que la situación en cuanto a contaminación ha mejorado, y algunos ríos comienzan a mostrar brotes verdes, dicho sea en su sentido metafórico y literal.

Esto no ha supuesto la paz, porque en los últimos tiempos hemos ido más allá. Puede que ciertas fuentes de contaminación estén más controladas, pero, para sorpresa de propios y extraños, un creciente número de estudios está detectando en ríos de todo el mundo niveles inusuales de antidepresivos, antibióticos, opiáceos, anfetaminas y cocaína. Llegan al medio en forma de metabolitos que aparecen en la orina y allí empiezan a interactuar con la naturaleza. Sin ir más lejos, los ríos Jarama y Manzanares, así como otros de España y Europa, están entre los afectados. Los primeros efectos sobre la fauna se están haciendo notar, por ejemplo en la anguila (*Anguilla anguilla*), especie en la que se han detectado casos de hiperactividad y daño en diversos tejidos, al estar expuestos a altos niveles de cocaína.

Como si no fuera suficiente, añadamos las invasiones biológicas a la batería de golpes que estamos infligiendo a nuestros ríos. Ante esta continua agresión, resulta milagroso que aún retengan algo de esplendor. Como muestra, basta decir que actualmente hay más especies invasoras que autóctonas en las aguas de interior españoles. En pocos siglos hemos introducido un gran número de especies procedentes de todas las latitudes, y por diferentes vías, queriendo y sin querer. Se trata de un fenómeno global que no muestra signos de cambio, entre otros motivos por la imposibilidad de detectar cada alga, hongo o invertebrado que va de polizón en embarcaciones. En el caso de los peces, se puede tratar de especies de interés para la pesca deportiva, y entre las prioridades de la sociedad, el ocio aparece por encima de la calidad del medio ambiente. Esta nueva amenaza se ha complementado a la perfección con otras como el deterioro del hábitat, ya que buena parte de estas especies invasoras son muy adaptables, capaces de proliferar en ecosistemas profundamente alterados. Por si no fuera poco, también son muy competitivas, y generalmente desplazan o aniquilan a la biodiversidad nativa, ya sea al multiplicarse más rápido, al transmitirles enfermedades, o directamente al alimentarse de ellas.

Con este caldo de cultivo, el plástico no es más que el último en llegar a una fiesta en la que, a decir verdad, no cabe un alfiler. Una nueva afrenta a nuestros ríos, los canales de vida del planeta, el origen de pueblos y ciudades durante milenios —aunque nos hayamos empeñado en arrebatarles su sentido—. Destinar un capítulo de este libro a la relación entre el plástico y los ríos tiene un sentido. Un relato de la crisis del plástico sería incompleto sin una aproximación al rol de las arterias azules del planeta, que llegan al siglo XXI absolutamente obstruidas, transportando cada vez menos vida y soportando más abusos. De este modo, hoy sabemos que los cauces de agua dulce se han convertido en una de las principales vías de transporte del plástico a nivel global. Son un vehículo veloz y continuo que funciona como un auténtico repartidor de basura a los mares del planeta. Así, hoy parece claro que los ríos se han erigido en una perfecta máquina de redistribución de basura, recogiendo toda aquella que le proporcionan sobre todo los grandes asentamientos urbanos. Tras un corto periplo, la inmundicia de toda índole será expulsada a alta mar, donde proseguirá durante décadas contaminando los lugares más inimaginables.

Actualmente se estima que cada año se vierten entre 1,15 y 2,41 millones de toneladas de plástico al mar desde los ríos, siendo los meses de mayor aporte los que van desde mayo a octubre. Los datos avalan la idea de que los ríos más contaminados por plástico en el mundo están en el sudeste asiático. De los 20 ríos que más plástico aportan al mar el 67 % son asiáticos, sumando el 86 % de los plásticos que finalmente llegan a mar abierto. El río con más plástico del mundo es el Yangtze, en China, seguido del Ganges, en India y Bangladesh. Los siguientes dos puestos también los ocupan ríos chinos, el Xi y el Huangpu. De entre los más conocidos, en el número 10 aparece el Mekong, que atraviesa distintos países del sudeste asiático. Indonesia está bien representada, con 4 ríos, que entre todos suman 200 mil toneladas de plástico al año arrojadas al mar. Si aumentásemos a los 120 ríos con más plástico, encontraríamos que prácticamente 100 son asiáticos, por solo uno europeo.

Esta preponderancia de ríos asiáticos me ha traído a la mente mi experiencia en dicho continente. Durante un viaje por Tailandia y Camboya visité multitud de ciudades y enclaves naturales, unos más turísticos que otros. No es que fuera buscando plástico, pero al final el desbordamiento de basuras que sufren acaparó parte de mi atención. Fue allí donde pude hacerme una idea mayor de hasta dónde llegaba este problema. Caminé kilómetros y kilómetros por multitud de pueblos y ciudades de cada esquina de esos países, habitados por gentes con distintas formas de vida. Entre otros entretenimientos, cada vez que pasaba por algún núcleo habitado me ponía a buscar ejemplares de varano acuático (*Varanus salvator*), un enorme lagarto pariente del varano de Komodo que, aprovechando el sistema de alcantarillados y la cantidad de carroña desperdigada por las calles, ha pasado a vivir en ciudades. El problema se me hizo especialmente visible en Bangkok, donde puedes ver decenas de varanos nadando en aguas que tumbarían a cualquier persona con el olfato sensible.

Fue durante estos grandes paseos a la busca de fauna urbana como pude concluir que, en efecto, tienen un enorme problema, tanto ecológico como humanitario. No encontré ni una sola masa de agua en sus abarrotadas ciudades (obviando parques y el interior de zonas monumentales, algo más saludables) que no oliera a orina y tuviera color dudoso. Ya fuese en epicentros turísticos o en barrios alejados de tal bullicio, los canales de agua para ellos son meros retretes en los que todo vale, de aquí que el agua sea habitualmente verde eutrofizada o gris oscura casi negra. Un trago de cualquiera de esas masas de agua debe tenerte postrado en cama durante días vomitando sin parar. No es de extrañar que la venta de botellas de agua alcance cifras disparatadas, y que los envases de todo tipo de bebidas aparezcan esparcidos por cada rincón del sudeste asiático.

La principal conclusión que pude sacar de toda esta experiencia asiática es que hay países en los que sigue estando muy arraigada la idea de usar los ríos como cloacas, como lugar donde el agua ha de diluir, porque así nosotros lo deseemos, la ingente cantidad de inmundicia que arrojamos sobre ella —la misma consideración que tenemos con el mar, todo hay que decirlo—. Yo visité Tailandia y Camboya, pero me han indicado que hay espectáculos aún más lamentables en otros países, algo que coincide con los datos arrojados por la ciencia.

Como me gustaría ser justo, toda la culpa no la tiene el propio funcionamiento de estos países. Cada vez se sabe más sobre un triste proceso mediante el que los países occidentales, como el nuestro, han estado durante décadas mandando sus basuras a Asia. Por lo tanto, hemos estado quitándonos un problema de encima para endosárselo a otros.

En el año 2018 China fue la primera en cambiar esta dinámica, renunciando a recibir más basura de países europeos y norteamericanos. Entonces el flujo se direccionó a países como Filipinas o Indonesia, algunos de los más afectados por la contaminación de plásticos. Actualmente, parece que también estos países están mandando de vuelta estos cargueros con basura. Tal vez terminemos mandando la basura al espacio exterior, o sepultándola en la Luna. Cualquiera sabe.

La contaminación del Támesis junto al puente de Hammersmith se hace evidente durante la marea baja, febrero de 2020 [Carina S].

Más allá de esto, creo que pese a que Asia se ha erigido como el mayor punto negro de aporte de plásticos a los mares, pensar que el del plástico es un problema con un determinado carácter geográfico, y que por lo tanto los demás podemos relajarnos, sería otro acto de torpeza a sumar a la lista. Todos los rincones del mundo en los que hay presencia humana están viviendo lo mismo, cada uno con sus matices, y a un nivel más devastador o moderado según el caso. En algunos sitios predominarán basuras sólidas bien visibles, y en otros los microplásticos, que proceden de las miles de lavadoras que se ponen diariamente, por citar un ejemplo sobre el que ya he hablado. Pero que quede claro: cada uno en su contexto está dañando los cursos de agua dulce y, cómo no, estuarios y mares. El problema del plástico es una responsabilidad de todos.

Para demostrar que el problema del plástico llega a todos los rincones, en el Amazonas, el río más caudaloso del mundo, se han encontrado recientemente por primera vez microplásticos. Ha sido en peces, concretamente 228 fragmentos en 14 especies distintas. Este río aparece igualmente en el polémico *ranking* de los más plastificados del mundo, ocupando el quinto puesto. Más al norte, en Estados Unidos, se han detectado notables cantidades de plástico en los dos ríos vinculados a la ciudad de Los Ángeles: el río Los Ángeles —valga la redundancia— y el río San Gabriel. Bastante cerca, en la bahía de San Francisco, se han obtenido datos de los más altos para aguas estadounidenses: unos 700 mil microplásticos por kilómetro cuadrado.

La vieja Europa no podía ser menos. Muchos vivimos en países consumistas, derrochadores, unas verdaderas máquinas de generar residuos entregados a la cultura del usar y tirar. Un breve repaso a algunos de sus ríos más emblemáticos nos hará entender que no hay rincones que escapen al fantasma del plástico. El Támesis, el río de James Bond y el Big Ben, no se ha librado de la basura. Sería de traca, atravesando buena parte de un país sumamente antropizado desde hace siglos. En dicho río, en 2012, se interceptaron unos 8.500 objetos en el corto período de 2 meses, de los cuales la mayoría resultaron ser plásticos (el 20 % del total fueron productos sanitarios). Lo curioso es que fueron hallazgos accidentales que quedaron enganchados en nasas para pescar anguilas, es decir, localizadas en el fondo de la columna de agua. Esto ayudó a revelar que, más allá de lo que se ve flotando, a otros niveles también se transporta basura hacia el mar. También en Gran Bretaña, aunque en el estuario del río Tamar, los microplásticos suponen el 82 % de los residuos encontrados.

El Danubio ya puede que no sea tan azul como decía el vals. Un primer estudio destinado a estimar la cantidad de plásticos que transporta reveló que el segundo río más largo de Europa vierte cada día unas 4 toneladas de plástico al mar Negro. El Sena, río de la ciudad del amor, no podía ser menos. Allí, un primer estudio reveló que cada año unas 27 toneladas de plástico flotante podrían ser interceptadas por barreras de contención puestas para atrapar desechos, y esto solo dentro del área metropolitana de la capital francesa. El Rin, otro de los ríos de Europa que aprendimos durante la etapa escolar, tampoco podía dar buenas noticias. Este inmenso río surca buena parte del corazón de Europa, lo que es lo mismo que decir diversas zonas densamente humanizadas prácticamente en toda su cuenca. Ya en su recta final llega a Róterdam, donde está ubicado el mayor puerto de Europa. Mucha industria, mucha ciudad, mucha presión, y de remate una zona altamente alterada. Con este escenario los datos solo podían confirmar lo esperado, pero hacerlo metódicamente arroja información precisa. Así, en 11 localizaciones seleccionadas a lo largo de 820 kilómetros unos investigadores han hallado microplásticos en todas las muestras tomadas, con un promedio de 892 partículas por kilómetro cuadrado. En la región Rin-Ruhr, la zona urbana más grande de Europa, obtuvieron las cifras más altas, 3,9 millones microplásticos por kilómetro cuadrado.

Centrándome brevemente en España, los datos parecen sugerir la idea de que el río Segura es el más contaminado por plásticos. Mientras terminaba de escribir este libro Internet se llenó de vídeos y fotografías que revelaban lo severo de este problema en Alicante. Algunas de las escenas que pude ver me recordaron a Tailandia, y también a República Dominicana y Egipto, otros de los sitios que he podido visitar en los últimos años en los que el plástico resultó ser el rey de los ríos. Sin embargo, el problema de Alicante ocurría a las puertas de nuestras casas, en el sureste español. La Confederación Hidrográfica del Segura afirmaba en pleno 2019 haber retirado 20 toneladas de plástico, pero una serie de voluntarios reunidos con el mismo objetivo gracias a Greenpeace, retiraron 18 mil kilos de basura en Guardamar del Segura, provincia de Alicante, pocos días después. Las avenidas de basura parecen haberse convertido en un problema de primer orden para los pueblos ubicados en la desembocadura del río Segura. Sus habitantes ven cómo los excesos cometidos río arriba acaban salpicando la salud de sus aguas y tierras, literalmente inundadas en botellas de plástico y otros envases arrastrados por las lluvias.

El río Segura, pese a haber copado más titulares, no es el único que está sufriendo los efectos de la basura. Cada vez más vecinos forman asociaciones para defender su patrimonio y su futuro ante la incipiente amenaza del plástico. Siendo España el segundo país que más plásticos vierte al Mediterráneo, y atendiendo a la cantidad de basuras que yo mismo he podido observar en ramblas y pequeños ríos del levante español, no es difícil intuir que las lluvias torrenciales arrastrarán puntualmente ingentes cantidades de plástico al mar. Por otro lado, los grandes ríos como el Ebro y el Tajo estarán transportando millones de partículas de microplástico mientras nadie repara en ello. Si ocurre en Alemania, Inglaterra o Francia, la lógica indica que debe estar ocurriendo en España.

Curiosamente, poco se sabe del impacto directo de los plásticos sobre la propia biodiversidad asociada a los ríos, lo que abre todo un campo de trabajo que puede ganar relevancia en próximos años. A decir verdad, los efectos del plástico sobre los habitantes de ese ecosistema no han de ser diferentes de los observados para otros ambientes acuáticos. Si bien buena parte del plástico, sobre todo los grandes objetos, solo permanecen temporalmente en cursos de agua con movimiento, al ser arrastrados por la corriente otros muchos de menor tamaño pueden depositarse en el fondo y perdurar ahí. Incluso las basuras de mayor porte pueden generar impactos indeseados durante el tiempo que flotan por nuestros cursos de agua, más si cabe si quedan estancadas en cañaverales y vegetación de ribera en general.

Pese a que la inmensa mayoría de plásticos en ríos parece estar en Asia, no es allí donde se concentra el mayor número de investigadores. Los datos más certeros sobre el impacto de los plásticos en especies de agua dulce y de estuarios proceden de Europa. Se puede hablar del gobio (*Gobio gobio*), habiéndose encontrado plástico en el tracto digestivo del 12 % de 186 ejemplares analizados en ríos franceses. La misma suerte parecen estar corriendo las platijas (*Platichthys flesus*) y esperlanos (*Osmerus eperlanus*) del Támesis, donde se encontraron microplásticos en el interior del 75 % y 20 %, respectivamente, de los ejemplares analizados de cada especie.

Curiosamente, aparecen algunos trabajos procedentes de Latinoamérica, donde recordemos que por ejemplo el Amazonas aparece entre los ríos más afectados por plástico. En el brasileño río Pajerú se hallaron plásticos en el interior del pez tamuatá (*Hoplosternum littorale*), concretamente en el 83 % de los peces analizados. También otro pez latinoamericano de interés comercial, la corvinata amarilla (*Cynoscion acoupa*), habitante de manglares estuarinos, en la confluencia del agua dulce y salada, está sufriendo los efectos del plástico. Atendiendo a la clase de edad, en los subadultos se han hallado plástico hasta en un 50 % de los casos, por un 100 % de los adultos. Siguiendo en Sudamérica, pero en ambientes menos tropicales, en el Río de la Plata se ha obtenido la certera cifra de que el 100 % de 87 peces analizados en busca de plástico resultaron albergarlo en su interior, predominando sobre todo fibras sintéticas. Estos ejemplos suponen una de las mayores cifras halladas en peces de agua dulce hasta el momento.

Yendo más allá de los peces se podría hablar también de los invertebrados, que en el fondo suponen gran parte de la biodiversidad de agua dulce. En nuestras aguas habitan multitud de ellos, que pueden entrar en contacto con la contaminación con la que inundamos este maltratado ecosistema. Un estudio pionero realizado en Reino Unido ha podido constatar que hasta la mitad de los invertebrados presentes tanto aguas arriba como aguas abajo de diversas plantas de tratamiento de aguas contenían microplásticos en su interior. Concretamente trabajaron con tricópteros (frigáneas) y con efemerópteros (comúnmente llamados efímeras). Apenas estamos empezando a descubrir la dimensión real de hasta dónde pueden haberse introducido estos materiales en la red de la vida de los ríos. Los invertebrados, como las frigáneas sin ir más lejos, son la base de la alimentación de diversos vertebrados. Estos pueden acumular microplásticos al ingerir a sus presas, y a su vez a ellos se las pueden comer otros animales mayores, tanto terrestres como acuáticos, que seguirán acumulando plástico en su interior. Puede darse incluso el caso de que trasladen esos plásticos de vuelta a tierra firme, en el caso de aves y mamíferos que obtienen sus presas en el agua pero desarrollan el resto de su vida fuera de ella.

Ya que hablaba de frigáneas, me parecen un caso espectacular. Se trata de unos insectos cuyas larvas viven en el agua, preferiblemente en aguas puras y bien oxigenadas. Resultan de los animales más interesantes que se puede uno encontrar en este tipo de ecosistemas, sobre todo por la característica que los hace únicos. Estas larvas se valen de

Larva de frigánea en su hábitat fluvial [Rostislav Stefanek].

seda —usada a modo de pegamento— para construirse su propia vivienda, unos estuches compuestos por una amalgama de restos que encuentran en el fondo de los ríos. Cada especie, e incluso cada género y cada familia, tiene un material predilecto, que puede ser restos de hojas de árbol en descomposición, caracolas de moluscos, granos de arena y pequeñas piedras, etc. Estas estructuras, aparte de proteger el abdomen —que en estas larvas es blando—, ofrecen camuflaje.

Siendo especies que tienden a usar materiales que encuentran a su alcance para diseñar sus estuches, ¿qué podría pasar si empiezan a interaccionar con los microplásticos? Evidentemente, no todos los individuos ni todas las especies se van a lanzar a usarlo, pero hoy sabemos que algunos son capaces de emplear el plástico disponible en su medio para construir la cápsula que les sirve de hogar. Hay vídeos en los que se puede apreciar cómo las frigáneas usan teflón y diversos plásticos para construir en pocos minutos su estuche protector. El hecho de que parte de estos vídeos sean en condiciones de cautividad no impide que en la naturaleza pueda pasar. Esto no puede dejar indiferente, ya que esos individuos pueden estar exponiéndose a contaminantes derivados del plástico que afecten a su supervivencia y sus posibilidades de llegar a adulto.

En cualquier caso, lo que sí parece confirmado es algo realmente curioso. Estos insectos son ingenieros de ríos, ya que fijan sedimento al fondo al incorporarlo a sus estuches. Si comienzan a usar plásticos que llegan a su hábitat esto puede facilitar que posteriormente los mismos permanezcan como parte del sedimento, una vez el estuche queda abandonado. Sería una vía biológica de fijación de microplástico al sustrato. Cabe recordar que en ocasiones las larvas de frigáneas pueden ser hasta el 80 % de biomasa de macroinvertebrados en cursos altos de ríos y arroyos, es decir, son animales localmente abundantes. En caso de acúmulo de microplásticos, la fijación al sustrato a través de cápsulas de frigáneas podría ser muy alta.

Los expuestos son ejemplos sueltos, pero nadie duda de que si se extendiesen estos trabajos a más especies, más ríos, e incluso si se me apura, a diferentes tramos de ríos, los resultados arrojarían cifras igual de llamativas. En el fondo, es cuestión de tiempo que nuevas investigaciones aporten una información más amplia. Pensad en la de miles y miles de ríos que surcan todos los países del mundo. No he citado ríos africanos, pero me consta por los datos a los que he podido acceder que algunos de ellos están también entre los más contaminados por plástico, aunque poco se está hablando de ello. Tampoco he dicho nada de Australia, ni de enclaves remotos que apenas ubico en el mapa, pero que sin embargo estarán teniendo los mismos problemas.

Sinceramente, no cabe mucho margen para la sorpresa, no creo que haya ríos prístinos mientras otros muchos en similares circunstancias tienen millones de partículas de plástico. No es blanco o negro, creo que la plastificación de los ríos se mueve en una escala de grises, dependiendo del grado de urbanización de cada cuenca, del nivel socioeconómico de los países que surca cada río, e incluso del tramo de río que uno analice. Da miedo pensar el trato que dispensamos a nuestro ríos, fuentes de vida y pureza, cunas de civilizaciones. Tratamos al agua dulce como un bien infinito, cuando más bien es un bien escaso.

En fin, tras describir la presencia y el impacto de plásticos en el medio terrestre y las aguas de interior, llega el momento de dar el salto a los océanos, el destino final de buena parte de la basura. Entramos en el terreno para el que hay más datos, pero también donde las cifras son más escalofriantes. Si lo que han podido leer hasta este punto les ha parecido grave, lo que viene ahora no se va a quedar atrás. El libro del viaje del plástico sigue su camino.

8. UN CUENTO DE CORRIENTES MARINAS E ISLAS DE PLÁSTICO

Nunca sabes lo que puede traerte la marea.
Tom Hanks, actor estadounidense,
en la película *Naúfrago*.

Siempre mantengo que lo que menos me gusta de escribir es que me quita tiempo de leer. Sin embargo, hay veces en que no resisto más la necesidad de desaparecer durante horas, enfrascado en la lectura de alguna obra que me traslade a otro mundo lejos del terrenal. En momentos así he de elegir entre un tipo de placer, la escritura, y otro, la lectura. Difícil elección. Esta mañana he decidido recrearme en la lectura de un libro con valor histórico incalculable, una obra que últimamente leo y releo en los pocos ratos libres que me deja realizar este libro. Se trata del diario de a bordo de cada uno de los cuatro viajes que Cristóbal Colón realizó al Nuevo Mundo, incluyendo el primero de ellos, en el que descubrió, sin ser consciente, lo que hoy conocemos como América.

Leer esta obra es una experiencia más allá de la lectura, es bucear en la historia. Como acto placentero que es, dan ganas de pasar las hojas de estos diarios a la luz de las velas, con música relajante, sintiendo el rechinar de los tablones de las carabelas que salieron de Palos de la Frontera y los ronquidos de los tripulantes aburridos ante la larga travesía. En este diario son frecuentes las referencias a aves marinas que se divisaban desde las embarcaciones. Respecto a los viajes de Colón, también se relatan anécdotas sobre un mar de algas que entorpecía la navegación, al que hoy conocemos como mar de los Sargazos. Pienso en esas aventuras, pero como es difícil borrar de la mente aquello que habitualmente la ocupa, se termina pensando en plástico. Inevitablemente, al estar inmerso en la escritura de un libro sobre plástico, imagino lo que sería hoy detallar diariamente un viaje como el del almirante genovés, en el que sin duda más que aves se mencionarían distintos desechos flotantes. Tal vez, aquellos percances que sufrieron con algas que les atrapaban, tendrían hoy como protagonistas a las redes de pesca y otros restos a la deriva. Casi puedo leer ese hipotético diario de a bordo: en el día de nuestro señor Jesucristo de tal y tal divisamos por babor botellas de plástico, redes a la deriva, patos de goma... Y así cada día.

Tortuga en centro de recuperación afectada por plástico [Asociación Karumbé, Uruguay].

Se podría decir que la historia de la humanidad es un continuo libro de viajes. Durante siglos, exploradores de toda condición arribaron a remotos puntos del planeta que no se habían descrito con anterioridad, haciéndolo en nombre de la bandera que les correspondiera. No nos cuesta imaginar a rudos navegantes armados saltar sobre playas paradisiacas, tomándolas en nombre de su dios y de su rey. Hoy en día son escasos los lugares por descubrir, y los encargados de desvelar nuevas maravillas son los científicos, exploradores contemporáneos. Entre las últimas conquistas de estos abnegados profesionales las más llamativas son unas nuevas islas descubiertas en las últimas décadas, ante la estupefacción de propios y extraños.

Para aumentar el misterio, se podría añadir que estas islas han surgido en tiempos recientes, ante nuestras narices. Si no se descubrieron en anteriores siglos de intensa exploración marina fue simplemente porque no existían. Han aparecido como por arte de magia, en un momento en el que muchos de los que ahora estáis leyendo estas líneas ya habitabais este planeta. No hablo de islas volcánicas, el magma no ha tenido nada que ver. Cómo ha podido ocurrir esto tiene una explicación más sencilla de lo que cabría esperar, y reside en el material que constituye estas nuevas islas: el plástico.

Gracias a las exploraciones llevadas a cabo por todo el globo hemos pasado, en pocas décadas, de desconocer la existencia de estas islas de plástico a constatar la existencia de seis de ellas. Se distribuyen en las diferentes zonas subtropicales del mundo: dos en el océano Pacífico (norte y sur), dos en el océano Atlántico (norte y sur), una en el océano Índico, y la última, en el mar de Barents, en el océano Ártico. En los últimos años se ha demostrado que hay cierto intercambio de materiales entre unas manchas y otras, sobre todo en el hemisferio sur, principalmente desde el Índico y el Atlántico Sur al Pacífico Sur, donde el plástico puede cruzar el ecuador dirección al norte, para acabar en la más acaparadora, la reina de todas las manchas de basura: la isla del Pacífico Norte. Algunos, metafóricamente, se refieren a estas islas de basura como nuevos continentes. Resulta curioso, siglos después de la gran era de los descubrimientos, cuando grandes extensiones de tierra que permanecían ocultas al mundo occidental fueron al fin plasmadas en los mapas, habríamos vuelto a alcanzar nuevas hazañas de la misma índole. Sí que ha cambiado el panorama. No hace mucho el ser humano gritaba «¡tierra!» al descubrir nuevas zonas nunca holladas. Hoy, los navegantes bien podrán gritar «¡plástico!».

Pero tampoco estamos del todo en lo cierto respecto a las islas de plástico llamándolas así. El imaginario colectivo se está creando una idea incierta sobre qué son estas superficies halladas en alta mar. En efecto, pese a lo importante y simbólico de un lugar con semejante razón de ser, algo no se ha explicado bien sobre este tema, y no es otra cosa que la propia consistencia de estas manchas de basura. Hay gente que entiende que se trata de nuevos continentes sólidos, a los que saltar para clavar con convicción una bandera, hacerse selfis o jugar un partido de fútbol. Buena parte de las campañas ecologistas han recurrido a imágenes en las que así se presenta la contaminación por plástico en los océanos. No cabe duda de que hay manchas puntuales que parecen verdaderas islas flotantes, al haberse concentrado gran cantidad de macroplásticos. Pero no hablamos de eso cuando nos referimos a las populares islas de plástico. No son estructuras compactas sobre las que caminar, sino más bien sopas formadas por partículas, principalmente del tamaño de una lenteja o menos, que han tendido a arremolinarse en zonas concretas del vasto océano. En resumen, las islas de plástico son zonas de alta concentración de microplástico y otras partículas mayoritariamente de pequeño tamaño. Olvídense de una Atlántida hecha de botellas de agua y pañales de bebé.

Una vez presentadas formalmente, el siguiente paso debe ser explicar cómo se ha llegado a esto. Para ello vamos a ayudarnos de una anécdota que aconteció hace años, y cuyos resultados aún se hacen notar. En diciembre de 1991 un barco zarpó de Hong Kong en dirección a Estados Unidos. Entre su cargamento se encontraban miles de patos de goma. Pocos días después, recién estrenado 1992, una tormenta alcanzó al barco en mitad del océano, ocasionando la caída de algunos contenedores cargados con 28 mil de esos patos, que quedaron liberados. Ahí empezó un viaje de miles de kilómetros que llega hasta nuestros días, y que ha ayudado a los científicos a entender cómo circulan las corrientes oceánicas y cómo los objetos flotantes las usan para transportarse. Meses y años después del accidente, algunos patos aparecieron en Australia y Chile, por lo que se deduce que las corrientes los habían llevado hasta allí. Otros aparecieron al norte, en Alaska. Algunos de esos miles corrieron otra suerte, porque las corrientes los lanzaron al polo norte, incluso cruzando el estrecho de Bering, donde se congelaron. Permanecieron durante un tiempo retenidos en hielo, flotando inmersos en bloques. Así llegaron al océano Atlántico, donde de nuevo descendieron a latitudes más al sur, descongelándose cual icebergs y prosiguiendo su camino hasta lugares como Escocia, a donde arribaron ya en el nuevo siglo.

En cualquier caso, la mayoría de ellos, en vez de haber sido lanzados por las corrientes a destinos de lo más exóticos, habían quedado atrapados en el interior de unas corrientes marinas circulares, llamadas *giros oceánicos*. Actualmente muchos de estos patos siguen a la deriva, perdidos en no se sabe dónde. Como el plástico tarda en descomponerse es posible que sigan, casi intactos, surcando los mares durante varias décadas más. Si alguna vez encuentran un pato de goma en la playa, asegúrense de su procedencia, porque sin saberlo tal vez puedan tener un poco de historia en casa, una auténtica pieza de museo.

La formación de las islas de plástico se la debemos a la acción continuada de estos giros oceánicos, que llevan décadas transportando ingentes cantidades de basura a su interior. Acabamos de ver lo que ocurrió con los patos

En diciembre de 1991 un barco zarpó de Hong Kong en dirección a Estados Unidos. Entre su cargamento se encontraban miles de patitos de goma. Pocos días después, recién estrenado 1992, una tormenta alcanzó al barco en mitad del océano, ocasionando la caída de algunos contenedores cargados con 28 000 de esos patos, que quedaron liberados [Valentin Valkov].

de goma a la deriva, que usaron las corrientes para viajar durante años por los océanos del mundo. Bien, no hay mucha diferencia entre los patos y el resto de plástico, más allá de que unos parezcan simpáticos y otros no. Ambos usan esas corrientes, y la mayoría tienden a caer tarde o temprano hacia el centro de las mismas, como si el interior de las corrientes fuera un remolino en cuyo ojo todo confluye. La otra opción es que choquen con alguna superficie como islas o alguna costa que se cruce en el camino de esas corrientes, llenándolas de basura por mucho que se limpien. También pueden ser lanzados fuera de la corriente, como pasó con algunos patos, motivando que el viaje de estos objetos flotantes prosiga. Lo que sí que parece claro es que, una vez dentro de estos giros, el plástico no puede salir, queda confinado en zonas de aguas calmas, retenidos por siempre en una suerte de agujeros negros marinos en mitad de los océanos.

Los plásticos van acumulándose en estas zonas poco a poco, durante años, y es entonces cuando alcanzan tal cantidad que configuran lo que hoy conocemos como islas. También es cuando se producen la mayor parte de impactos sobre el medio ambiente, aún no del todo documentados. Para que os hagáis una idea de cuál es la diferencia entre las cantidades de plástico fuera de estas islas y dentro de ellas, hoy se estima que en su interior se cuentan kilogramos de plástico por kilómetro cuadrado, por los gramos por kilómetro cuadrado que pueden encontrarse fuera de las mismas, en otras regiones de los mares del mundo.

Como referí párrafos atrás, de todas las manchas de desechos marinos, la isla de basura del Pacífico Norte se ha erigido como el símbolo mundial de la contaminación por plástico, acaparando casi la totalidad de los estudios sobre el tema y todo el foco mediático. Su presentación oficial al mundo se remonta a 1988, cuando una expedición que había medido plástico en el Pacífico Norte publicó sus conclusiones en la National Oceanic And Atmospheric Administration (NOAA). Posteriores incursiones confirmarían con rotundidad la existencia de este lugar, y añadirían nuevas islas de basura en otras regiones del mundo. Respecto a este nuevo continente tan inesperado, hoy sabemos que ocupa un emplazamiento concreto entre Hawái y California, y que abarca casi 3,5 millones de kilómetros cuadrados, lo que vendría a ser como siete Españas. Se estima que esta inmensa acumulación de basura marina puede tener 100 mil toneladas de residuos, repartidos en 1,8 trillones de piezas de plástico. Y sigue creciendo.

Parte de los problemas asociados a estas islas de basura no difieren de los ya conocidos por el gran público, pero su peligrosidad radica en que, al ser zonas de mayor concentración de elementos nocivos, mayores pueden ser igualmente los impactos generados, arrasando con la vida que encuentren a su paso. Consecuentemente, el estudio de estas zonas y cuanto en ellas acontece se torna igualmente prioritario. Las islas de plástico son sistemas donde la contaminación por plásticos muestra su lado más feroz. Representan, en resumen, un escenario que ante el incremento de plásticos en el mundo puede ser representativo del panorama general futuro.

Buena parte de los estudios del impacto del plástico sobre la naturaleza vienen de la isla del Pacífico Norte. Los resultados, todo hay que decirlo, son estremecedores. Hace tres décadas ya se estimaba las muertes de mamíferos marinos en el Pacífico Norte a causa de los plásticos en 100 mil anuales. En el tiempo transcurrido se ha multiplicado la cantidad de plásticos deambulando por los océanos, por lo que pueden imaginar que las cifras hoy serán mayores, y que abarcan sin duda a más grupos de organismos. Por ejemplo, en la actualidad se sabe que el 74 % de la dieta de las tortugas marinas atrapadas por diferentes artes de pesca en la zona de la gran isla de basura estaba compuesta por plástico que ingirieron por error.

¿Qué más efectos puede tener una acumulación tan inmensa de plásticos sobre los ecosistemas marinos? Toda una línea de investigación dentro de lo relacionado con la contaminación ambiental por plásticos se ha centrado en algo aún más invisible. De este modo, comienza a preocupar la relación que pueden tener estos plásticos con mayores concentraciones de ciertos compuestos químicos tóxicos para la salud. Por ejemplo, en el caso de la gran isla de basura del Pacífico Norte, se ha estudiado la unión de los plásticos a compuestos que estaban presentes en el medio. Concretamente, se ha podido constatar con preocupación en un estudio que el 50 % de las muestras de plástico tomadas en esta región del océano tenían adheridas bifenilos policlorados, uno de los contaminantes más nocivos creados por el hombre según las Naciones Unidas (prohibido desde los años 70 en multitud de países). Además, el 75 % contenía hidrocarburos aromáticos policíclicos, compuestos que aparecen en combustibles fósiles y el carbón.

Es posible que estos compuestos estuvieran en el agua, o que hayan sido transportados por el aire y la lluvia, y los plásticos les habrán servido de puerto al que anclarse, promoviendo que se concentren allá donde lo hace la basura a la deriva en el mar. Ambos tipos de compuestos están relacionados con el cáncer y diferentes problemas de salud, tanto para la fauna como para nosotros, por lo que su acumulación en este tipo de hábitats tras adherirse a la materia en suspensión, así como su incorporación al organismo de diversos animales vía ingestión de plástico, no parece ser una buena noticia.

También se da justo el proceso contrario. Hay que volver a citar el caso de aditivos que tiene el plástico, otorgando a estos productos diferentes propiedades de interés comercial. Ya hemos hablado previamente de algunos de ellos, que pueden desprenderse conforme se descompone el plástico por la acción del agua, el sol y otros agentes ambientales. La liberación de estos compuestos se asocia con diferentes afecciones para la fauna, y también pueden alcanzar al ser humano. Siendo las islas de plástico zonas de una desbordante concentración de plástico, también lo serán de compuestos químicos derivados de estos que contaminan las aguas. El panorama se presenta desalentador, la sopa de plástico es también una sopa de compuestos sintéticos que, o bien derivan del plástico, o bien han encontrado hogar en él, convirtiéndolas en islas tóxicas.

Pese a la popularidad alcanzada por estas altas concentraciones de basura oceánica, son muchos los misterios que quedan por desentrañar. De nuevo, muchas de las consecuencias nefastas asociadas a estos continentes flotantes empiezan a vislumbrarse justo ahora. Además, mientras las islas de plástico siguen creciendo en tamaño año a año, se especula con noticias referentes a la aparición de otras nuevas. Las predicciones no son optimistas. La basura sigue circulando por las corrientes marinas con total impunidad. Cada vez se fabrica más plástico, cada vez aparece *más* en el medio y más cantidades terminan sus días confinados en islas de plástico. Consecuentemente, con el tiempo se incrementará el impacto del plástico sobre las maltrechas poblaciones de vertebrados e invertebrados marinos, haciendo subir las cifras de muertes y lesiones medidas para el momento actual.

Atendiendo a este panorama, tocará a los nuevos exploradores del mundo, en nombre de la ciencia, recabar toda la información posible sobre estos novedosos ecosistemas de factura humana. Más allá de eso, también les tocará borrar los continentes de basura flotante de la faz de la tierra. Sin duda, lo mejor que podría pasar a estas islas de plástico es que en un futuro solo puedan ser conocidas por los libros de historia, como un mal recuerdo. Ojalá que un día un escritor del futuro solo pueda conocer de la existencia de este desaguisado a través de libros antiguos y que se estimule pensando en las aventuras de los humanos del pasado mientras descansa de escribir sus propios libros.

9. PLAYAS DE PLÁSTICO

> *En cada promontorio, en cada playa curva, en cada grano de arena está la historia de la Tierra.*
> Rachel Carson, científica y escritora estadounidense.

Bañarse en la playa durante las primeras horas del día siempre fue mi momento favorito. El mar aún se muestra tranquilo, con el agua especialmente calmada, y la arena se presenta solo moldeada por la acción de la propia naturaleza. Como el sol asciende pronto hace buena temperatura desde la mañana, lo que ayuda a entrar en calor sin temor a coger frío. Antes del bullicio de los bañistas, numerosos bancos de peces se arriman a la orilla, llenando de vida ese primer baño del día. Las aves costeras también lo saben, y hacen uso del que es su hábitat, atrapando su desayuno entre las olas. Es en esos momentos cuando uno percibe que el poder terapéutico asociado al mar se encuentra en su máximo esplendor: se puede sentir la libertad ante la inmensidad del horizonte.

En uno de esos momentos mágicos me hallaba durante un día veraniego de mi infancia, en el que por un motivo que ya no soy capaz de recordar tenía gafas de bucear. No es que yo haya crecido en la Gran Barrera de Coral de Australia, pero para un niño el simple hecho de poder ver la vida de algunos peces bajo el agua ya era suficiente.

Recuerdo que aquel día me quemé la espalda por permanecer boca abajo en el agua mientras observaba los comportamientos de los cangrejos, sobre todo las disputas que tenían entre ellos por lo que parecía ser su pequeño territorio.

Entre chapoteo y chapoteo percibí un destello inusual, un brillo dorado que vislumbraba, a varios metros de donde me hallaba en ese instante, mientras miraba a los cangrejos. Nadé hacia ese punto, pensando que podía ser algo de oro que se le hubiera caído a alguien. Cuando logré estar frente a frente con el objeto descubrí qué era lo que en realidad había encontrado. Ahí estaba él, un muñeco de plástico de C-3PO, el androide de protocolo más famoso de la galaxia, mirándome fijamente mientras yacía semienterrado en la arena. Lo cogí, sintiendo que había encontrado un tesoro mayor que el que esperaba encontrar esa mañana. El hallazgo de aquel día me hizo incluso más ilusión que cuando años después encontré buceando unas gafas de sol Ray-Ban, sobre todo porque las gafas ya tenían fauna creciendo sobre ellas, lo que hubiera quedado muy raro en el caso de decidirme a usarlas.

Años después he podido conocer gracias a la televisión el caso de otros juguetes que niños y adultos están hallando en playas de Reino Unido. En este caso se trata de piezas de Lego, y no son unas pocas que un niño haya olvidado tras un día familiar en la playa. Esto va más allá, se asemeja más a la historia de los patos de goma flotantes. Allá por 1997 un buque de Tokyo Express perdió 62 contenedores, incluyendo uno cargado con kits de este conocido juguete de ensamblaje de piezas. De algún modo, miles de pequeños *packs* de Lego escaparon a su destino, comenzaron su periplo marítimo y arribaron a playas como la de Perranporth, en Cornwall. Desde entonces, y han pasado casi 20 años, los niños de la zona aún pueden divertirse jugando a encontrar juguetes en la arena, lo que, dicho sea de paso, suena bastante emocionante como plan infantil. El botín liberado del barco contenía más de 4 millones de piezas de Lego, más paquetes adicionales con miles de complementos que incluían muñecos y kits completos de pirata, buceador, policía, etc. Actualmente los buscadores de piezas de Lego en la costa británica tienen como objeto estrella los dragones y pulpos, aunque entre las algas y conchas de la orilla aparece todo cuanto uno pueda imaginar. Si tienen interés en esta historia hay una página de Facebook en la que los buscadores de piezas comparten aquello que van encontrando, porque el mar seguramente siga escupiendo piezas de Lego arrastradas por la corriente durante un buen tiempo.

Recientemente una nueva historia ha saltado a los medios. Una chica adolescente descubrió que en el litoral californiano, justo frente a un campo de golf, el incesante goteo de pelotas de golf estaba contaminando esas aguas. A juicio de esta persona, en algunos rincones ni se veía la arena de tantas pelotas que habían quedado allí depositadas. Recuerdo que los plásticos pueden liberar compuestos tóxicos, y posiblemente esto es lo que estaba pasando aquí. Afortunadamente, se han propuesto revertir la situación. Lo gracioso de la situación es que lo han hecho solo la joven y su padre, habiendo sacado por el momento 50 mil pelotas alojadas bajo el agua.

Entre las piezas de Lego, el muñeco de C-3PO y las pelotas de golf, intuyo alguna que otra diferencia: ambos son plásticos y ambos son desechos que no deberían estar en la playa, pero, mientras que las piezas llegaron vía marítima al haberse caído de un barco, el muñeco y las pelotas de golf procedían de ese mismo litoral, de tierra firme. Esos son los dos caminos mediante los que el plástico llega a la playa. Al sumarse dan como resultado el estropicio que se observa en multitud de fotografías y vídeos que se han hecho virales por Internet. Imagino que en cada playa se dará preponderancia de una vía sobre la otra, es decir, en playas turísticas que reciben millones de turistas al año puede que esa propia presión humana deje un reguero de desperdicios ya de por sí, sin necesidad de transporte alguno. Por otro lado, aún quedan sitios virginales en los que la presencia humana es anecdótica, no puede justificar la presencia de tantos residuos en la arena, por lo que no queda más que admitir que las corrientes marinas y los ríos serán los principales canales de transporte de la basura.

Una manera idónea para constatar si la basura ha llegado por una vía u otra es analizar la información contenida en cada objeto. Es decir, si son botellas y envases, ya solo por el idioma en el que viene escrito todo el contenido de la etiqueta puede uno atar cabos con cierta probabilidad de acertar. Eso me trae a la mente mi gran primera experiencia con la problemática de las basuras marinas. Allá por el verano de 2010 me encontraba haciendo un voluntariado con tortugas marinas en la isla de Boa Vista, en Cabo Verde. Se puede decir que la playa en la que estaba instalado el campamento era un sitio puro y salvaje, sin humanos, dentro de una isla apenas habitada. Me atrevo a afirmar sin temor a equivocarme que es de los enclaves más paradisiacos en los que he tenido la oportunidad de estar.

Sin embargo, fue también allí donde pude tomar conciencia de la problemática que ocupa este libro. En ocasiones, mientras estaba en la playa sesteando o bañándome, aparecían en la orilla restos que el mar había depositado. Intuitivamente, mi primer pensamiento ante la llegada de estos inesperados náufragos que arribaban a la orilla era que debían provenir de alguna de las pocas localidades de la isla. Sin embargo, la realidad resultó ser más caprichosa. Por dar un simple ejemplo, una de las veces lo que llegó fue una caja de poliespán que parecía provenir de la industria pesquera. Tras analizar el objeto pude comprobar que la empresa a la que pertenecía aparecía radicada en Cádiz, por lo que ese residuo había hecho un paseo algo más largo del que en principio valoré, aunque tal vez un barco español había pasado cerca de esa costa caboverdiana y se le había caído, quién sabe. Otros objetos procedían igualmente de otros puntos de España, e incluso de otros países.

Ya en 2019 he podido conocer el trabajo de varios proyectos muy ambiciosos relacionados con la naturaleza caboverdiana, financiados por la Sociedad Portuguesa para el

Estudio de las Aves (SPEA). Entre la información que estos profesionales de la conservación han difundido a través de redes sociales —y que amablemente han compartido conmigo por privado—, se encuentra algo realmente alucinante: numerosas fotos de plásticos y otras basuras tapizando totalmente playas de dicho país. Entre los hallazgos más desagradables, los integrantes de estos proyectos han podido detectar aves que usan restos de redes y otros plásticos para sus nidos, y progenitores que incluso ocultan a sus polluelos entre estas basuras para protegerlos frente a predadores y el calor, como si fueran algas u otros restos naturales.

En diversos censos realizados para profundizar en el porqué de este acuciante problema se encontraron residuos de hasta 24 países distintos en solo una jornada de búsqueda. Esos países fueron: Alemania, Arabia Saudí, Bélgica, Brasil, China, Colombia, Dubái, Emiratos Árabes, España, Filipinas, Francia, Ghana, Grecia, Holanda, Japón, Malasia, Marruecos, Portugal, Sudáfrica, Tailandia, Reino Unido, Estados Unidos, Uzbekistán y Uruguay. Ubicadlos en un mapa y valorad la distancia que hay desde ellos hasta Cabo Verde, y entre ellos mismos. Países situados a latitudes variopintas, cada uno con una historia, cada uno bañado por un mar distinto, pero al final todos interconectados por las corrientes marinas y por barcos. Sobran los comentarios.

Tras esta incursión contemplando el baño de basura al que sometemos a nuestras playas, sigo recorriendo mi propia memoria, mis recuerdos vinculados al descontrol de este problema. Eso me lleva de nuevo a Tailandia, donde pude contemplar anonadado cómo miles de turistas dejan las playas hechas unos zorros. Ellos se van, ya tienen lo que venían buscando, su foto para presumir, pero dejan su basura. Un paseo al alba deja la fea sensación de que hay gente que pulula por el mundo sin pensar en nada más que en sí mismos. Decenas de botellas de agua y refresco, además de bolsas de supermercado, yacen en la arena, como si a nadie le importara. Me quedé con la tristeza de contemplar cómo

Tíito *(Charadrius vociferus)* en la playa de Barahona, rodeado de basura.

Playa de Cabo Verde repleta de plástico de diferentes nacionalidades y otros desechos [Joana Bores].

en este país uno puede estar buceando entre corales mientras turistas desde barcos —con música a todo volumen— lanzan todo tipo de restos por la borda, sin importarles ninguno de los efectos que esto pueda tener; es más, me consta que tanto en este país como en otros asiáticos se vierten cubos de basura directamente al mar desde los barcos.

Sin embargo, la estampa que cuando cierro los ojos viene a mi mente no aconteció en Asia, sino en América. Cuando uno viaja al Caribe en época de huracanes se expone a que un huracán le arruine parte de las vacaciones. Algo así me tocó vivir en mi primera vez en República Dominicana, donde me encontraba viajando con mi mochila a cuestas. Como no era recomendable ir a casi ningún sitio, y la lluvia y el viento eran realmente terroríficos, tuve que permanecer más tiempo del previsto en Barahona, una pequeña ciudad costera con bastante tráfico de barcos de gran tamaño. Lo que a priori se antojaba como un retraso en los propósitos de mi viaje, resultó finalmente en un inusitado descubrimiento. Fue en esta ciudad donde contemplé la playa donde más basura he visto en mi vida, un absoluto despropósito de plásticos, maderas y restos de todo tipo.

El hallazgo no tuvo nada de particular, ya que la playa era la propia de la ciudad, por cuyo paseo marítimo transitan cada día multitud de ciudadanos de dicha urbe. Fue en una tregua de la tormenta cuando decidí dar un paseo para tomar el fresco. Para ello pensé que podría ser buena idea ir a la playa, desde donde además podía dominar una visión lejana de la tormenta, que seguía su viaje por alta mar. No me gustaba mucho el ambiente que estaba divisando en el paseo marítimo —creo que cuanto más se viaja más se desarrolla una intuición que avisa cuando algo o alguien no es de fiar—, pero parecía ser la única opción de paseo de la localidad. Caminando por allí, con la cámara preparada para disparar a cualquier objetivo que despertase mi interés, fue como me encontré frente a frente con el monstruo de basura. No pude ni acercarme a la arena, que por cierto apenas se veía. Toda la playa era un enorme ver-

Pelícano con un tubo de plástico en su pico producto de la contaminación [FJ Molina].

tedero, y corría el riesgo de tropezar y clavarme cualquier objeto. Entre toda la basura, sorprendentemente, algunas aves correteaban, mimetizadas entre los escombros.

Percibí que un hombre que debía rondar los setenta años me observaba sentado en un banco, desde el que supongo que antaño se podría contemplar un espectáculo más agradecido que el que estaba yo divisando. Su cara no reflejaba tristeza ni pesar por ver su playa hecha añicos. De hecho, no mostraba cara de vergüenza porque un turista estuviera viendo eso. Creo que le daba un poco igual. Me acerqué para conversar con él. Se trataba de ese tipo de personas que tienen la biografía grabada en la cara, las manos curtidas en mil batallas, la mirada honrada del que sabe que durante su vida ha hecho todo lo que pudo para trabajar dignamente, sobrevivir sin hacer daño a nadie, en el fondo. Le pregunté qué le parecía ver la playa llena de basura, cómo se podía permitir que eso estuviera así. Él solo se encogió de hombros y optó por no explayarse mucho en sus explicaciones. A decir verdad, a nadie parecía dolerle especialmente. Así habían venido las circunstancias, pues ya está, ya cambiarían con el tiempo. Me costó entender esa actitud, pero a lo largo del tiempo he de decir que es la misma que me he encontrado en la amplia mayoría de los lugares que he visitado respecto a los problemas ambientales. Esa es, cuanto menos, la realidad para buena parte del mundo, negarlo no es honesto intelectualmente. No existe la concienciación sobre los problemas de la naturaleza para buena parte del planeta.

Ahora algunos lectores dirán que estoy siendo injusto, que en muchos sitios hay gente dando lo mejor de sí mismos para revertir la situación. Sí, estamos juntos en esto, yo estoy dentro de esas personas, pero lo que vemos en el día a día de Europa no refleja la realidad del mundo en su totalidad. En este, como en otros tantos problemas, vivimos una vida que no se corresponde a la que tienen muchos países del mundo; es más, incluso en España sigue habiendo más personas que no hacen nada que aquellos que sí hacen, a nivel político y a nivel particular. Seamos optimistas pero honestos: ajustar la realidad a lo que nos hace dormir mejor no altera los hechos, solo tu interpretación de los mismos.

La realidad es la que es. Tenemos un enorme problema de suciedad en las playas, que afecta tanto a nuestra propia salud —el que esto escribe tiene una cicatriz en el dedo pulgar de un pie, gracias a una botella de cristal de cerveza que alguien optó por dejar rota enterrada en la arena— como a la de nuestro medio ambiente, que muestra síntomas de no tener más capacidad de respuesta al ritmo de destrucción que le estamos imponiendo. Lo que finalmente puedo extraer tras lo que veo y leo a diario es que tenemos otro grave problema. Nadie sale bien parado de esto. Quede claro que el 87 % de los residuos recogidos en playas españolas son plásticos, nosotros somos el segundo país del arco mediterráneo que más basura aportamos a este desastre. Cada uno tendrá su propia experiencia con los plásticos en la playa. Si ustedes tienen la suerte de frecuentar en sus sesiones de sol y baño una costa en la que la basura no se muestra muy patente, valórelo positivamente, no todos tienen esa suerte.

Las islas Canarias están siendo las mayores generadoras de noticias en cuanto a la presencia de plásticos en el litoral español. En los últimos tiempos se ha hecho viral especialmente el caso de una playa del sur de Tenerife, absolutamente tapizada de microplásticos. Pese a las tareas de limpieza que realizan los voluntarios, el mar sigue arrojando basura sin cesar, y tanto las autoridades como la gente local se muestran desbordados, aunque persistentes en su tarea de salvar su entorno. Lamentablemente, la corriente de Canarias, una corriente descendiente dentro de la del Golfo, está transportando ingentes cantidades de basura a las playas canarias, tapizando de plásticos de colores otras zonas del archipiélago, como Gran Canaria y Lanzarote. El archipiélago Chinijo, pese a ser el área más salvaje, está siendo la zona más afectada por este residuo, a juicio de los investigadores que están desvelando esta pesadilla en pleno parque natural. Hablan de niveles de plástico similares a zonas industriales asiáticas, un escenario deprimente. En dicho archipiélago —el más biodiverso de Canarias—, formado por La Graciosa, Alegranza y Montaña Clara, y los Roques del Este y del Oeste, se han recogido 26 mil kilogramos de basura en los últimos 20 años. No es el único paraíso español amenazado por las oleadas de plástico. El *flysch* de Zumaia, joya geológica del País Vasco, cuyo origen se remonta a hace 60 millones de años, se ha convertido en uno de los enclaves más perjudicados por este problema global. Tras numerosos vídeos virales, e incluso la actuación de algún programa de televisión, el gobierno regional ha tomado cartas en el asunto, y parece que en los próximos años van a dedicar esfuerzos a revertir tan negativa estampa. La misma situación puede extenderse a todos los rincones del país. En Murcia se han recogido 1.500 kilogramos de basura en la playa de Calnegre, y en Doñana, en una sola jornada, se retiraron 70 kilogramos de residuos en una playa del parque y en la urbanización de Matalascañas (en un total de 800 metros). Una búsqueda más profunda por provincias arrojará iniciativas y resultados en concordancia con lo ya expuesto.

Considerando esta situación toca hablar de qué le pasa realmente a la naturaleza que habita el litoral y se ve obligada a interaccionar con estos elementos en su vida diaria. Hay mucho plástico en las playas, de diferentes tamaños y a diferentes profundidades del suelo. El plástico que permanece en la superficie puede ser ingerido por las aves, quienes también pueden llevarlo a sus nidos para usarlo como material de los mismos, como ya ocurre en atolones cercanos a las islas de plástico y en tierra firme. Otros animales habituales de playas arenosas y fangosas, como los cangrejos, también terminan entrando en conflicto con estos residuos. Se trata de crustáceos generalistas y curiosos, que se acercan a casi cualquier objeto susceptible de ser alimento. Ante la presencia de plásticos, no dudarán en buscar alimento en ellos.

Tortugas marinas recién eclosionadas, muertas al quedar confinadas entre plásticos [Joana Bores].

Entre los cangrejos más populares de estuarios y manglares se encuentran los cangrejos violinistas. Yo mismo he podido verlos troceando envases de *snacks* en manglares tropicales. Más allá de trozos visibles, como les ocurre a otros muchos de los animales del litoral, el hecho de ser filtradores les hace susceptibles de ingerir microplásticos de los que llegan al mar por los desagües de núcleos urbanos, aunque también por otras vías. Aunque aún queda mucho por demostrar en plena naturaleza, experimentos en condiciones de laboratorio han podido constatar que, al introducir a cangrejos violinistas de la especie *Uca rapax* en aguas con nanoplásticos, solo hicieron falta dos meses para que estos aparecieran en las agallas, los estómagos y los hepatopáncreas de esos individuos sujetos de estudio. Otro estudio en condiciones parecidas, pero con otra especie de cangrejo, *Carcinus maenas,* ha revelado que, al vivir en aguas con microplásticos, en este caso fibras textiles, estas acaban siendo ingeridas, y que los cangrejos pasaban a alimentarse menos y a destinar menos energía a crecer.

No son los únicos. Las aguas residuales de muchas ciudades se vierten en playas. Hablo de millones de partículas de microplástico que quedarán inmersas en las aguas costeras, donde miles de peces, de decenas de especies, pueden terminar ingiriéndolas. Cuanto más cerca de la fuente de emisión (litoral) más microplásticos habrá, y más posibilidad de que los peces que allí viven terminen por incorporarlos a su organismo. En este punto desconozco si es buena idea comer pescado que proceda de la primera línea de playa en entornos urbanizados, pero atendiendo a las cifras que se manejan de plástico en los mares empiezo a tener algo de miedo.

Más allá de los peces hay cientos de pequeños organismos que viven en el litoral y se pueden ver afectados por los plásticos. Por supuesto, hay que contar también con los que no vemos a simple vista. Bajo la arena de la playa hay otros anélidos diferentes a las lombrices de tierra, junto a crustáceos y moluscos. Considerando el aluvión de plásticos de todo tipo que llega a las playas, y que terminan precipitando hacia el sedimento, estos grupos son de los más susceptibles a la hora de sufrir percances con este tipo de residuos persistentes. De este modo, los pequeños organismos del suelo pueden acumular en su interior microplásticos y nanoplásticos. Está ocurriendo en playas mediterráneas, atlánticas, y me atrevería a decir que de cualquier sitio —en espera de que aparezcan nuevos estudios que lo corroboren—.

Cuando los pequeños invertebrados ingieren plástico, estos entran en las redes tróficas. A esos invertebrados se los pueden comer otros, y a estos vertebrados, tales como peces y aves limícolas. Es la red de la vida esperable en playas y estuarios. Ahora contamos con datos que atestiguan que el plástico está entrando en la red de la vida a través de la alimentación. Un estudio llevado a cabo en varios países, entre ellos Portugal, ha hallado microplásticos en el 90 % de las muestras de sedimento costero tomadas. A su vez, también los han hallado en el 60 % de microinvertebrados, y en la mitad de las aves costeras, principalmente limícolas.

Igual que ya explicásemos para el suelo terrestre, la arena de la playa es otro tipo de suelo susceptible de verse afectado por albergar durante años plástico. Esto nos lleva a un impacto que no siempre se debe a la ingestión de plástico o sustancias vinculadas al mismo, sino que puede deberse a los lixiviados, que afectan al correcto desarrollo embrionario. Actualmente se sabe incluso que, en los residuos de plástico que yacen esparcidos por las playas, aparecen metales tóxicos, que pueden pasar al suelo o al agua. Un ejemplo lo encontramos en playas japonesas, en las que se han encontrado cromo, cadmio, estaño, antimonio y plomo asociado a diversas basuras. La acumulación progresiva de estos elementos en el suelo expone a los organismos a una fuente de contaminación más. Pero estos no son los únicos contaminantes que puede traer consigo el plástico, ya que su presencia también libera a estos ecosistemas cantidades reseñables de contaminantes orgánicos que podrían estar vinculados incluso a afecciones humanas, como PCB (bifenilos policlorados) y PAH (hidrocarburos aromáticos policíclicos).

Volviendo a casos concretos, ya se han encontrado pequeñas fibras en decenas de especies pertenecientes a esa fauna que habita bajo el suelo arenoso/fangoso costero, o adherida a la roca y otros objetos —en caso de tratarse de un litoral rocoso—. Entre estos animales amenazados por el plástico se incluyen crustáceos, moluscos, anélidos y nematodos. Algunas de estas especies se alimentan filtrando partículas en suspensión junto a agua, para luego excretar el agua y quedarse con los nutrientes. El problema viene en que ahora, aparte de nutrientes, también retienen contaminantes y microplásticos de los que acabo de hablar, convirtiéndose en perfectos acumuladores de los mismos. Siendo estas especies incluso de interés para consumo humano (como muchos bivalvos y crustáceos), que acumulen sustancias nocivas es una mala idea. No obstante, está ocurriendo, y no es de extrañar: se estima que hay plásticos en el 68 % de los alimentos marinos, principalmente en gambas, langostinos, almejas, mejillones y buena parte de lo que llamamos marisco.

De entre todos los casos de interés comercial del que más se habla es del mejillón. Hoy sabemos cómo diferentes aspectos del plástico afectan al desarrollo embrionario del mejillón de roca (*Perna perna*), y sabemos también cómo en el interior de los adultos de mejillón común (*Mytilus edulis*), ya sean salvajes o destinados a comercio, se acumulan fragmentos minúsculos de microplástico, que pueden afectar a diferentes parámetros de la vida de estos individuos. Se habla de cifras de 70 fragmentos de plástico por cada 100 gramos de mejillón, siendo la mayoría poliéster y polietileno de uso cotidiano. Más allá de la cantidad, se han encontrado objetos de procedencia humana, sobre todo plásticos, aunque también fibras de algodón, en el 100 % de los mejillones analizados. Ya en laboratorio, se ha podido comprobar cómo los microplásticos penetran en los órganos de estos animales, llegando al sistema circulatorio en solo 3 días, para permanecer allí hasta 48. Conforme más pequeñas son las partículas, más susceptibles de penetrar en los órganos y depositarse en tejidos, y más dificultan que se excreten.

También los nanoplásticos hacen acto de presencia en los pequeños invertebrados filtradores del medio marino. Es el caso de las vieiras (*Pecten maximus*), que han sido las protagonistas de un estudio realizado en laboratorio. En el mismo, una serie de ejemplares fueron colocados en acuarios. En tan solo 6 horas desde que se añadieron nanoplásticos a esos tanques las vieiras acumulaban miles de millones de partículas en su interior, concretamente en el tracto digestivo, y en otras zonas como branquias y músculos. En el agua del mar, el aporte de pequeñas partículas contaminantes sintéticas es continuo, no como en el experimento, por lo que continuamente pueden estar fijándose y circulando por el interior de todo tipo de fauna menuda de hábitos filtradores.

Dejando a un lado los animales para centrarme en el propio sustrato, cabe decir que las propiedades físicas que poseen estos materiales pueden aportar sus propios impactos secundarios a sumar a la larga lista, más allá de que se los coma alguien o liberen tóxicos. Así, en playas hawaianas se ha podido comprobar cómo la presencia de plástico —principalmente polietileno— en los primeros centímetros de suelo influye en diferentes características del mismo. Concretamente, se sabe que la presencia de plástico en gran cantidad desencadena que ese suelo sea más permeable —ya que los fragmentos de plástico son más grandes que los de arena, incrementan el tamaño medio de las partículas presentes y facilitan que el agua fluya—, y también que se calienta más despacio y alcanza temperaturas máximas más bajas.

Que la temperatura del suelo se vea alterada por la presencia de plástico no debe pasar desapercibido. Allí viven animales que pueden no reaccionar bien ante este cambio en las condiciones de su medio, con resultados negativos para su supervivencia y otros aspectos de su vida. Por ejemplo, diversos invertebrados depositan sus huevos en la arena, y la selección de hábitat se ve afectada por la presencia de plástico. Esto puede llevar a un mayor fracaso reproductor y a menor supervivencia, lo que a la larga puede tener efectos poblacionales. Por otro lado, las tortugas marinas desovan en las playas, y el sexo de los futuros ejemplares que salgan de esos huevos es dependiente de la temperatura de la arena, de ahí que si se modifica dicha temperatura pueda verse alterado el *sex ratio* y nacer menos hembras.

Ahora que me he adentrado en las tortugas marinas, debo recordar que estos animales aparecieron en nuestro planeta hace 100 millones de años. Que sigan existiendo es una suerte que debemos valorar; sin embargo, son de las grandes perjudicadas por la actividad humana. Las hemos cazado hasta el borde de la extinción, y el cambio climático supone otra terrible amenaza, ya que ante la crecida en el nivel del mar perderán muchas de las playas en las que desovan. Más allá de eso, que tantas de sus playas ahora estén humanizadas —soportando a millones de personas cada año— imposibilita que simplemente puedan salir a ellas a desovar. Como si no fuera suficiente, algunas se pierden al seguir las luces que provienen de las ciudades, errando su camino de vuelta al mar. Ahora se suman los problemas con el plástico. Acabamos de ver cómo sus huevos pueden verse afectados por el plástico que se acumula bajo la superficie, pero es que también el plástico que queda a la vista puede afectarles gravemente. Debe tratarse de los animales que hacen uso de la playa a los que el plástico puede dañar de las más variadas formas.

Las tortugas emergen de las aguas para hacer velozmente sus nidos en la arena, taparlo una vez realizada la puesta y retornar al mar. Si cuando salen a la playa encuentran obstáculos en forma de basura, se incrementa la posibilidad de que tropiecen y terminen volcando —sin poder darse la vuelta—. También son responsables de que queden atascadas, lo que tiene el doble efecto de que pueden morir de calor e inanición, aparte de hacerlas vulnerables ante los predadores. En cuanto a la descendencia, una vez pasado el período de incubación las tortugas excavan hacia la superficie, desde donde correrán a toda prisa en dirección al mar. Durante esta corta carrera muchos de estos recién nacidos son presa de gaviotas, cangrejos, e incluso tiburones, de modo que son pocas las que llegan a convertirse en adultas que algún día retornen a esas playas a desovar. Si a los predadores naturales le añadimos la basura, sus problemas crecen. Cada vez aparecen más casos en los que las tortugas recién eclosionadas quedan atrapadas en cuerdas, aparejos de pesca y otras basuras presentes en las playas, lo que imposibilita que puedan llegar a pisar el agua. Eso las condena a una vida fugaz.

Como ven, que en la playa aparezcan basuras es algo que va más allá de la estética, o de que nos parezca algo incívico. La playa es un ecosistema del que dependen multitud de especies a lo largo y ancho del mundo. Deteriorar esta estrecha franja de terreno es un pecado que no podemos permitirnos. El plástico alcanza en estos sitios una de sus caras más visibles, pero como habrán podido comprobar también adquiere unas cuantas menos intuitivas. Atendiendo a las cantidades de plástico que se amontonan en playas de todo el mundo, me asusta pensar cuánta contaminación se estará filtrando al suelo, mezclándose con la arena. Al mismo tiempo, me da la sensación de que multitud de especies, incluso con interés comercial, pueden estar siendo de las más dañadas por esta fuente de contaminación, y ni por ello nos alarmamos lo suficiente.

10. *MARE PLASTICUM*

> *Si un día para mi mal viene a buscarme la parca, / empujad al mar mi barca con un levante otoñal / y dejad que el temporal desguace sus alas blancas. / Y a mí enterradme sin duelo, entre la playa y el cielo. / Mi cuerpo será camino, le daré verde a los pinos y amarillo a la genista. / Cerca del mar, porque yo nací en el Mediterráneo.*
> Joan Manuel Serrat, cantante español

Escribo estas líneas desde Mallorca, donde me encuentro temporalmente por motivos profesionales. A veces, mientras camino por el paseo marítimo de Palma, percibo los primeros latidos de la primavera, junto al bullicio creciente de gente, que conforme pasan las semanas va llenando la ciudad. Esta isla recibe una enorme cantidad de turistas, que generan cuantiosos beneficios económicos, aunque también dejan tras de sí una reguera de polémicas en torno al *overbooking* que se observa en un terreno acotado, como siempre va a ser una isla. Una pareja de halcón peregrino suele recrearse haciendo filigranas en el aire, algo que también hacen algunos cernícalos, uno de los cuales ha atrapado un pequeño gorrión un rato antes. Se respira ambiente mediterráneo en todas direcciones, hasta en la muralla, de la que cuelgan frondosas alcaparras, alimento milenario hoy en desuso frente a otros aperitivos más sofisticados. Buena parte de la economía de la isla depende de estos millones de personas, que esperan encontrar playas como las que han soñado. Quieren respirar Mediterráneo por los cuatro costados, y eso es lo que ofrece Baleares.

No puedo evitar preguntarme qué pasará cuando los plásticos de gran tamaño se hagan más patentes, cuando la situación se torne definitivamente complicada. ¿Podrá ser la suciedad un motivo para ahuyentar a un público que perfectamente puede elegir ir a otros enclaves? ¿Determinará la contaminación por basuras la prosperidad o hundimiento económico de zonas que dependen de tener un entorno saludable? He pensado que no podía dejar de dedicar un espacio concreto en esta obra a la situación del mar que baña buena parte del sur de Europa, norte de África y Oriente Próximo. La situación de los grandes océanos respecto a la contaminación por plástico es a todas luces alarmante, pero algo se me encoge dentro cuando pienso en la quietud del *Mare Nostrum* y en el intenso impacto humano que soporta.

El Mediterráneo es un mar prácticamente cerrado, solo conectado con el Atlántico a través del estrecho de Gibraltar. Para el que lo ha tenido enfrente, el estrecho no pasa de ser un pasillo que en su punto más angosto solo alcanza 14 kilómetros, los que separan Europa de África. No obstante, la riqueza natural e histórica de este mar es apabullante. Es tanto el peso histórico que recae sobre esta franja de agua ubicada entre varios mundos que proteger el Mediterráneo es algo que va más allá de la naturaleza, más bien atañe a nuestra propia historia como humanos. Por el Mediterráneo navegaron, comerciaron y guerrearon egipcios, fenicios, griegos, romanos y otro sinfín de civilizaciones de las que somos el peculiar resultado. Me quedaría corto si intentara resumir cuánto de la filosofía, el arte, la ciencia, y en resumen, mucho de lo que vemos y somos, deriva de las infinitas historias que a lo largo de miles de años ha visto el Mediterráneo con sus propios ojos. Tal vez una visión sobre cómo estamos tratando a este mar sea como mirarnos reflejados en la superficie de un estanque, mirándonos a los ojos, un viaje de autodescubrimiento que nos hará tomar conciencia de cómo estamos gestionando nuestra propia existencia.

A la vista está que durante el siglo XX hemos maltratado al Mediterráneo como prácticamente a ningún otro rincón del mundo, despojándolo de parte de sus raíces y su paisaje. Por ello, encontrar playas sin demasiada presión humana, con valor paisajístico, es una suerte que debemos valorar. Muchos rincones de la Costa del Sol y de todo el este de España han perdido gran parte del paisaje y su paisanaje. Hoy son cada vez más escasos los rincones de la costa de España, Francia, Italia, etc. que se libran de la urbanización agresiva, de la masificación, y de la contaminación. Aparte, son muchos los grandes ríos que desembocan en el Mediterráneo, cada uno de ellos con su porcentaje de culpa a la hora de explicar el disparate ambiental en el que estamos inmersos. Cada uno aporta contaminantes de distinta naturaleza, según las actividades económicas y el nivel de vida de aquellos humanos que viven en cada rincón de su cuenca, pero en general su conservación deja mucho que desear. Su maltrecho estado de salud lo paga en última instancia el mar en el que desembocan. Considerando que las grandes arterias que escupen contaminación en los mares son los ríos y la tierra firme, y que este mar casi cerrado no tiene grandes opciones de aliviar la carga que ponemos sobre sus hombros, las concentraciones de basura que vagan sin rumbo por el Mediterráneo se deben antojar preocupantes, algo similar a lo que vimos con los lagos, sistemas ciertamente cerrados.

En este sentido, los resultados han hablado y son claros: la cantidad de plásticos en el Mediterráneo es similar a la que se podría encontrar en las famosas islas de basura de los giros oceánicos. No es la primera vez que digo esto, ya he mencionado previamente que lo mismo se ha observado en lagos, y que en tierra firme se considera que puede haber varios niveles de magnitud más de plástico que en los océanos. Parece que conforme más se profundiza más sale.

Algunos microplásticos encontrados en la playa [Rowan Morgan].

Esta carrera por ver quién tiene más plástico solo deja perdedores. Poco más puedo añadir. Hay mucho, pero mucho plástico en la naturaleza.

En algunas expediciones marinas realizadas en el Mediterráneo la práctica totalidad de los desechos encontrados flotando en el mar resultaron ser plásticos. Muchas de las investigaciones que actualmente están en marcha encuentran materiales de esta naturaleza en el 100 % de las muestras de agua obtenidas. Este mar está considerado como la zona del mundo que recibe mayor impacto de las basuras marinas, con estimaciones de 892 mil microplásticos por kilómetro cuadrado y 100 mil objetos por hectárea en sus fondos. Se sugiere igualmente que podría albergar 62 millones de restos de basura flotante, sumando entre 1.000 y 3.000 toneladas. Los aportes procedentes de tierra firme, ya sea a través de ríos, ciudades costeras y playas turísticas, a lo que se suman los restos que desechan los barcos, han contribuido a convertir este mar en otra sopa de basura, no concentrada en manchas concretas a las que llamar mediáticamente islas, sino repartida por toda su extensión.

La mayoría de estos residuos son microplásticos de escasos milímetros, pero aparecen en mayor medida otros de gran tamaño en comparación con otros enclaves de acúmulo de plástico. Esto es debido posiblemente a la cercanía de las fuentes de origen y al menor recorrido en distancia que pueden cubrir, lo que limita el tiempo para su degradación. En este caso, como decía, los plásticos se encuentran bien distribuidos a lo largo y ancho del mar, con poca posibilidad de salida al Atlántico. Más bien al contrario, atendiendo al tipo de corriente de entrada y salida que tiene el estrecho de Gibraltar, el Mediterráneo estaría recibiendo plásticos del Atlántico, sumando aún más basura a la que ya le llega por sus propias vías.

Profundizando un poco más en dónde están estos plásticos, las mayores concentraciones se han detectado en la línea de costa, o bien adentrados en el mar. Como también era fácil de predecir, las mayores concentraciones se han hallado cerca de asentamientos humanos. La mayor cantidad de microplásticos se ha obtenido cerca de las playas, donde posiblemente la labor del oleaje y la abrasión de la arena despedacen estos materiales, fragmentándolos en pequeños trozos. Por dar nombres de enclaves concretos, lugares como el sur de Italia, las islas griegas y ciertas playas de Ibiza y Mallorca están entre los puntos con mayor cantidad de plástico del *Mare Nostrum*.

Sin lugar a dudas, la biodiversidad mediterránea es la gran perjudicada de lo que se esconde tras la frialdad de las cifras. Se estima que en este mar podrían estar incluidas hasta un 18 % de las especies marinas conocidas en la actualidad, muchas de ellas de interés comercial. Como no podía ser de otro modo, los plásticos han emergido como una nueva fuente de problemas para este patrimonio vivo, sumándose a las múltiples amenazas que preocupan desde hace décadas al sector conservacionista. Siguiendo la lógica que planteo en este libro, de nuevo volvemos a encontrarnos con que lo que conocemos es solo la punta del iceberg, aunque una punta que arroja información contundente sobre una realidad que puede tener muchas aristas.

La lista de ejemplos podría ser tan larga como deseemos, pero similar en forma y fondo a lo que acontece con el plástico en los océanos del mundo. Me gustaría empezar por un caso especialmente sintomático de los males que aquejan a la naturaleza mediterránea, el de un cachalote aparecido muerto en la costa andaluza. Al analizar el contenido estomacal de este desafortunado coloso de los mares se encontraron 26 residuos de procedencia humana, que sumaban un total de 8 kilogramos. Para sorpresa de los investigadores, muchos de estos plásticos eran los mismos que se usan en los invernaderos de las zonas áridas del sureste español, la zona en la que vivía ese ejemplar. Esto ayudó a determinar el origen de los desechos que habían llevado a su muerte. Resulta llamativo, una relación muy directa, de la tierra al mar, y de ahí en poco tiempo al interior de los animales. Los plazos se acortan, los daños se hacen patentes rápido.

Más allá de aquellas historias que saltan a los periódicos por su espectacularidad, hay cifras que hablan por sí solas. En estudios llevados a cabo sobre grupos de organismos concretos, como las tortugas marinas, se han dado cifras como que el 76 % de ejemplares hallados en ciertos puntos del Mediterráneo habían comido bolsas de plástico. Se ha encontrado plástico igualmente en 9 especies de aves marinas, con porcentajes muy altos en algunas de ellas como la pardela cenicienta, con un 94 % de presencia de plásticos en el interior de los ejemplares estudiados, una cifra igualmente alarmante.

No podían faltar los efectos en la fauna a través no de los plásticos en sí, sino de los compuestos que liberan o que atraen, como ya sabemos a estas alturas del libro. En este sentido resulta muy interesante lo que puede ocurrirles a grandes animales filtradores, que por su modo de alimentación son susceptibles de ingerir lo que pretenden y mucho más. En estudios llevados a cabo en el Mediterráneo sobre el rorcual común y el tiburón peregrino, se detectó en ellos la presencia de ftalatos, uno de los compuestos tóxicos estrellas del libro, presentes en los microplásticos que flotan a la deriva en los primeros metros de la columna de agua. Estos productos son filtrados junto al plancton por aquellos animales que tragan agua a grandes bocanadas, tomando de ella el alimento, y por desgracia todo lo que hemos añadido nosotros. Cabe recordar que una ballena puede ingerir 70 mil litros de agua de una bocanada, y que los tiburones peregrinos pueden comer 30 kilogramos de plancton al día, lo que, teniendo en cuenta la cantidad de plásticos que hay en el mar, os puede llevar a imaginar el plástico que están ingiriendo junto a los alimentos.

No solo los filtradores sufren. Un reciente estudio ha demostrado la presencia de organofosforados (usados como plastificantes, es decir, para dar flexibilidad) en una serie de delfines del mar de Alborán. La presencia de estos compuestos se ha dado sobre todo en la grasa, aunque también se halló en el cerebro del 100 % de los ejemplares analizados. A juicio de los investigadores, la presencia de estos compuestos debe proceder de la digestión de plásticos flotantes ingeridos por estos delfines, momento tras el que se liberarían, pasando a entrar en circulación por el organismo hasta depositarse en los diferentes tejidos mencionados. El problema para la salud asociado a este tipo de compuestos sintéticos que forman parte de los plásticos —ya sea en su origen o por habérseles adherido durante la travesía marítima— radica en que pueden actuar como disruptores endocrinos, producir cáncer e infertilidad. Fíjense si esto puede afectar a los cetáceos, ya de por sí amenazados por las múltiples trampas que ponemos en su camino. Lo que menos necesitan es precisamente añadir nuevos lastres para su lenta recuperación.

Hasta el momento apenas he abandonado la superficie del mar, que viene a ser una fina capa en la que, pese a su aparente insignificancia, se desarrolla buena parte de la frenética actividad de la vida. Queda mucho por descubrir sobre los plásticos presentes a más profundidad, donde pueden acabar al precipitar paulatinamente o al ser transportados por los animales en su interior, como un inesperado regalo que nadie desea. Curiosamente, cuando uno piensa en los habitantes del mar lo primero que se le vienen a la mente son los peces, los animales acuáticos por antonomasia, pero tampoco son el tema mejor representado en los estudios sobre ingestión de plásticos, pese a lo que podría parecer intuitivo. Cada pocos meses surgen nuevos estudios que dan fe de las enormes cantidades de plásticos halladas en el interior de peces de interés comercial. Esto sobrecoge, porque si los peces tienen plástico dentro nosotros también somos susceptibles de incorporarlos al ingerirlos. Es posible que en los próximos años salgan multitud de estudios sobre peces y plásticos, básicamente por el interés general que esto tiene.

Focalizar el interés en los peces va más allá de lo espectacular de encontrar ciertos objetos inesperados en su interior, y en el peligro que entraña para nosotros. Más bien resulta vital hablar del enorme flujo de plásticos que puede generar secundariamente el desplazamiento de la fauna que, ya sea queriendo o sin querer, porta ese plástico. Un hallazgo muy interesante que está ayudando a esclarecer estos procesos lo ha supuesto constatar la presencia de plásticos en 4 especies de peces linterna que habitan el Mediterráneo. Esto ocurre en primer lugar por la presencia en sí de estos elementos en pequeños peces mesopelágicos (nivel que abarca entre 200 y 1.000 metros de profundidad en la columna de agua). La explicación es más sencilla de lo que cabría esperar. Estos animales hacen migraciones verticales, de modo que de día permanecen en aguas profundas y de noche ascienden a aguas superficiales, trasladando junto a ellos la materia que ingieren, incluyendo lo no deseable.

Esto lleva el transporte de plásticos a otro nivel. Como estamos viendo, buena parte de los plásticos permanece temporalmente en los primeros metros de la superficie, pero al haber animales que suben y bajan en la columna de agua para alimentarse, ellos están trasladando en su interior los microplásticos que ingieren. Una relación nociva para todos, pero que no parece tener una solución fácil. Con estos viajes en el interior de los peces, el plástico entra a formar parte de la red de la vida a otros niveles de la columna de agua, más allá de la superficie. Por otro lado, estos peces son presa habitual de otros de mayor tamaño, como los atunes, de manera que estos animales instalados en niveles tróficos superiores incorporarían microplásticos mientras se alimentan en la oscuridad de las aguas. Esto genera en primer lugar fenómenos de bioacumulación a través de la red trófica, de modo que los predadores aglutinan en su interior la suma de las cantidades de plástico de sus presas. En segundo lugar, habrá un traslado del impacto de la superficie a aguas profundas, una verdadera red de comunicación del plástico a través de los seres vivos, similar a la que vimos, a un nivel muy distinto, con los pequeños invertebrados que viven bajo tierra.

Si seguimos bajando en nuestro viaje desde la superficie hasta el fondo, de unos animales a otros, toca hablar también de aquellos que habitan el fondo del Mediterráneo, una región de eternas tinieblas. Hoy podemos afirmar que, en un estudio pionero en el ámbito mediterráneo, se detectaron restos de desechos humanos en 24 peces pertenecientes a 5 especies de las que habitan este ecosistema de perpetuo silencio y penumbra. Se trata de los tiburones *Galeus melastomus*, *Squalus blainville* y *Etmopterus spinax*, la raya *Pteroplatytrygon violacea* y el besugo. Los plásticos de consistencia dura copaban el 86 % de estos desechos, seguido de las bolsas de plástico, el hilo de pesca y las fibras textiles. Estos resultados dan fe del alcance del problema, y de su extensión a lo largo y ancho de cada ecosistema.

No puedo parar de pensar en la de especies que estoy mencionando que son comestibles, y en esas otras para las que aún no hay estudios pero que nada hace sospechar que estén corriendo una suerte diferente. Si las especies comerciales, de las que depende el sector pesquero y de las que se nutren multitud de restaurantes, siguen presentando niveles crecientes de plásticos en su interior, ¿se podrán seguir vendiendo? No me imagino a los turistas masticando con agrado plásticos, o comprando un producto que se intuye que en algún rincón de su interior tiene partículas de algo presuntamente nocivo para la salud.

Me sumerjo en un mar de preocupaciones conservacionistas, y casi que diría sociales y humanitarias. Me asomo al mar Mediterráneo para contemplar la incomparable belleza del cielo azul y el agua calma. Me pregunto si el plástico, junto a otros agentes contaminantes, podrá ser en un futuro un aspecto clave en el juego de la política y la economía; si la generación presente, con su despreocupada gestión de los recursos, no estará hipotecando a las del futuro. Pierdo la vista intentando evaluar hasta dónde soy capaz de mirar en el horizonte. Siento los barruntos del mar más azul de todos, al que tengo a pocos metros. Concentrado en mis pensamientos, no puedo evitar imaginar la infinidad de historias aún no contadas que esperan a ser descubiertas, protagonizadas por los animales que habitan este histórico rincón del mundo.

11. EL DÍA QUE DESCUBRIMOS LA TRAGEDIA

Para desembarcar en la isla de la sabiduría hay que navegar en un océano de aflicciones.
Sócrates, filósofo griego

Recuerdo cuando los primeros detalles de *Albatross*, el documental del fotógrafo Chris Jordan, empezaron a difundirse por Internet. En mi círculo, formado en gran medida por naturalistas y gente vinculada al medio ambiente, todos compartían escenas de la película y hablaban entusiasmados de ella. Hoy, la mayoría la ha visto o sabe de lo que trata. Que un documental sin grandes campañas publicitarias traspase fronteras es algo que no ocurre todos los días. Creo que la mezcla de una historia única, impactante y reflexiva ha colaborado para que el boca a boca haga el resto. Hasta qué punto conoce esta película el público general es algo que no he logrado medir aún, pero hay algunos indicios previos a la película que invitan al optimismo.

Años antes de la existencia de esta producción, fotografías tomadas por el mismo autor en el atolón de Midway se habían difundido por medios de todo el mundo. En ellas se denunciaba el atroz efecto de la basura marina sobre la colonia de albatros de Laysan (*Phoebastria immutabilis*), lo que dejó boquiabiertos a ciudadanos de toda índole, que incrédulos contemplaban algo inaudito. Cuando he mostrado estas fotos a gente que nada tiene que ver con la naturaleza las ha reconocido por haberlas visto en el telediario, en periódicos o por Internet. El mensaje ha dado la vuelta al mundo.

Cartel promocional del documental de Chris Jordan, *Albatross*.

En un planeta saturado de información y tristemente familiarizado con lo morboso, que una historia referente al daño que infligimos a la naturaleza se haya hecho hueco en el imaginario colectivo es un triste nuevo éxito del desmadre en el que estamos inmersos, sobre el que debemos construir estrategias de información y concienciación. Creo que la película removió conciencias, nos hizo abrir los ojos respecto al plástico. Hoy, al hablar sobre plástico con sectores de la sociedad ajenos al medio ambiente, lo que le viene a la mente es que hay animales marinos que están comiendo plástico.

Tanto en la película como en las fotografías se nos muestra uno de los espectáculos más grotescos que el ser humano ha generado en la naturaleza: cientos de pollos de albatros muertos, en proceso de descomposición, con su interior repleto de plásticos de colores. Otras escenas muestran a sus progenitores portando al nido alimento que resulta ser plástico, que sin dudar introducen en el buche de su descendencia. Basura del hombre al mar, y del mar a atolones de roca plagados de aves marinas, donde se cierra el ciclo de la muerte, arrasando colonias de cría. La isla de Midway tiene el honor de ser el trozo de tierra más alejado de cualquier otro en el mundo, un paraíso para las aves en mitad del giro del Pacífico Norte, aunque ubicado en el corazón de la isla de plástico. Afirman quienes han visitado este rincón apartado del mundanal ruido que el hedor se percibe al instante de tocar tierra. Allí yacen infinidad de pollos que no lograron volar cuando debían hacerlo. Murieron de hambre por la masiva ingestión de grandes basuras de plástico, que suplió a la comida real. Los expertos afirman que si sumamos a todas las aves de esta isla la cantidad de plástico que portan en su interior la cifra asciende a un total de 5 toneladas. Una absoluta locura.

Los científicos que han volcado sus esfuerzos en medir el alcance de este daño, al considerarlo una réplica a pequeña escala de lo que puede estar pasando en el mundo entero, arrojan datos como que el 100 % de los pollos tienen plástico en su interior, y el 40 % parece estar muriendo por esta causa. Estos plásticos se vinculan con diferentes afecciones que alteran la posibilidad de supervivencia de los ejemplares de esta población, más allá de la muerte por hambre y obstrucción del sistema digestivo. Por ejemplo, se han encontrado vínculos donde se relacionan con mayores concentraciones de cloro, hierro, plomo, rubidio y manganeso en las plumas. Estos elementos han llegado a entrar en gran magnitud en el sistema de esos animales vía ingestión de piezas, y por la posterior liberación de compuestos que estos tenían adheridos. Los adultos tienen menos en su interior, no están cebados únicamente con ellos como sus hijos, pero en prácticamente todos aparecen generosas cantidades que, si no los matan como a los pollos, sí que seguramente afecten a su salud a medio plazo. Esto es debido a la mayor presencia en el interior de su organismo de compuestos tóxicos derivados del plástico. Parece que, en las Midway, territorio clave durante la Segunda Guerra Mundial, una nueva batalla se está librando ahora y está aniquilando a su fauna; no obstante, aunque este caso ha sido el faro que ha iluminado al mundo, la situación que se está viviendo en este olvidado rincón no es única.

Actualmente se ha reportado la ingestión de plásticos por al menos 170 especies de aves marinas, aunque se especula que podrían ser hasta 186 las susceptibles de ingerirlo, sin incluir limícolas, gaviotas y patos marinos. Recientemente se ha elaborado una lista negra con 258 especies que podrían sufrir considerablemente a causa del plástico. De ellas, el 80 % son aves marinas —de ahí la importancia de destinar un capítulo a ellas—. Actualmente se estima que el 70 % de gaviotas, pardelas, albatros, petreles y otras aves marinas están, de un modo u otro, involucradas en la problemática del plástico, sobre todo al ingerirlo.

Hay zonas que, por la cantidad de plástico que reciben, y por ser zonas de cría y forrajeo de aves marinas, son «puntos calientes». No son las que han acaparado más atención mediática, sino que se trata de las regiones meridionales del Índico, el Pacífico y el Atlántico, cuya tendencia futura las llevará a ser islas de basura del mismo tamaño que la del Pacífico Norte. Los impactos tenderán a igualarse, lo de los albatros de Laysan en el Pacífico Norte es la avanzadilla, el primer aviso. Pronto eso será lo común en otros rincones.

Teniendo en cuenta que la mitad de las aves marinas del mundo presenta problemas de conservación, esta nueva amenaza en forma de plástico en sus múltiples formas puede suponer una afrenta letal para sus menguantes poblaciones. Estas aves se han encontrado con un indeseable problema añadido justo cuando atraviesan momentos delicados. Si las predicciones de volumen de plástico en la naturaleza para 2050 se cumplen, se estima que el 99 % de las aves marinas lo contendrán en su interior, y el 95 % de ejemplares de esas especies afectadas los habrán ingerido. Hasta el momento la mayoría de los trabajos centrados en analizar el impacto humano sobre las aves marinas se focalizaba en zonas costeras medianamente pobladas, en general. La aparición del fantasma de la basura flotante ha obligado a focalizar la atención en todo tipo de islotes remotos, que si acaso habían sido hollados por marineros deseosos de aprovisionar las bodegas con carne fresca y huevos de aves, pero poco más.

Ante estas estimaciones tan elevadas lo que se sabe hoy es que multitud de colonias de aves marinas del mundo está sufriendo las mismas consecuencias que he descrito previamente, con un alto porcentaje de pollos mostrando niveles indebidos de plásticos en su organismo, y sufriendo una mortandad reseñable por ello. Lo que el albatros de Laysan es para el Pacífico Norte lo es el fulmar boreal (*Fulmarus glacialis*) en el Atlántico Norte. Las cifras asustan, pero son las que son: en el 79 % de los fulmares analizados de Islandia se han detectado plásticos en su interior; en el Ártico, el 87,5 % de ejemplares estudiados los contenía. En otro estudio acometido en Canadá el porcentaje asciende a un 93 %. La verdadera dimensión de este problema para las aves marinas aún no ha sido explorada para todos los grupos de organismos. Cada vez se sabe más de más especies

Una gaviota porta en su pico una bolsa de plástico [Unkas].

Nido de piquero pardo (*Sula leucogaster*) hecho con plásticos [Joana Bores].

y de más rincones del mundo. Por ejemplo, en el Pacífico Sur conocemos algunas cifras procedentes de Brasil sobre presencia de plásticos en el interior del 83 % de las pardelas pichonetas (*Puffinus puffinus*), el 73 % de albatros de ceja negra (*Thalassarche melanophrys*) y 64 % de petreles gigantes (*Macronectes giganteus*). Puedo citar también el caso de la pardela paticlara (*Ardenna carneipes*) en Australia, donde más del 60 % de los pollos analizados atesoraba cantidades de plástico por encima de lo asumible. También hay datos sobre la pardela del Pacífico (*Ardenna pacifica*) en la Gran Barrera de Coral, ubicada en el mismo país, con el 20 % de los pollos acumulando plásticos en su interior.

En el mar de Bering, el 84 % de las pardelas de cola corta (*Ardenna tenuirostris*) tiene plásticos en su interior, predominando principalmente aquellos de uso cotidiano, misma procedencia de los plásticos encontrados en araos de pico ancho (*Uria lomvia*) de la costa canadiense. En zonas subantárticas, como las islas Heard, se ha reportado la ingestión de plásticos por parte del pato-petrel antártico (*Pachyptila desolata*). Por supuesto, España no es la arcadia de la felicidad, y tenemos datos como el 94 % de presencia de plásticos en pardelas cenicienta (*Calonectris diomedea*) analizadas en un estudio llevado a cabo en Cataluña, y un 70 % para la pardela mediterránea (*Puffinus yelkouan*) y la pardela balear (*Puffinus mauretanicus*). En otra investigación, empleando jóvenes pardelas cenicienta varadas al confundirse con luces artificiales en Canarias, se hallaron trozos de plástico en el 83 % de los ejemplares analizados.

De entra todas las aves marinas, sin embargo, las que más vínculo tienen con el hombre y sus actividades son las gaviotas. Estas aves no eran antaño tan abundantes como lo son ahora en multitud de lugares del mundo. Su auge ha venido sobre todo a raíz de adentrarse en ciudades y vertederos, se han convertido en unas inquilinas más de estos rincones. Como las ciudades y un cierto perímetro alrededor de ellas zonas de gran presencia de plástico, es de esperar que las aves marinas que vivan en este entorno estén expuestas a grandes concentraciones de plástico. Esto no podrá evitar que, igualmente, aquellas gaviotas que vivan en lugares remotos, pero con gran concentración de plástico en el agua, estén también en peligro de incorporar desechos humanos a su interior. En esos casos su situación se parecería más a la de la multitud de aves que hemos mencionado anteriormente.

Al considerar la forma de vida de las gaviotas resulta extraño que apenas se hayan hecho esfuerzos por ver el efecto de los plásticos sobre ellas. Intuitivamente son las aves marinas que tenemos más a mano, las que más accesibles están para indagar cuánto plástico albergan y cómo llega a su interior. En cualquier caso, los pocos estudios obtenidos acumulan suficiente evidencia para afirmar que las gaviotas son también víctimas. Los primeros estudios focalizados en este tipo de aves revelan la presencia de plásticos en diversas especies de gaviota de todo el mundo, variando la proporción de la ingesta de desechos antropogénicos en función de algunas características de la vida de cada especie. Así, lo que se sabe por ahora es que la presencia de plásticos, cristales y restos de tejidos sintéticos puede variar entre especies, poblaciones e individuos, variando desde 0 a casi el 80 % de presencia. Por dar un ejemplo concreto, un estudio realizado sobre la gaviota cocinera (*Larus dominicanus*) en Uruguay ha podido revelar que en el 83 % de las egagrópilas recogidas aparecían restos plásticos, siendo el film transparente el objeto estrella. Nada me hace sospechar que si se analizan más especies en más países los resultados vayan a variar, sobre todo en el caso de gaviotas que recurren con asiduidad a entornos humanos.

Aunque os parezca extraño, hay aves vinculadas al mar que no son gaviotas, pardelas y similares. Hay una pequeña rapaz, el halcón de Eleonora (*Falco eleonorae*) que habita acantilados costeros, atrapando a sus presas entre las olas del mar. Se ha podido documentar en Grecia cómo erróneamente algunos de estos halcones hacen presa sobre fragmentos de plástico flotante y lo llevan al nido para alimentar a sus pollos. Con esto quiero volver a recalcar la dimensión global que adquiere el problema. Se extiende a todos los ecosistemas y potencialmente a cualquier especie que los habite. Que unas especies parezcan ingerirlos en más ocasiones se debe tanto a su comportamiento de búsqueda de alimento como a los alimentos en sí. Es decir, aunque prácticamente todos los comen en mayor o menor medida, en algunos se encuentran en el 90 % de los casos, en otros el 70 % y en otros el 20 %. Aquellas especies que comen calamares parecen confundir el plástico con estos cefalópodos y los ingieren en gran cantidad; por el contrario, las especies que comen más peces parecen tener menos plásticos en su interior.

Dentro de la alimentación, cabe destacar algún caso en el que los plásticos llegan al interior de las aves marinas a través de sus presas. Con esto quiero decir que no ingieren el plástico por error, sino que, al comer lo que realmente desean comer, como estas presas albergan ya plástico en su interior, este termina apareciendo también en sus predadores. Hay casos muy particulares dentro de las propias aves marinas, por ejemplo, en gaviotas, a las que vuelvo momentáneamente. Todos hemos visto a las gaviotas comer de todo, incluso palomas en parques urbanos y animales atropellados en carreteras de ciudades. Las gaviotas son oportunistas, pero pueden cazar activamente a lo que se ponga a tiro. Por ejemplo, se alimentan de pequeños paíños, como el paíño de pecho blanco (*Pelagodroma marina*) en el Atlántico. Al analizar 263 egagrópilas de gaviota el 79 % de las mismas contenía restos plásticos que procedían de paíños de los que se habían alimentado. Las egagrópilas que no tenían restos de paíños, sino que mostraban que esas gaviotas tenían otras fuentes de alimento, no atesoraban restos de plástico.

También por esta vía se están encontrando plásticos en aves típicas de acantilados que se alimentan en el mar. Es el caso del cormorán moñudo (*Phalacrocorax aristotelis*) en España, en los que se han encontrado restos, sobre todo de nailon, en el 63 % de las egagrópilas regurgitadas y analizadas. Esto resulta muy extraño, ya que los cormoranes se alimentan de peces, y raramente van a ingerir plástico a propósito o por confusión, más si hablamos de pequeños trozos. Lo más probable es que estos trozos estuvieran contenidos en los peces de los que se alimentan, devolviendo los plásticos del mar otra vez a la tierra, a través de los restos de desecho de los cormoranes.

La idea que subyace de estos últimos párrafos es sumamente interesante, y me invita a reflexionar. Estamos viendo cómo las aves marinas obtienen su alimento del mar. Los plásticos en su mayoría llegaron allí procedentes de la tierra, a través del viento y el agua. Generalmente pensamos que estos plásticos quedarán para siempre en el medio acuático, como por otro lado ocurre en gran medida. Las aves marinas lo devuelven a tierra, ¡y lo hacen por toneladas! Más allá de ser víctimas se han convertido en vectores de transporte de plástico. Aportan un viaje más, haciendo que el plástico vuelva a su medio de origen, aunque a miles de kilómetros de distancia, y tras haber pasado por uno o varios tractos digestivos. El impacto se deslocaliza, va más allá de donde se originó, y el plástico se deposita en cualquier sitio indeterminado, donde un ave marina lo regurgita o lo defeca. Una vez allí, concentrados alrededor de cadáveres de pollos, o acumulándose en las colonias de cría de atolones y acantilados, el plástico puede concentrarse en el sustrato y mezclarse con restos vegetales, tierra y heces, quedando retenido en enclaves en muchas ocasiones inaccesibles. Los nidos de aves en grandes concentrados en colonias, reusados durante años, pasan a ser lugares de enorme concentración de plástico acumulado año a año. Así, se vuelve a demostrar que los animales también pueden ser una vía de dispersión a larga distancia de plástico, ubicándolos en espacios de tierra donde por sí solos no hubieran llegado nunca. El destino es caprichoso.

12. AHOGADOS EN PLÁSTICO

> *Más maravilloso que el conocimiento de los sabios hombres viejos y el conocimiento de los libros es el conocimiento secreto del océano.*
> H. P. Lovecraft, escritor estadounidense

Antes explicaba que el documental *Albatross* dio a conocer al mundo la dimensión real de una tragedia global. De una bofetada visual nos abrió los ojos, nos hizo ver los efectos de nuestros actos. No obstante, durante los últimos años han proliferado, gracias a Internet, vídeos e imágenes de todo tipo que revelan impactantes consecuencias del plástico sobre la vida salvaje. Muchos vídeos que tienen a este tipo de contaminación como protagonista se han hecho virales, acumulan millones de visitas y vuelven una y otra vez a aparecer en mis redes sociales tras ser compartidos por alguno de mis contactos. Internet es un arma muy poderosa, capaz de lo mejor y de lo peor. En cuanto al plástico, es tal vez la mejor plataforma para dar eco de la amenaza a la que hacemos frente. Creo que si hoy tanta gente está familiarizada con esta problemática es en parte gracias a la omnipresencia de Internet en nuestras vidas. De haber sucedido en otro momento de la historia, con menos posibilidades de comunicación, el estudio del plástico y la búsqueda de soluciones para paliar esta amenaza que colapsa nuestro entorno se habrían complicado.

A diferencia de otros problemas, el plástico, al igual que la contaminación por manchas de petróleo, por dar otro ejemplo, son problemas muy visuales, muy impactantes. No hace falta imaginar mucho, se ve, y una imagen vale más que mil palabras. En los últimos años recuerdo numerosos vídeos de tortugas marinas rescatadas del ahogamiento, al estar atascadas entre cuerdas y otros plásticos. Hay también vídeos en los que gente de cualquier rincón del mundo se lanza al agua cuchillo en mano para zafar a inocentes víctimas de una muerte segura, y vídeos similares en los que personas que se encontraban buceando liberan de su prisión de plástico a cetáceos y focas.

Algunos de los que han dejado más huella en el público volvían a tener como protagonistas a las tortugas marinas, de las que han podido sacar cañitas de plástico, e incluso cubiertos hechos con el mismo material, de su boca o de sus fosas nasales. Lo mismo para las bolsas, causa directa de ahogamiento y obstrucción en multitud de animales al instalarse en su tracto digestivo. Diversas asociaciones y centros de recuperación muestran imágenes escalofriantes de lo que han sacado del interior de animales que han sido rescatados. En ellas aparecen todo tipo de envoltorios de productos conocidos por todos. No es sorprendente, pero el hecho de ver esos plásticos que tenemos en casa en el interior de animales marinos es estremecedor.

Las ballenas y otros animales igualmente emblemáticos también están ocupando titulares y espacio, incluso en medios de comunicación internacionales. Ante esto uno percibe una mezcla de interés real en denunciar, a la vez que cierto amarillismo, la búsqueda del morbo, del impacto tan de moda hoy en día. Los medios están en una carrera por captar la atención ante el exceso de información y la saturación de estímulos que recibimos en nuestro día a día. Hay que ser más original, más rápido y más llamativo que la competencia, y la espectacularidad de que aparezcan animales muertos con kilogramos de plástico dentro les da justo el tipo de noticias escabrosas que parecen venir bien a sus intereses. Así, cada pocos días aparece en medios de comunicación la noticia de que ha aparecido tal o cual cetáceo en una playa remota, en cuyo interior se han encontrado muchos kilogramos de plástico. Unas veces son 10, otras veces 20, y ya llegamos hasta 40 kilogramos en el interior de un solo individuo. En ocasiones se explica el origen de esos residuos, que para mí es lo realmente importante. Recalcar que eso no sale de la nada, que es un producto derivado de la toma de malas decisiones. Para mí el camino, más que mostrar morbo, es explicar, y en caso de enseñar, mejor enseñar los residuos en sí, para que se vea lo cotidianos que son, lo cerca que los tenemos, y el daño que pueden hacer.

La mente avispada, crítica, no puede quedarse parada. Dos ideas parcialmente excluyentes se debaten en mi interior. Por un lado pienso que todo esto está sirviendo, que la gente al ver imágenes tan impactantes cambiará su actitud hacia el problema, comenzará a usar menos plástico, y a gestionar de otro modo sus residuos. Incluso quién sabe si se organizarán para presionar a los políticos a la hora de tomar medidas urgentes. En menor medida pienso que, aunque sigan haciendo su vida normal, algo quedará en su interior, de un modo inconsciente, y que al menos no arrojarán basura al suelo, e incluso darán otras pequeñas muestras de civismo. Son tantas las imágenes que recibimos de animales dañados por plástico que algo debe quedar grabado incluso en aquellos más alejados de la preocupación por el medio ambiente.

La otra cara de la moneda de mis reflexiones es que muchos lo vean, se lleven las manos a la cabeza, pero les dé absolutamente igual. Pasa con muchos de los problemas diarios: lo hemos visto con hambrunas, con guerras y con niños ahogados por huir de la miseria. Nos lamentamos del horror, pero no hacemos nada. Hay una escena de la película *Hotel Rwanda* que me marcó hace años. Esa escena se ancló en mi memoria, me mostró de forma resumida los pensamientos que tantas veces me rondan la cabeza. En

Hotel Rwanda, dirigida por Terry George [Lions Gate Entertainment United Artists].

dicha escena, un personaje se muestra preocupado por la situación de la guerra en ese país, una verdadera masacre, pero dice a un cámara de televisión que qué bien, que a raíz de las escenas que está filmando todo el mundo podrá ver el genocidio y actuarán. Confía en lo evidente: que si la gente ve el problema debe ponerse manos a la obra. El reportero se muestra escéptico y le replica que no cree que pase nada, que cuando vean las imágenes en televisión simplemente dirán que qué horror y seguirán cenando.

Sea como sea, el contemplar que animales carismáticos como las ballenas, las focas y las tortugas están sufriendo por el impacto al que sometemos al planeta, y verlo de un modo tan palpable, con animales envueltos en plástico o ahogados en el mismo, parece ser una herramienta útil de concienciación. Se trata de animales bandera, animales que por la empatía que despiertan o por tener un atractivo que se aproxima a nuestra idea de belleza acaparan más recursos y atención mediática. Al protegerlos a ellos, al conocer lo que los amenaza y combatirlo, estamos al mismo tiempo protegiendo ecosistemas enteros, de lo que se benefician cientos o miles de especies. Son los animales que nos invitan a movernos por el planeta, aunque sea injusto decirlo.

Los peces no generan tantos titulares, pero también sufren por el plástico. Aquí la información aparece con menos glamour, en vídeos caseros, cuando al limpiar el pescado en casa o al manejar pescado en la cubierta del barco se encuentran objetos inesperados dentro. Es el caso de un rape o pariente cercano de los mismos, del que extrajeron un envase de yogur, regalándonos una escena que dio la vuelta al mundo. En la misma línea, allá por 2011, se extrajo del interior de un celacanto en Indonesia un envase de patatas Lays intacto. Esto no puede quedar en el olvido, no puede pasar desapercibido. Los celacantos han superado diversas extinciones masivas, se consideraban extintos y de repente, en pleno siglo XX, se descubrió que seguían existiendo. Su historia es una de las más apasionantes de la zoología de los últimos siglos. Son unos verdaderos supervivientes, y ahora mueren por basuras de plástico que habrán ingerido a cientos de metros de profundidad.

Pese a todo, tal vez por no tener pelo ni pluma, han sido menos estudiados que otros animales que gozan de mayor atención. Esa es la realidad, encontramos enormes huecos de conocimiento en cuanto al impacto del plástico en este grupo de vertebrados. Al menos, dentro de lo que se sabe, cada vez salen más hechos realmente curiosos. Por ejemplo, la mayoría de pequeños fragmentos de plástico hallados en peces son de color azul o blanco, que se considera que es el color que tiene en el agua el plancton del que se alimentan. También se puede afirmar que, según la región geográfica donde se estudie, se están encontrando plásticos en menor o mayor porcentaje de peces. Dentro de la gran isla de basura del Pacífico Norte se han encontrado en el 35 % de los ejemplares analizados, proporción similar a la observada en el canal de la Mancha. En China, uno de los sitios más contaminados del mundo, era de prever que de empezar a examinarse los números revelasen una verdad incómoda, como así ha sido. Tras analizar peces de 21 especies, encontraron en todas ellas plásticos de diferentes tamaños y formas. Es cuestión de tiempo que sepamos más y mejor cuántas especies de peces están afectadas por el plástico, pero la cifra debe elevarse a miles de especies.

Dentro de los peces, los tiburones se han granjeado mala fama, aunque la realidad demuestra que los incidentes mortales con estos animales no superan la decena anualmente; en cambio, algunas prácticas de pesca destinadas a obtener sus aletas, muy preciadas en el mercado chino, están aniquilando las poblaciones de multitud de tiburones del mundo. Como no podía ser de otro modo, el plástico ha llegado también a estos animales. Los efectos que el plástico puede tener en los tiburones no difieren del de otros peces. Dado el gran tamaño que tienen algunos, como el tiburón tigre, blanco y toro, y la curiosidad que muestran algunos de ellos, se han podido encontrar en el interior en algunos ejemplares capturados objetos tan dispares como matrículas de coche enteras, y otros objetos al completo, no fragmentos de escasos centímetros como los que estamos viendo. En cualquier caso, los tiburones acaparan un gran rango de tamaños, y también los hay pequeños, susceptibles de albergar microplásticos en su interior. A su vez, los de mayor tamaño pueden incorporar microplásticos a través de sus presas. El tiburón peregrino y el tiburón ballena, al ser filtradores, pueden vivir una situación similar a la de los cetáceos filtradores. Como pasa en el resto de los animales, los propios aditivos del plástico, o compuestos que se les unen en su periplo marino, pueden incorporarse al tejido de los animales al ingerir el plástico, como se ha comprobado para el tiburón ballena, en cuyo organismo se han detectado PCB y productos tan polémicos como el DDT.

Pese a que no cesan de aparecer nuevos trabajos que profundizan en más detalles, aún faltan estudios amplios y rigurosos que abarquen en mayor profundidad las áreas más contaminadas de Asia y África, por ejemplo. Actualmente se especula con que los peces, en total, pueden ingerir anualmente entre 12 mil y 24 mil toneladas de plástico. A mi juicio, los peces y otros invertebrados marinos son los grandes reservorios vivos de plástico, el lugar idóneo donde liberar sus componentes tóxicos y que estos pasen a la red de la vida. También son reservorios maravillosos para viajar, porque buena parte de los pescados e invertebrados acaban de vuelta en tierra, en nuestro plato sin ir más lejos. De ahí, a través de nuestras cañerías, partículas cada vez más microscópicas de plástico pueden volver a la circulación, y de nuevo a los peces. Evidentemente esto no se ha demostrado, estoy estirando la situación al límite, pero no es un escenario descabellado. Da para pensar y para investigar.

Siguiendo con otro grupo de gran importancia en los océanos por el papel ecológico que desempeñan, toca hablar de los cetáceos. Las ballenas abanderaron la lucha ecologista, han sido de las grandes protagonistas del debate conservacionista durante las últimas décadas. La caza tan intensa a la que estaban siendo sometidas llevó a diversas especies al borde del colapso, incluso extinguiendo algunas, de ahí la estricta protección a la que siguen sometidas. Dada la lenta recuperación de sus poblaciones, por el período de gestación y cría que tienen, muchas especies aún siguen estando en peligro. Una vez el problema de la caza se había solventado, al menos temporalmente, en multitud de países comenzaron a aparecer otros peligros. El caso más claro son los varamientos masivos, tanto de ejemplares vivos que mueren en la orilla, como de otros directamente muertos o moribundos. Sobre los motivos tras la irrupción de este desastre no hay consenso claro, aunque que aparezcan decenas de animales vivos varados al mismo tiempo parece motivado por ruidos emitidos por sónares, barcos, etc. Aparte, con el incremento del tráfico marino han crecido también las colisiones mortales, sumándose a la extensa lista de problemas que acarreamos a las ballenas. Estos animales son los más grandes y pesados que han existido en nuestro planeta, son tesoros de incalculable valor, y ahora también están muriendo ahogados por la presión del plástico.

La ingestión de plástico por parte de cetáceos se ha detectado en más de la mitad de las especies, aunque todo parece indicar que conforme más especies se estudien este porcentaje se incrementará, quién sabe si hasta alcanzar el 100 %. Como sabrán, los cetáceos se dividen en misticetos (ballenas con barbas) y odontocetos (que tienen dientes, como orcas y delfines). El plástico parece estar más asociado a los primeros, ya que se han hallado elementos de este material en el 43 % de misticetos frente a un 13 % de odontocetos. Los hábitos de alimentación de ambos grupos pueden marcar la diferencia a la hora de explicarlo. En cualquier caso, aún queda mucho por indagar. La realidad demuestra que los plásticos aparecen en cetáceos que viven en latitudes muy distintas, a profundidades de la columna de agua diferentes, y con hábitos de vida variados.

Los plásticos desechados al mar ocupan el mayor porcentaje de los encontrados en el interior de ballenas y sus parientes (recuerden al cachalote del Mediterráneo ahogado en plástico de los cultivos del sureste español), seguidos por redes de pesca y otros objetos vinculados a dicha industria. En algunas poblaciones se han encontrado plásticos en el interior del 30 % de ejemplares, cifra que también puede verse incrementada conforme se estudien más poblaciones, y conforme más plástico aparezca en el medio. El plástico parece haber sido responsable de hasta el 22 % de las muertes de animales que habían aparecido varados moribundos o directamente muertos.

Más allá del ahogamiento, en diversas especies se han encontrado retardantes de llama, ftalatos y otros aditivos de los que se aplican al plástico, en ocasiones en concentraciones de varios niveles de magnitud mayores que en el agua y el sedimento del entorno donde vivían esos animales. Como ya vimos en el caso del estudio del Mediterráneo, las ballenas incorporan estos compuestos a su interior al tragar ingentes cantidades de agua de la que filtran su alimento, en la que también hay microplásticos. Por otro lado, el alimento en sí, el zooplancton, puede albergar en su interior también microplásticos, que acabarán en el interior de las ballenas. Resulta preocupante que en diversos cetáceos se estén encontrando en diferentes tejidos y órganos compuestos tóxicos asociados a basura marina, sobre todo al estar relacionados con cáncer, problemas del sistema inmune, sistema reproductor, sistema endocrino, etc.

A la hora de buscar ejemplos concretos de ballenas con plástico en su interior, Internet abunda en datos. Hay cientos de noticias en multitud de idiomas sobre ello. La verdad es que aparecen muchos ejemplares, cada uno con unas circunstancias concretas y particularidades pintorescas alojadas en su tracto digestivo. Tan solo voy a referir unos casos concretos, por el hecho de mostraros cómo afecta a especies muy distintas unas de otras. El primero son dos machos de cachalote (*Physeter macrocephalus*) aparecidos muertos en la costa californiana en 2008. Estos dos ejemplares albergaban en su interior kilos de cuerda y otros plásticos, que

Dos ballenas emergen del plástico en la campaña de Greenpeace «STOP PLASTIC» frente al parlamento de Budapest, en septiembre de 2019 [Adam Draskovics].

habían ido ingiriendo al encontrarlos a la deriva en la columna de agua y que les había provocado daños estomacales y la muerte. Otro ejemplo nos trae al norte de Europa, donde en solo unos meses de 2016 aparecieron otros 30 cachalotes varados a lo largo del mar del Norte. Posteriores análisis pudieron encontrar restos plásticos en 9 de ellos, incluyendo piezas de coche, cápsulas de café y envoltorios de tabletas de chocolate. En Latinoamérica han hallado plásticos en el 28 % de 106 delfines franciscana (*Pontoporia blainvillei*) muertos al quedar atrapados en líneas de pesca en el norte de Argentina. En este caso los productos estrella fueron plásticos de embalaje y bolsas. Más cerca, en Galicia, se han encontrado por primera vez microplásticos en el estómago de delfines comunes (*Delphinus delphis*). Los datos en este caso fueron esclarecedores: hallaron restos sintéticos en los 35 ejemplares que emplearon para el estudio. Considerando las características de esta especie, que preda sobre otras especies marinas, la presencia de microfibras y otros pequeños restos puede deberse principalmente a la ingestión accidental de plástico flotante o al haberlos incorporado a través de sus presas. Las proporciones que se obtengan en un futuro, cuando se analice el tema en más países y especies, imagino que no serán muy diferentes, aunque oscilarán según los hábitos de vida de la especie analizada.

Las focas y los leones marinos son los otros mamíferos marinos por excelencia. Su presencia en espectáculos circenses y zoos ha hecho que sean conocidas por el gran público, en muchas ocasiones desvirtuando su esencia. Estos animales han sido ampliamente perseguidos por sus pieles, hecho que ha motivado que también suelan ser protagonistas de campañas ecologistas conocidas mundialmente. En cuanto al plástico, no han sido de los animales en los que el efecto del mismo se haya estudiado más a fondo, ni donde se espera que más afecte, aunque ciertamente hay datos que muestran que esta problemática no es ajena a este grupo animal.

Un estudio realizado en Holanda con la foca común (*Phoca vitulina*) pudo revelar cómo aproximadamente el 11 % de los animales incluidos en el estudio contenían plástico en su interior, en algún caso concreto albergando hasta 1,5 kilogramos de basura. En varias especies de otarios (leones marinos) que habitan la isla de Macquarie, entre Nueva Zelanda y la Antártida, se encontraron pequeños fragmentos de plástico en la misma proporción que en el estudio holandés. En este caso se atribuyó la presencia de plástico en heces a la ingestión de peces linterna, que originariamente habrían ingerido esos plásticos al encontrarlos en la columna de agua. Lo mismo se ha valorado como hipótesis para explicar la presencia de microplásticos de colores en las heces de foca de la misma isla. Creo que potencialmente los pinnípedos son uno de los grupos de animales que más posibilidades tienen de alojar en su grasa componentes tóxicos de diversa índole, incluyendo aquellos derivados del plástico.

Una tortuga marina se interesa por una bolsa de plástico que se desplaza a la deriva en el océano [Rich Carey].

Los reptiles marinos también sufren las consecuencias del plástico, y en esto las tortugas son de las mayores protagonistas del libro, porque el plástico está mermando sus ya de por sí dañadas poblaciones. Muchas campañas contra el plástico se han centrado en estos animales, sobre todo jugando con el hecho de que las tortugas ingieren bolsas al confundirlas con medusas, alimento predilecto que supone una parte esencial de la dieta de algunas de estas especies, como la tortuga laúd (*Dermochelys coriacea*). Poder usar un ejemplo cuya raíz es algo tan cotidiano para nosotros como las bolsas ha surtido efecto en la sociedad, de modo que actualmente las bolsas son de los plásticos más criticados y polémicos. La tortuga laúd es de los grandes seres que quedan en nuestro planeta, una herencia del pasado que debemos conservar. Pueden pesar más que un toro, dato que puede llevaros a imaginar el tamaño que llegan a alcanzar. Dicho esto, siendo una especie en peligro de extinción, se ha destinado un gran esfuerzo conservacionista en alertar de esta nueva amenaza que supone el plástico. Algunos estudios alertan de que casi el 40 % de cientos de tortugas laúd muertas y examinadas contienen restos de desechos sintéticos en su interior. Una tortuga laúd puede comer hasta 50 medusas al día para satisfacer su propia demanda energética. Hagan cálculos. Ante el incremento de plástico en muchos países en cuyas aguas esta inmensa tortuga habita, es de esperar que muchas bolsas y restos de film transparente acaben en su interior y les causen notables problemas de salud.

Más allá de la tortuga laúd, el resto de las tortugas marinas también sufren por la ingestión de plástico. Ejemplares de todas las especies están apareciendo en centros de recuperación debilitados y con el tracto digestivo obstruido. Dentro albergan los más insospechados restos de basura que uno pueda imaginar. Ya existen algunas revisiones que han intentado extraer conclusiones claras sobre cómo afecta el plástico a las tortugas, valiéndose para ello de todas las evidencias acumuladas durante décadas. Gracias a este trabajo continuado de los científicos, al ordenar todo lo que se va descubriendo, se ha sugerido que, junto a la tortuga laúd, la tortuga verde (*Chelonia mydas*) es la más dada a interaccionar con el plástico. Esta tortuga se alimenta mayoritariamente de algas, y muchos plásticos ciertamente pueden asemejarse a algas. También sabemos que la ingestión de plástico por parte de tortugas se ha incrementado con el paso del tiempo, posiblemente al haber cada vez una mayor cantidad de desechos acumulados en el medio.

Por otro lado, se sugiere que hay áreas geográficas como Estados Unidos, Australia, Sudáfrica y el sudeste asiático donde pueden darse las mayores tasas de conflicto. Como muestra, un estudio realizado durante 18 años en zonas costeras del Pacífico Norte analizó el contenido estomacal de 71 tortugas muertas que habían quedado atrapadas en redes de pesca: encontró plásticos en el 83 % de ellas, pertenecientes a cuatro especies distintas. De entre ellas destaca la tortuga verde, con un 90 % de presencia de plásticos. Algunos cálculos estiman que globalmente el 52 % de las tortugas marinas del mundo podría estar actualmente sufriendo serios problemas a causa de esta fuente de contaminación marina.

Como pueden observar, acuda al grupo animal que acuda hay casos que dejan entrever la gravedad del problema del plástico. Podría seguir grupo por grupo, abarcando todos los existentes en ecosistemas marinos si quieren, pero sería una tarea que me llevaría toda la vida. Pese a que este capítulo está focalizado solo en la ingestión de plástico, las muertes de animales al quedar enredados en redes de pesca abandonadas o activas son otro problema de igual gravedad. Si prevalece más el daño por ingestión o por quedar enganchados en artes de pesca es algo que depende del contexto y de la especie. Lo que parece claro es que ambas causas al sumarse tienen un efecto aditivo, que arroja como resultado la caída poblacional severa de multitud de especies. Es por ello que al efecto de la telaraña de plásticos que se ha tejido en las aguas del mundo va destinado el siguiente capítulo.

13. LA TELARAÑA MARINA

Primero, fue necesario civilizar al hombre en su relación con el hombre. Ahora, es necesario civilizar al hombre en su relación con la naturaleza y los animales.
Víctor Hugo, escritor francés

Rara vez un camino se me hizo tan largo, en kilómetros y en tiempo. Volvíamos en coche a Bahía Blanca desde Buenos Aires, y los eternos peajes y controles de velocidad habían convertido el trayecto en un calvario. Estando Mar del Plata a medio camino no quería perder la oportunidad de contemplar, de primera mano, uno de los enclaves más desconcertantes de conflicto humano-fauna salvaje que conozco. Lo tenía más cerca que nunca, por lo que nos desviamos a la ciudad turística argentina por antonomasia. Las oportunidades hay que aprovecharlas tal y como surgen.

La ciudad resultó ser otro caos aún más infernal que la autovía, con eternos semáforos y avenidas atestadas de conductores aguerridos. Aún me pregunto cómo no tuvimos varios accidentes de tráfico aquel día, porque la sensación de que algo estaba a punto de ocurrir era continua. No teníamos ni idea de hacia dónde había que dirigirse para cumplir nuestro objetivo, pero tras más de una hora dando vueltas sin rumbo claro llegamos a la zona portuaria, donde yo entendía que iba a obtener mi premio, por lo poco que había buscado por Internet.

Logramos aparcar. Acto seguido comenzamos una caminata entre enormes buques amarrados a puerto, intuyendo que la multitud de gente que se encaminaba en nuestra misma dirección buscaba lo mismo que nosotros. Desde luego, para ser algo popular e incluso de interés turístico, lo tienen bien escondido. Al final logramos llegar a la atracción estrella de la ciudad de Mar del Plata: una colonia de leones marinos de un pelo (*Otaria flavescens*), la más septentrional de esta especie.

Esta pequeña colonia urbana tiene protección (Reserva de Lobos Marinos del Puerto de Mar del Plata y Monumento Natural de Mar del Plata), aunque no por ello está exenta de polémica. Pero empecemos por el principio. Para entender la presencia de estos animales en tan extraño lugar hay que remontarse a casi un siglo atrás, cuando algunos ejemplares comenzaron a alimentarse de desechos de pesca en la zona, viendo lo fácil de esta forma de vida. Poco a poco, más leones marinos fueron apostando por la comodidad de

Miembro de la Fundación Fauna Argentina cortando restos de plástico del cuello de un león marino [Fundación Fauna Argentina].

ese hábitat, generando un claro conflicto de intereses con los pescadores de Mar del Plata y otros usuarios del puerto, que entendían que no era natural que estos enormes animales anduviesen metidos en sus asuntos. En los años 80 del pasado siglo XX se constituyó la reserva actual, que ha ido modificándose a mejor con el paso del tiempo hasta el presente. Hoy, pese al rumor de la polémica siempre de fondo, los leones marinos siguen pasando sus días dormitando en la pequeña playa que se ha creado expresamente para ellos.

De la visita, lo que más captó mi atención fue que varios de estos leones marinos tenían enredados en diferentes partes de su cuerpo trozos de cuerda, redes y plásticos varios, en no pocos casos con visibles señales de estar causándoles lesiones. Me resultó ilógico. ¿Cómo se puede crear una reserva de leones marinos en una ciudad pero que el visitante los observe estrangulados por plástico? Un espectáculo complejo de analizar, sinceramente. Tras indagar conocí la existencia de la fundación Fauna Argentina, encargada desde su creación de gestionar la lobería, y promotores de la reserva y de todo lo bueno que ha acontecido a los leones marinos en los últimos años. Durante este período de incansable labor, esta entidad se ha encargado de limpiar de basura el entorno donde se asientan los leones marinos, procurar que el vallado funcione para evitar que personas y perros interrumpan su descanso, promover actividades educativas y... liberarlos de plásticos, tal y como suena. Desde su formación en los 80 llevan más de 30 años cortando plásticos que estrangulan regularmente a estos animales. Casi a diario, expertos de este grupo naturalista entran a la colonia provistos de largas tijeras de podar —bautizadas como *cortasunchos*—. Con sumo cuidado, intentan cortar los restos que ahorcan y laceran a los ejemplares, principalmente plásticos que se usan en el puerto y aparejos de pesca. Se trata de una ardua tarea que realizan constantemente. La realidad de los datos muestra que en este tiempo han salvado de una muerte segura a cientos de leones marinos.

Finalmente abandonamos el lugar. Quedaban varias horas de coche hasta volver a casa y ya sumábamos muchos kilómetros en nuestros cuerpos. Una vez de vuelta en la carretera, feliz como un niño el día de Reyes, pasé el resto de las horas que pasamos en carretera dándole vueltas a lo que había visto. Me parecía un guion de película: la historia de un minúsculo enclave protegido dentro de una ciudad, una población protegida de una especie querida por el gran público y una asociación ecologista que viene luchando a diario desde décadas atrás contra el plástico que asfixia, literalmente, a estos animales. Siendo el plástico un problema global, ¿cuántas poblaciones de animales que no gozan de esta atención estarán yéndose a pique sin que se tomen medidas efectivas para cambiar su destino?

Seguramente más de los que pensamos. Sin embargo, el desplome más agónico lo está viviendo una especie que aparentemente no debería haber llegado a esta situación, al entrar dentro de las consideradas carismáticas, aquellas con las que la sociedad se vuelca hasta lograr su protección —aunque no me gusten este tipo de sesgos tan irremediablemente humanos—. La vaquita marina (*Phocoena sinus*) es una pequeña marsopa que habita el golfo de California, concretamente ciertas zonas de México. Para su desgracia, este pequeño mamífero marino está protagonizando el fenómeno más triste del conservacionismo actual. La historia de la vaquita es la historia de un fracaso tras otro, la narración de una historia de terror en la que la mala suerte se ceba con una especie que ya de por sí se encontraba en una situación complicada.

Esta especie se clasificó como amenazada en los 80, y ya en los 90 se establecieron una serie de medidas para frenar su declive. La amenaza para la vaquita venía, principalmente, por las muertes ocasionadas al quedar atrapadas en redes de pesca destinadas a la captura de ciertos peces y mariscos. Por entonces aún podíamos hablar de un número de ejemplares que, aunque limitado, permitía albergar alguna esperanza real de poder sacar la situación adelante. Era un contexto complicado, pero había margen de maniobra. Sin embargo, pasados los años todo empeoró. Las redes fantasma, y las que permanecen activas —ya sea legal o ilegalmente—, en vez de limitarse se han incrementado. A la vaquita la puntilla final le ha llegado a través de la pesca de la totoaba (*Totoaba macdonaldi*), un pez cuya vejiga alcanza precios astronómicos en el mercado negro asiático, de ahí que la prensa lo haya bautizado como la cocaína del mar. El repentino auge de esta pesca hace unos cinco años tal vez cogió por sorpresa a todos. De repente, en vez de reducir la presión pesquera que amenazaba a una especie al límite, aparecieron más redes de pesca que nunca antes. A sabiendas del problema lo habíamos multiplicado. Por esas fechas muchos lugareños se habían entregado a la pesca de la totoaba con ferocidad, sin frenos. En estos pocos años transcurridos los acontecimientos han ido sucediéndose a tal velocidad que no han dado lugar a la reacción. Ante este escenario, los planes conservacionistas enfocados a salvar a la vaquita se han visto desbordados por el ritmo con el que esta especie se ha ido repentinamente, imposibilitando la realización de cualquier iniciativa factible que permita resolver la situación.

A situaciones desesperadas medidas desesperadas, no queda otra. Pese a la carrera contrarreloj a la que de repente se han visto abocados los conservacionistas, se puede decir que no han perdido la esperanza. Como primera decisión se prohibió la pesca de la totoaba, pensando que, si ese era el problema, así se atajaba de raíz. No hubo éxito. La iniciativa mermó la economía de muchas familias, a las que dejó sin su oro marino; además, generó peor imagen respecto a la vaquita entre los lugareños. La pesca de la totoaba se ha convertido en un tema tabú, un asunto turbio, y ahora se hace desde la clandestinidad. La labor conservacionista genera crispación en los pueblos pesqueros, que no quieren oír hablar de este tipo de entidades, e incluso organizan manifestaciones para mostrarles que no son bienvenidos en aguas mexicanas. Para ciertos sectores de la zona los científicos y conservacionistas son unos entrometidos, nadie ha invitado a decidir qué pueden y no pueden hacer ellos en sus propias aguas. A decir verdad, salvar a una especie es un trabajo titánico, pero se hace aún más cuesta arriba si has de luchar contra un mercado negro tan lucrativo que llena de redes el mar.

Los datos son estremecedores. Desde 2012 hasta la actualidad la población de esta especie se ha ido a pique, convirtiendo la hazaña de sacarla adelante en algo en lo que ya casi nadie cree. En los últimos años varias decenas han muerto enganchadas en redes, por lo que, si atendemos a que la población era de pocos cientos, las cuentas no salen, arrojan un resultado que nadie quiere oír. Se ha intentado la cría en cautividad; sin embargo, un ejemplar que iba a ser destinado a un recinto especial en el que se iba a probar la reproducción, murió durante el proceso de traslado, por lo que el proyecto finalmente se abortó al poco de haberse gestado. Apenas quedan vaquitas, sería un caprichoso giro final que fueran los conservacionistas los que acabaran con las últimas en un desesperado intento de salvarlas. La realidad es la que es: a estas alturas hay muy pocas estrategias que puedan llevarse a cabo y muy pocos ejemplares con los que trabajar para buscar soluciones.

Actualmente, miles de kilómetros de redes siguen estrangulando estas aguas. Solo entre 2017 y 2018 se ha perdido el 67 % de la población restante de vaquita marina. Se valora que en ese instante debían quedar unas 40 en libertad. Mientras escribo estas líneas, tan solo unos meses después de comenzar 2019, una nueva estimación arroja el dato de que quedan solo unas 10 en todo el planeta. Me estremezco mientras escribo estas líneas, estoy conmocionado, es posible que para cuando este libro llegue a sus manos esta especie se haya extinguido oficialmente. A los lugareños les merece más la pena el dinero que un cetáceo, así que podría decirse que la mafia del pescado va a extinguir a la discreta marsopa.

Las redes que asfixian el medio marino y la avaricia humana habrán hecho desaparecer a una especie. Como si no nos fuera suficiente con considerar los mares y océanos como vertederos infinitos, hemos convertido el mar en una trampa mortal, una telaraña de redes y aparejos de pesca. Aunque suponen como mucho el 10 % de la basura marina, actualmente se estima que puede haber 6 millones de toneladas de material de pesca abandonados a su suerte en los mares del mundo. Aparte estarían todos los aparejos en activo, que ejercen una insostenible presión sobre la fauna marina. En este sentido, cabe destacar que se están esquilmando poblaciones tanto de especies que se pescan —que están soportando una terrible sobrepesca— como de aquellas víctimas colaterales, que son devueltas muertas al mar, como descartes. Al igual que otros desechos presentes en mares y océanos, hay algunas circunstancias que pueden favorecer el acúmulo de estas trampas mortales, por ejemplo la acción de las corrientes marinas, o determinada presión pesquera en ciertas áreas. Mientras estas redes, hilos de pesca y otras artes permanecen en el mar, suponen una amenaza constante para la fauna en general, al conformar una telaraña de la que los animales tienen difícil zafarse.

A estas alturas del capítulo igual estén pensando que qué tiene que ver el plástico en todo esto. En el fondo, el ser humano ha pescado siempre, las redes y otras artes de pesca son inventos milenarios. Sí y no, podría decirse. En la historia las redes y otros útiles de pesca no han sido de plástico, hoy sí. Atendiendo al uso creciente del plástico para la fabricación de este tipo de equipamiento, y a los periodos de descomposición que sabemos que tienen estos materiales sintéticos, el espacio de tiempo durante el que las redes fantasma y otros residuos asociados a la pesca pueden estar dañando a la fauna es digno de ser tenido en cuenta, y desde luego mayor que el que tenían antaño. A eso se puede añadir que históricamente no se ha producido tal presión pesquera como la que vivimos actualmente, donde cada vez más zonas de pesca muestran síntomas de agotamiento, absolutamente esquilmadas. Estamos dejando el mar seco de vida. Ante esto, lejos de frenar el ritmo de captura, estamos aplicándonos con mayor energía en detectar y explotar lo poco que queda, redoblando esfuerzos en la captura de especies comerciales aunque agotemos las existencias. Para ello se incrementan los kilómetros de redes, por lo que a fin de cuentas estamos multiplicando los plásticos en el mar.

Actualmente se considera que el daño que está ocasionando la captura accidental de especies no comerciales está abocando a poblaciones de todo tipo de organismos marinos a un descenso notable. Las cifras que se manejan ubican este problema a la altura de las extinciones que hemos causado los humanos mediante la caza sobre fauna terrestre en el pasado. Por culpa de los útiles de pesca activos o abandonados muchos individuos de diversas especies pueden morir, resultar heridos y verse enredados de forma permanente entre kilos de redes. Esto último, de no matar, puede ocasionarles dificultades para comer, salir a la superficie a respirar, o simplemente los convierte en presa fácil de sus enemigos naturales.

Pese al gran problema que tenemos frente a nosotros, las capturas accidentales tienen serias dificultades para ser monitoreadas debidamente. Pensándolo bien, más allá de los individuos que al quedar atrapados terminan falleciendo, otros pueden recibir un daño que, si bien no los mata al momento, puede dejarlos heridos y restarles salud paulatinamente, por lo que nunca llegaremos a saber a ciencia cierta cuánto influyó la basura marina en su devenir. En ocasiones podemos estar limitados a ver los casos en los que tortugas marinas o cetáceos aparecen en la playa envueltos en desechos de pesca, o a cuando vemos a alguna gaviota en nuestra ciudad con hilo de nailon en el pico o en las patas. Esto es solo una punta del iceberg, fuera de nuestro alcance puede haber miles de animales que están muriendo lentamente allá donde no hay humanos que puedan darse cuenta de ello. Actualmente contamos con numerosas evidencias aportadas por científicos y asociaciones conservacionistas, pero todo hace indicar que pese a ello no se están produciendo a nivel global cambios significativos en las estrategias pesqueras. Seguimos esquilmando tanto a las especies de interés como a las que accidentalmente son presa de redes y otros aparejos.

Las tortugas marinas vuelven a aparecer como uno de los principales afectados por la captura accidental. Cabe recordar que seis de las siete tortugas marinas existentes están bajo algún grado de amenaza, y que se consideran de los grupos animales que más problemas afrontarán conforme avance el cambio climático. Actualmente se sabe que la captura accidental supone la principal amenaza para algunas de sus poblaciones. Los estudios más pormenorizados que han intentado estimar el número de tortugas halladas enmalladas en aparejos de pesca arrojan la cifra de más o menos 85 mil ejemplares en el intervalo de 18 años, pero se considera que podrían ser muchas más, ya que faltan muchas zonas pesqueras por evaluar. Aparte están los barcos ilegales, que no hay manera de evaluar lo que hacen. En cuanto a la distribución geográfica del impacto de la pesca sobre las tortugas, las zonas de mayor incidencia parecen ser la zona suroeste del Atlántico, el este del Pacífico y el mar Mediterráneo. Hay zonas para las que apenas se cuenta con datos, como África y el sudeste Asiático, lo que dificulta obtener una comprensión global de este problema. Esto desde luego entorpece la coordinación de trabajar en medidas para frenar el problema. En España este problema no nos es ajeno, e incluso ya se trabaja con los pescadores para que sepan cómo actuar cuando encuentran tortugas atrapadas en aparejos de pesca, haciéndoles ver la importancia de devolverlas con vida al mar. Así, frente a lo que solían hacer antes —quitarse el problema de en medio como todos estáis pensando—, ahora parece haber una mayor comunicación con los centros de recuperación de fauna, donde continuamente reciben tortugas que han sufrido algún tipo de daño por causas humanas.

Los mamíferos marinos no difieren mucho respecto a las tortugas en cuanto a cómo sufren las consecuencias de la telaraña de redes y desechos de pesca abandonados. Ya hemos visto el triste caso de la vaquita, pero son multitud de cetáceos y pinnípedos (focas y leones marinos) los que igualmente pueden verse en serios problemas. De nuevo, hay estimaciones, por ejemplo para Estados Unidos: entre 1990 y 1999 se considera que pudieron perecer a causa de verse enredados en redes de plástico unos 6.000 ejemplares por año. En este caso más del 80 % de los casos se debieron a redes de enmalle, una pantalla dispuesta en el mar que es imposible de traspasar por multitud de animales. En el caso de los mamíferos marinos, la zona donde más casos parecen producirse es el este del Pacífico (costa americana), pero de nuevo volvemos a encontrarnos con la deficiencia de datos para amplias regiones del mundo. Pese a este vacío, contamos con una primera aproximación a la situación del este de África e islas como Madagascar y Mauricio, donde se habla de delfines y dugones, por ejemplo, que llevan años siendo víctimas de las redes de pesca.

Las redes de pesca fantasma siguen cumpliendo con su función a pesar de encontrase abandonadas [Krzysztof Bargiel].

Evidentemente, estando en el mar los peces necesariamente van a ser víctimas de la pesca no selectiva y las redes abandonadas. Podrían citarse decenas de especies que desgraciadamente sufren este problema global. Respecto a ejemplos concretos que se han estudiado, encontramos por ejemplo el caso del caballito erecto (*Hippocampus erectus*), un caballito de mar que sufre un notable declive poblacional al ser víctima colateral de la pesca de camarón en Florida, muriendo en números estimados de 72 mil al año. En Vietnam, otras especies de caballito de mar están viviendo la misma situación. Se han reportado cifras que oscilan entre las 36 mil y 55 mil muertes anuales. Yendo más allá de puntos concretos, una revisión que ha incluido 22 países arroja la escalofriante cifra de 37 millones de caballitos de mar enmallados por año. Yendo de lo pequeño a lo grande, los tiburones son de las grandes víctimas de la captura accidental. En este sentido, se estima que esta causa por sí misma puede poner en entredicho las perspectivas de futuro de poblaciones de tiburones en ciertas regiones. Por dar un ejemplo, entre 1992 y 2000 en Estados Unidos se encontraron más de 4.000 tiburones atrapados en aparejos de pesca, parte de ellos ya muertos y otros aún vivos. Actualmente se estima que el 66 % de las especies amenazadas de tiburón han caído en algún momento presa de las capturas accidentales en artes de pesca.

En cuanto a los invertebrados, un caso particular lo representan los corales. En este caso no es que estos animales durante sus movimientos en la columna de agua queden atrapados en la maraña de redes, ya que los corales son evidentemente sésiles. Lo que ocurre es que las redes pueden limitar el crecimiento y el modo de vida de los corales, al depositarse sobre ellos y cubrirlos; además, movidos por la fuerza del oleaje, pueden cercenarlos y acabar con ellos.

Aunque intuitivamente cabría esperar que si las redes están en el agua los principales afectados deberían ser los animales puramente marinos, la realidad es caprichosa y demuestra que no necesariamente ocurre así. Las capturas accidentales durante la pesca suponen un problema para algunos grupos de aves marinas, que al lanzarse a pescar a sus presas quedan enredadas en redes, tanzas de nailon, etc. Esto afecta principalmente al grupo de los procelariformes (pardelas, albatros, petreles, etc.), para los que se han arrojado estimaciones de 160 mil muertes anuales por la causa que nos ocupa, aunque esta cifra podría ser mayor, llegando a 400 mil. Más allá de generalidades, cada vez salen a la luz nuevos trabajos que alertan sobre los efectos de la captura accidental sobre especies concretas. Un claro ejemplo lo encontramos en la estimación de 40 millones de pardelas sombrías (*Ardenna grisea*) y pardelas de Tasmania (*Ardenna tenuirostris*) que habrían desaparecido en cincuenta años en el Pacífico Norte. Por otro lado, las redes de los arrastreros serían responsables de la muerte de más de 9.000 aves marinas al año solo en las inmediaciones de Sudáfrica, cifra que al multiplicarla a nivel global arroja una realidad muy desagradable. Este mismo tipo de embarcaciones se ha asociado con la muerte de más de 1.500 aves —principalmente albatros de ceja negra, *Thalassarche melanophris*— en las islas Malvinas en solo un año.

A estas alturas queda claro que tenemos un problema global que no está siendo medido debidamente por la sociedad. Ciertamente, proliferan las iniciativas para frenar esta causa de mortalidad masiva, pero estas medidas no están siendo aplicadas a lo largo y ancho del mundo. Mientras buscamos soluciones, cada vez más redes pululan por mares y océanos, atrapando irremediablemente a miles de animales cada año. La larga duración de los materiales sintéticos causa que el daño que estos desechos se prolongue durante décadas. Además, esta visión del plástico como causa de mortalidad más allá de su ingestión amplía el radio de impactos que desata en el medio natural y nos otorga una perspectiva más completa de cómo daña a la biodiversidad. Todo este cúmulo de conocimientos adquiridos debe incitarnos a dar lo mejor de nosotros en la ímproba tarea de buscar soluciones factibles con la mayor celeridad posible.

14. AL ABORDAJE

No voy a relatar todos los pormenores de nuestro viaje. Diré que, en su conjunto, fue satisfactorio. La goleta era un magnífico barco; la tripulación demostró su competencia y el capitán Smolett dio pruebas de su talento en el mando. Pero sucedieron dos o tres cosas, antes de alcanzar el término de nuestro viaje, que debo relatar.
Robert Louis Stevenson, escritor escocés, en *La isla del tesoro*

Un día como cualquier otro me encontraba paseando por una playa de Huelva. Observaba con detenimiento los diferentes restos que el mar había arrojado a la orilla, un entretenimiento excelente para días invernales que lucen soleados, pero en los que tampoco apetece aún bañarse. Conchas, peces muertos, algas y en general organismos marinos de toda índole aparecían ininterrumpidamente a lo largo de los kilómetros de costa, despertando mi curiosidad ante la posibilidad de hallar alguna rareza. Como no podía ser de otro modo, también había viejos conocidos de los que ya hemos hablado previamente: basuras que el mar se había tragado y luego nos había devuelto, que consistían principalmente en plásticos vinculados al mundo de la pesca. Si como decía Forrest Gump «el mundo es como una caja de bombones, nunca sabes lo que te va a tocar», creo que pasear por la orilla del mar tras un temporal es también como una caja de bombones.

En mi paseo descalzo por la orilla húmeda contemplé que algunas boyas, cajas de embalaje y redes abandonadas portaban vida sobre ellas, tanto algas como pequeños mejillones, y eso solo a simple vista. Forzando un poco la vista se podían ver seres de escasos milímetros, e incluso cangrejos que apenas se diferenciaban de un grano de arena. Se trata de ese tipo de vida que solo el ojo entrenado valora, esos desapercibidos seres pertenecientes a minúsculos ecosistemas que parecen invisibles para el común de los mortales. Donde la mayoría encuentra la más absoluta nada, el naturalista puede hallar toda una mañana de entretenimiento. ¿De dónde vendrían tanto esos restos como sus ocupantes? No lo pude saber, pero me quedé pensativo. Si en un simple paseo por la playa yo estaba viendo cómo sobre diferentes restos plásticos la vida se abría camino, ¿qué pasaría si lo extrapolase a cualquier playa del mundo en cualquier momento del año? Mi cabeza comenzó a echar humo atando cabos, los números se me iban de las manos. Camino de vuelta a casa seguí dándole vueltas a la idea de los plásticos como embarcaciones improvisadas para multitud de organismos marinos. En este momento cabe preguntarnos: ¿qué pasaría si multiplicamos por millones los objetos flotando por los mares del mundo, partiendo de cualquier lugar indeterminado y llegando a no se sabe dónde?

La idea en general no es nueva. Los seres vivos llevan conquistando nuevas tierras usando el mar como vía de transporte desde tiempo inmemorial, y esta colonización la han hecho preferentemente asociados a restos flotantes. Se han reportado casos en los que se ha podido ver en directo cómo tras grandes tormentas algunos reptiles e insectos aparecían tranquilamente en material a la deriva, arrastrados a un destino incierto. Una vez en alta mar, ciertas dosis de azar se apoderan del devenir de esos individuos. Son bajas las probabilidades de que vuelvan a tocar tierra en un corto plazo de tiempo. Durante su periplo deben sobrevivir a las inclemencias del sol, al hambre y la sed, a predadores, al paso del tiempo —que para ciertos organismos puede ser superior a su esperanza de vida—, y por supuesto a las posibilidades de que en la inmensidad del mar los designios de las corrientes marinas los desplacen hacia un final infeliz. A eso se debe sumar que en el caso de llegar a una isla o un continente se den las condiciones para que prosperen y se integren en esos nuevos ecosistemas. Por ello, las posibilidades de que ciertas especies que viajan a la deriva finalmente colonicen un nuevo lugar no son especialmente altas de forma natural. El hecho de que en islas volcánicas veamos el conjunto de especies que vemos suele ser el resultado de millones de años, en cuyo transcurso diferentes especies se han ido sumando al lugar a través de diferentes vías, conformando el conjunto que hoy disfrutamos.

Esto comenzó a cambiar cuando el hombre se arrojó a la aventura marina, incrementando a través de sus propias embarcaciones las posibilidades para el transporte de vida —principalmente aquella que accidentalmente se adhiere a las embarcaciones humanas—. A ellas pueden añadirse esas otras especies que requieren de un sustrato fijo, y que ven en nuestros navíos lo que habitualmente hallarían en playas rocosas u otros sustratos similares. Un hogar estable, al fin y al cabo, en movimiento, pero con base sólida. Sea como sea, el transporte accidental de especies ha debido ser un hecho consumado desde el comienzo de los tiempos, claro que rara vez vamos a poder interpretar esta historia pasada desde el presente.

En este sentido, se especula con que los vikingos introdujeron en Europa al mejillón *Mya arenaria* a través de sus barcos. Con el paso del tiempo, la multiplicación de barcos interconectando puntos cada vez más distantes, y el agua de lastre de los mismos, que es transportada de puerto en puerto con toda la biodiversidad que lleva incluida, han supuesto nuevas amenazas que no han sido debidamente sopesadas hasta que ha sido tarde. Hoy son decenas las especies invasoras que, haciendo uso del tráfico marino, han originado enormes pérdidas económicas y daños ambientales en países donde nunca antes se las había visto.

Vista aérea de un buque de carga en Tailandia [Deanucha Secretvisansuwan].

Si, como se ha demostrado, el tráfico marítimo incrementa el transportes de algas y animales entre puntos muy distantes, ¿qué podría salir mal si de repente introducimos en los océanos toneladas de basura flotante que es transportada por las corrientes? Uno podría pensar que el plástico no parece una superficie muy apta para que las especies lo usen como sustrato donde agarrarse o incluso desarrollarse, pero la naturaleza es más versátil de lo que parece. Una pequeña porción de plástico puede albergar todo un mundo de pequeños seres. Tan solo tenéis que fijaros en los restos que hay en la playa, como hago yo.

Si vamos a hablar de plástico como medio de transporte, e incluso como hábitat en sí mismo, debemos empezar por las islas de plástico, de las que hemos tratado en profundidad con anterioridad. Más allá de los daños para la fauna que puede quedar atrapada o ingerirlos, las islas de basura son un hogar en el que pueden desarrollarse variopintas formas de vida. Obviamente, nunca antes ha sido frecuente hallar tal cantidad de materia sólida en suspensión en el agua, lo que ha multiplicado las posibilidades de anclaje para organismos que requieren de una superficie sólida donde desarrollarse, y que antes se daban en menor número. Hablamos por lo tanto de la irrupción de un ecosistema novedoso, en el que adquieren preponderancia unas comunidades inesperadas que no habían cobrado tal protagonismo antes, al no tener medio físico al que aferrarse. En este sentido, en la isla de basura del Pacífico Norte se han analizado las comunidades de microorganismos que lo habitan y se ha constatado la presencia dominante de algunos briozoos, cianobacterias y otras bacterias. Entre los detalles curiosos que se han descubierto, y que se confirman igualmente para otras zonas marinas de acumulación de plásticos, es que las comunidades —de microorganismos, por ejemplo— que dominan este particular ecosistema son desde el punto de vista taxonómico y funcional distintas a aquellas de zonas circundantes con menores niveles de basura marina. Las primeras tienen un modo de vida asociado a su fijación en objetos, frente a la vida libre en la columna de agua que llevan predominantemente las comunidades de zonas sin plástico. Se podría decir que la sopa de plástico va albergando cada vez más vida, incluso alterando las normas del juego que solían ser habituales en esas aguas abiertas.

En la misma línea, aunque con organismos algo mayores, este nuevo hábitat sigue aportando relevantes novedades biológicas, como es el caso del insecto *Halobates sericeus*. Aunque no es lo que nos resulte más familiar, en ambientes marinos habitan algunas especies de insectos acuáticos, emparentados como en este caso con los zapateros —esos insectos de patas largas que se desplazan sobre la superficie de los estanques sin hundirse—. La reproducción de esta especie ha estado evolutivamente vinculada a la presencia de material flotante en la inmensidad del océano, habitualmente poca. La cantidad de plásticos que ahora flota en la superficie ha brindado una oportunidad de oro para estos animales. Ahora, al disponer de sustrato prácticamente inagotable donde depositar sus puestas, este insecto se ha convertido en uno de los grandes beneficiados de la isla de plástico, multiplicándose más allá de lo esperable conforme crece el plástico a la deriva.

Olvidándonos de las islas de plástico, a lo largo y ancho del mundo siguen reportándose multitud de casos de naturaleza que viaja a través del plástico, haciendo de estos desechos su hogar temporal. Para la naturaleza que se adhiere a la materia flotante presente en los océanos, el incesante incremento de este tipo de objetos en suspensión ha supuesto la oportunidad de sus vidas. Tal vez se trate del mayor empujón que han tenido jamás para incrementar su área de distribución y sus posibilidades de reproducción. Lo que es contraproducente para unos parece ser El Dorado para otros. Es un hecho: observaciones al microscopio de plásticos encontrados a la deriva en mares de todo el mundo vienen detectando un gran número de organismos que han hecho de esta minúscula isla multicolor su peculiar nuevo hábitat. Actualmente hay datos para afirmar que hasta 95 especies marinas han colonizado los plásticos presentes en nuestros océanos, materiales que no se degradan en años y que pueden servir de crucero transoceánico para miles de organismos.

Entre las conquistadoras del plástico encontramos formas de vida tan dispares como las dinoflagelados y las diatomeas, y algas de mayor tamaño en plásticos a su vez de dimensiones más notables. Se han encontrado cirrípedos —grupo al que pertenecen los percebes—, briozoos, cnidarios y hasta gusanos poliquetos en basura flotante en aguas árticas, y lo mismo ha ocurrido justo en el lado opuesto del mundo, las Malvinas, en el hemisferio sur. Allá donde más basura se ha encontrado, más polizones se han detectado colonizando tan extraño hábitat.

Podría especularse con que son solo conjeturas, que esas especies rara vez llegarán a algún lado, porque conforme se adentran en aguas fuera del rango de temperaturas en el que pueden desenvolverse esos polizones morirán. Igualmente, se puede argumentar que las opciones de que esos plásticos lleguen a tierra firme y sus habitantes puedan abrirse paso en las nuevas zonas son escasas, como he argumentado al comienzo. Pero no siempre es así. Más bien al contrario, a diferencia de los barcos y otros anteriores modos de transporte marino, los plásticos van despacio y permanecen un mayor tiempo sin deteriorarse que otros restos, lo que puede favorecer la supervivencia de las colonias que de un modo a otro se adhieren a estos elementos, y potenciar las posibilidades de que lleguen a buen puerto.

La realidad es caprichosa. Buena cuenta de ello son los diferentes casos en los que diversas especies con potencial invasor reconocido están usando los plásticos a la deriva como vía de transporte. Así, los plásticos son responsables de haber introducido especies como el briozoo *Thalamoporella evelinae* en el Atlántico y otras regiones del mundo. También se ha detectado al percebe *Elminius modestus* adherido a estos elementos flotantes en diversos puntos en alta mar. Tratándose de una especie con reconocido potencial invasor, las posibilidades de que haya llegado o llegue a zonas fuera de su área de distribución originaria son altas. Preocupa la situación de la Antártida, un ecosistema aislado durante 25 millones de años, con alto nivel de endemismos, que está empezando a verse superado por los acontecimientos. Es probable que lo peor para esta vasta región del mundo esté por llegar, porque hasta el momento parte de las potenciales invasiones biológicas que han podido suceder se han frenado por las temperaturas heladas de tal entorno, pero esto es algo que cambiará paulatinamente.

Una vez conocido el problema, cada vez surgen más casos en los que especies insospechadas llegan allá donde nunca antes se reportaron. Es la globalización, compañera de viaje para los humanos del siglo XXI. Basuras arrojadas al medio en Latinoamérica acaban arribando a tierras europeas con fauna americana que se ancló a ellas al comienzo del viaje. Las citas de especies de invertebrados tropicales que llevados por las grandes corrientes como la del Golfo aparecen en enclaves como Reino Unido han comenzado a proliferar, y la tendencia seguirá subiendo. Un caso especial es el caracol de roca de Florida, ávido predador de moluscos —entre los que los hay de interés comercial—. A este popular caso se unen mejillones del Caribe y cangrejos de las Bermudas, que también han aparecido en costas británicas, mejillones norteamericanos en playas españolas, y otro sinfín de especies novedosas para nuestra fauna. El listado de especies que terminarán por instalarse puede estirarse cuanto se quiera, atendiendo a la cantidad de plásticos presentes en el medio, a la de especies que se desplazan en ellos, y a las condiciones cada vez más favorables que encontrarán para subsistir a la travesía oceánica. Resulta curioso, como si no tuviéramos bastante con el daño directo que causan los plásticos: también actúan como una red global de millones de botellas con mensaje dentro que parten de cualquier sitio y llegan a cualquier otro. A planeta flaco todo se le vuelven pulgas.

15. ¿PLÁSTICO Y CAMBIO CLIMÁTICO?

Como actor interpreto personajes ficticios que resuelven problemas ficticios. Creo que la humanidad ha visto el cambio climático de la misma manera, como si fuera ficción, como si pretender que algo no es real hiciera que desapareciese.
Leonardo DiCaprio, actor estadounidense-

Durante buena parte de la historia el ser humano no ha tenido las posibilidades de acceso al conocimiento que hay ahora; es más, ni siquiera se generaba tal cantidad de conocimiento de forma sistemática, veloz y con tal nivel de coordinación entre gente distante como en el momento actual. Del mismo modo, nunca antes hemos tenido los mecanismos de los que gozamos para garantizar la calidad de vida de tantas personas y sus derechos básicos. En efecto, hay mucho en nuestra sociedad actual que está mal. Sería de necios negarlo, pero si vuelves la mirada atrás, posicionarse como optimista o pesimista respecto a lo que tenemos ahora no es tarea sencilla. En mi opinión, la ciencia, con sus imperfecciones, es el mayor patrimonio de la humanidad, y hay que protegerla frente al oscurantismo y la mala praxis, como a la democracia y otros tantos logros construidos a lo largo de los siglos. Simplemente, pensad en lo que tenéis alrededor en cuanto a medicina y salud (vacunas, agua potable, seguridad alimentaria…), tecnología (informática, telefonía…) y transportes —hasta viajamos por el espacio—.

Sin embargo, si hay algo que me sorprende más que las maravillas alcanzadas por el ser humano es la habilidad que tiene un sector de la sociedad para negar tales hechos, e incluso inventar realidades paralelas sin base científica. En la cima de mi capacidad de sorpresa estaría el hecho de que gente formada o con acceso a información veraz se sume a estas corrientes y pretenda hacernos retroceder. En ocasiones hay personas que incluso han logrado vivir del cuento o solucionarse la vida a base de supercherías y desinformación, ya sea desde el periodismo, ofreciendo soluciones pseudocientíficas a problemas de salud, o cobrando por asistir a sus charlas conspiranoicas. En esta tesitura se encuentran los que niegan que hayamos ido a la Luna, los antivacunas, los que creen en la homeopatía, los que afirman que los aviones nos contaminan desde el cielo y un largo etcétera de vendedores de bulos que han encontrado en Internet su cobijo ideal. La realidad, no obstante, es que todos nos beneficiamos de vivir en una sociedad basada en el conocimiento, y os aseguro que hacerlo en un mundo basado en ocurrencias sin rigor sería mucho peor.

A veces me pregunto con cierta frustración si finalmente no seremos más irracionales de lo que creemos, si aunque hayamos alcanzado tal nivel de conocimiento y posibilidad de difusión del mismo, realmente esto no interesa a la gente. Tal vez la mente humana sea más dada inconscientemente a pensar en ideas mágicas, en vivir apaciblemente sin tal volumen de intelectualidad. Da la sensación de que la generación de conocimiento y los avances van más veloces que la capacidad de asimilación de la gente, lo cual es un camino peligroso. Hay que tener la mente abierta, dicen algunos, y estamos de acuerdo, pero la clave está en no tenerla tan abierta que aceptes todo tipo de sinsentidos por una falsa idea de igualdad, en la que sientes en la misma mesa a un lunático frente a gente formada y con criterio. Hay que tener la mente abierta sobre una base lógica, acorde a lo que apoyan las evidencias.

Por supuesto, en este maremágnum de sinsentidos se incluyen los negacionistas del cambio climático. Estos son especialmente dolorosos. Creer que hay miles de científicos del mundo reuniendo datos y analizándolos para nada, o que responden a oscuros intereses, es realmente triste; de hecho, no cabe en cabeza lógica alguna. Este tipo de razonamiento es común a otras conspiraciones, pero en esta nos va el futuro a todos. El porqué de que estas ideas penetren en las mentes y se hagan hueco en la sociedad lo encontramos en el escaso conocimiento científico reinante, que impide razonar debidamente sobre aquello que se comunica. La propia carencia de filtro, de espíritu crítico en general, supone un lastre añadido, y esto habría que trabajarlo desde la tierna infancia. Ese lado irracional dado a creencias, que antes argumentaba, también debe influir en cómo nuestra mente procesa e interioriza la información, y en cómo conforma su cosmovisión. También se da el caso de los que simplemente prefieren acomodarse en una realidad construida en su mente, en vez de afrontar los hechos como realmente son. Haber hay de todo en este mundo.

Actualmente son escasos los científicos que niegan el cambio climático —por haber los hay que niegan la evolución también—. El consenso sobre que actualmente estamos viviendo un período de cambio global en el clima, y que este ha sido detonado por actividades humanas, roza el 100 % entre los expertos. Algunos de estos escasos negacionistas están al servicio de intereses ajenos a la generación honesta de conocimiento; otros parecen moverse por intereses que nadan entre la fe y el afán de llamar la atención. En el fondo, la realidad es que el cambio climático es la mayor amenaza a la que hace frente el mundo en su totalidad, y no estamos tratándolo como debiéramos. El ser humano no parece ser muy bueno previendo, sino actuando con eficacia ante emergencias repentinas. Si vemos una película en la que en una hora y media acontecen catástrofes mundiales, y el mundo tal y como lo conocemos se ve muy mermado, salimos de la sala muy impactados, sobrexcitados ante imágenes duras. Si día a día percibimos leves cambios que nos van avisando de algo, aun notando que en los últi-

La Estatua de la Libertad es arrasada por el agua en el cartel promocional de la película de desastres climáticos *The Day After Tomorrow*, de Roland Emmerich [20th Century Studios].

mos 20 o 30 años todo parece estar alterándose, nos cuesta movilizarnos con toda nuestra energía. El ser humano va capeando el temporal tal y como viene, se congracia con lo que le toca, y ante lo que aparece de forma paulatina ofrece menor capacidad de respuesta eficaz, simplemente lidia con ello. El cambio climático no es algo futuro, es algo que ya está ocurriendo, y va a impactar profundamente a las sociedades humanas, alejándolas de lo que hemos conocido en las últimas generaciones. La gente parece muy tranquila, pensando que es algo que ellos no verán, y ahí está otro error.

La ciencia prosigue avanzando en el conocimiento del tema y sus implicaciones. Valora multitud de escenarios en todo tipo de ecosistemas, con datos cada vez más rotundos que dan menos margen de error. La gente, en su día a día, percibe cómo las estaciones cambian, cómo cambia la fenología de animales y plantas, cómo parecen irrumpir con más frecuencia y fiereza ciertos fenómenos meteorológicos. Sin embargo, en las sociedades más desarrolladas —y que más responsabilidad tienen en este desaguisado— no se palpa una gran diferencia en cuanto a estilo de vida. Por su parte, las medidas políticas son tibias y poco tajantes; incluso se diría que van por detrás de lo que marca la incuestionable contundencia de la realidad que se nos viene. El hecho de que incluso ciertos sectores políticos, demostrando su irresponsabilidad, hagan política activa anticiencia, y nieguen el cambio climático, sumerge a la sociedad en la duda de si realmente será verdad, de si no estarán exagerando los científicos. La irresponsabilidad de unos afectará a la vida de muchos.

Pero espera, ¿a qué viene todo esto? Se supone que este es un libro sobre plásticos. A priori no parece haber mucho vínculo entre un tema y el otro. Sí, en efecto, ambos son graves problemas sobre los que se están haciendo esfuerzos de concienciación, ¿pero más allá de eso? Por extraño que parezca, problemáticas tan aparentemente distantes como el cambio climático y la contaminación por plástico han terminado por encontrar puntos en común, aliándose para sumar y acrecentar la lista de contras que acarrean en nuestro planeta. Parece mentira, pero estas cosas pasan. A veces los impactos estrechan su relación y terminan dándose hechos que no habíamos sopesado debidamente. Para ello merece la pena adentrarse en los pormenores de qué es el cambio climático, y con ello hilvanar hasta entender cómo es posible que el plástico pueda tener algo que ver. ¿Realmente hay tanto plástico en el planeta? ¿Y puede influir en el clima?

Que el clima cambie no es novedoso, ha venido ocurriendo con periodicidad a lo largo del tiempo. Así, hemos vivido glaciaciones, períodos interglaciares, e incluso una pequeña Edad del Hielo ya en tiempos históricos, durante la Edad Media. Habitualmente estas oscilaciones climáticas tenían una explicación basada en factores externos al planeta, como la actividad solar, o internos, como la actividad volcánica. La diferencia esta vez radica en que una especie, la nuestra, está siendo el motor de este acelerado cambio. Los hechos, las evidencias acumuladas avalan que en los últimos siglos, desde el momento en que nos entregamos a los combustibles fósiles y comenzamos a elevar el nivel de CO_2 atmosférico, algo empezó a pasar. Hoy sabemos que no solo el CO_2 está entre los gases que generan efecto invernadero, también se encuentra el metano, por ejemplo.

Realmente, estando presentes en su concentración adecuada, la presencia de estos gases es vital para el desarrollo de la vida como la conocemos. De otro modo nuestro planeta viviría una larga noche invernal, con eternas temperaturas bajo cero. El efecto invernadero tiene un sentido hasta cierto punto. Se trata de que el planeta esté dentro de temperaturas que permitan su habitabilidad, pero no de que nos asemos vivos. Es decir, que haya unos gases que absorben la radiación térmica que emite la superficie terrestre entra dentro de lo normal; de hecho, ha permitido que la vida se desarrolle en nuestro planeta. Lo que ha disparado las alarmas es que paulatinamente hemos elevado la concentración de estas partículas, de modo que solo en

CO_2 hemos incrementado su concentración atmosférica en un 40 % en poco más de dos siglos. Este gas se ha hecho famoso por ser el más íntimamente relacionado con las emisiones asociadas a nuestra vida diaria, pero resulta peculiar que otros gases mencionados como el metano tienen mayor potencial de calentamiento, aunque se hable menos de ello. Concretamente, una tonelada de metano tiene 23 veces más potencial de calentamiento que una de CO_2. La presencia de este gas en la atmósfera se ha visto igualmente incrementada durante los últimos siglos, a través de fuentes tanto naturales como otras algo más vinculadas a la expansión de las actividades humanas.

Actualmente las causas de emisión de metano asociadas al hombre vencen en importancia a las naturales. Actividades tan estrechamente vinculadas a la odisea humana de los últimos diez mil años como la agricultura y la ganadería colaboran para que el calentamiento global se esté incrementando a un ritmo vertiginoso. Los datos hablan por sí solos: la concentración de metano atmosférico ha crecido en un 150 % desde 1750, por el 40 % que se ha calculado para el CO_2 en el mismo período. Se estima que a la agricultura se debe casi el 50 % de las emisiones de metano a la atmósfera. El cultivo de arroz, uno de los principales del mundo, está entre los principales emisores de este gas. Acapara entre un 5 % y un 20 % de sus emisiones anuales. El ganado, por su parte, es responsable del 14,5 % de las emisiones, sobre todo a raíz de las flatulencias de rumiantes como las vacas, lo que ha dado juego para titulares de todo tipo. En un mundo con tal cantidad de ganado —el ganado ha sobrepasado ya a la biomasa total de vida salvaje—, controlar este tipo de emisiones parece resultar vital, sobre todo porque si incrementar el CO_2 en la atmósfera es una muy mala idea, hacerlo con el metano, que alberga mayor potencial para retener calor y repartirlo por el planeta, parece peor aún.

Y aquí es donde entra el plástico. Hemos ya explicado en detalle las cantidades de plástico que hay en todos los ecosistemas del mundo, pero no está de más recordar una vez más que hablamos de millones de toneladas de estos materiales sintéticos esparcidos por doquier. La inmensa mayoría de todo el plástico creado sigue existiendo y estando libre en el medio, donde ejerce diferentes impactos. Entre ellos hemos visto algunos más inesperados para el gran público, como la liberación de ciertos productos químicos durante su degradación, así como el proceso contrario, la asimilación de contaminantes que flotan a la deriva en el mar. En fin, cuando hablamos del problema del plástico no nos referimos solo a la presencia en el medio de este elemento contaminante, sino también de ciertas reacciones en cadena asociadas a ellos.

Por extraño que parezca, el plástico también es una fuente de emisión de dos gases de efecto invernadero, el metano y el etileno, que contribuyen así a incrementar más si cabe las concentraciones en la atmósfera de estos gases que contribuyen al calentamiento global. El responsable primario de esto es el polietileno, uno de los plásticos más ubicuos, presente por ejemplo en bolsas, film transparente, envases de todo tipo, tuberías, juguetes, biberones y un largo etcétera de productos de la vida cotidiana. Una vez en el medio —como sabemos ya, en gran cantidad—, sometido a agentes que lo degradan y lo deforman, en este caso principalmente la acción del sol, el polietileno comienza a liberar compuestos, entre ellos los citados metano y etileno, que se emiten a la atmósfera.

Esta liberación sucede durante un indeterminado período de tiempo, conforme el plástico va degradándose y fragmentándose. Puede extenderse tanto como esté presente un determinado plástico en el medio, lo que puede significar cientos de años. Según la investigación pionera que ha desvelado este último secreto del plástico, aquellos que pululan por el aire y que están expuestos directamente al sol generan más gases de efecto invernadero que los plásticos sumergidos en el mar. Esto se atribuye sobre todo a la diferencia de temperatura y a la diferente acumulación de calor que sufren estos cuerpos en ambos ambientes. Igualmente, el plástico a la deriva en el medio terrestre —el que flota en el aire— está menos expuesto a que lo colonicen microorganismos, como sí que ocurre en el agua, de modo que los plásticos fuera del medio acuático tienen más superficie expuesta a la radiación solar, por lo que más se deterioran y se rompen, emitiendo más gases. Esto ha de hacerse notar especialmente en ambientes calurosos.

Pensando en el tema, he recordado los vertederos organizados y los basureros descontrolados que abundan en todo el mundo. Montañas de plástico a la intemperie, al sol, recalentados no se sabe hasta cuándo. Ya los vertederos emiten bastantes gases de efecto invernadero, sobre todo a raíz de otros elementos en descomposición que en ellos yacen, como la materia orgánica. Claro que lo que se emite cuando se recurre a quemar las basuras, como se hace en muchos países indiscriminadamente, también contribuye al calentamiento global. Medir las emisiones de metano, etileno y cuanto se quiera en basura acumulada sería interesante, ya solo por tener una idea más amplia de hacia dónde extender lo que se concluye del estudio donde se ha demostrado la emisión de gases a partir del plástico. En este caso hablo desde mi desconocimiento del tema. No sé si medir emisiones en más plásticos y en más situaciones es factible o asequible desde el punto de vista técnico. En cualquier caso, proseguir en la búsqueda de conocimiento de hasta dónde llegan los tentáculos del plástico parece prioritario.

Párrafos atrás citaba algunos ejemplos clásicos de actividades asociadas al hombre, como la agricultura y la ganadería, que son responsables directos de que estos gases se hayan multiplicado considerablemente en el medio ambiente, con sus efectos asociados. Sumar una nueva fuente de emisión, que además está fuera de control y esparcida en millones de pequeños trozos por todos los lugares del mundo, parece la peor idea dentro de las peores ideas. Esto hace en primer lugar que el problema y sus posibles soluciones no puedan estar bien acotados, ya que ni siquiera terminamos de com-

Una máquina trabaja amontonando plástico en un vertedero [A. Fortuner].

prender en su totalidad por cuántos frentes distintos nos salpica. Por supuesto, solucionarlo de un modo real tampoco está en las previsiones inmediatas, por lo que los efectos del plástico, incluyendo este que ahora describo, seguirán dándose.

Sumar el daño que ejerce el plástico para el medio ambiente a este nuevo nexo de unión con el cambio climático arroja un escenario con múltiples focos, sobre los que hay que actuar con decisión si queremos frenar el deterioro de nuestro medio ambiente. Al cambio climático se le asocian diversos impactos que afectarán a todos los aspectos del planeta. Lo más conocido por el público es el derretimiento de los polos y la retracción de glaciares y de las cumbres con nieves permanentes, que están desapareciendo ante nuestros ojos, a simple vista. Por supuesto, todos sabemos que el nivel del mar está subiendo, lo que alterará la primera línea de playas, redibujando la costa, lo que afectará a los ecosistemas costeros. La distribución de plantas y animales pasará a ser distinta, ante la desertificación y la mediterranización de ciertos ambientes. Para algunas especies estos cambios en sus hábitats naturales serán tan severos que no lograrán prosperar en el nuevo escenario, y tenderán a desaparecer. Tal vez dentro de un siglo, el paisaje que hemos conocido en el sur de Europa sea más común en el centro del continente. Todo está ocurriendo demasiado rápido. Por supuesto, la agricultura, el agua potable y otros intereses humanos también se verán obligatoriamente alterados por el calentamiento global, con daños económicos y humanitarios que no somos capaces de imaginar.

A este escenario, el mayor reto ambiental al que se ha enfrentado la humanidad en su totalidad, sumemos el plástico, una nueva fuente de contaminación que requiere de sus propias medidas, su inversión y su trabajo de décadas. Para más inri, ambos problemas se unen y se alimentan. Toca seguir luchando por la conservación de la naturaleza y por las generaciones futuras.

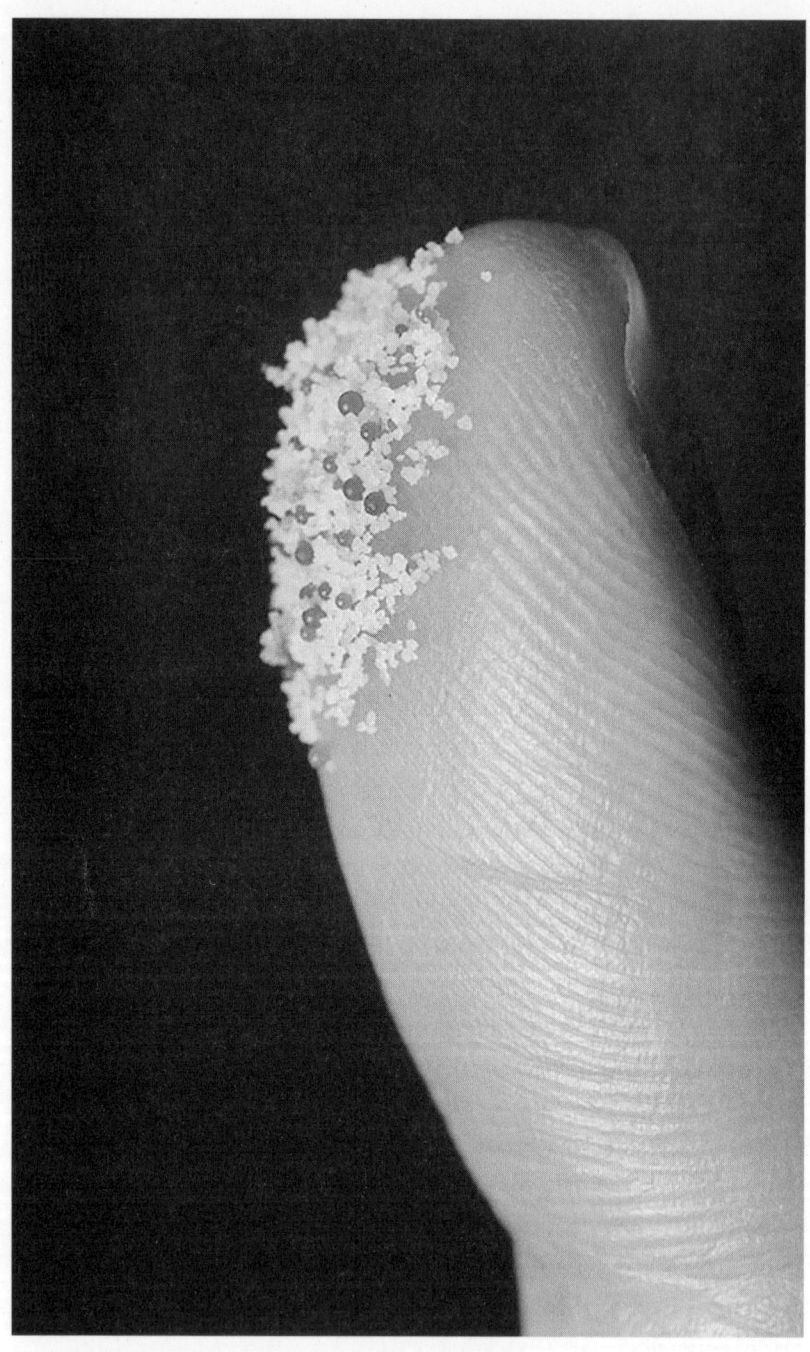

«Estas pequeñas esferas de plástico se añaden a productos de uso diario como agentes exfoliantes o para dar color y textura. Pero son tan pequeñas que pasan los filtros de los sistemas de depuración y se incorporan directamente a ríos, lagos y océanos.» [F. Dott/Archivo Greenpeace].

16. LO INVISIBLE A LOS OJOS

> *En un centímetro del colon residen y trabajan más bacterias que todo los humanos que han nacido a lo largo de toda la historia. Aun así, hay personas que siguen creyendo que somos nosotros los que estamos a cargo de este planeta.*
> Neil de Grasse Tyson, astrofísico y divulgador estadounidense

Recuerdo una anécdota que aconteció durante una clase universitaria durante mi etapa estudiantil. Los alumnos nos encontrábamos asistiendo a una clase en la que se nos estaba hablando de orgánulos de la célula; es más, si no recuerdo mal, se nos estaba explicando la historia de las mitocondrias.

Por curioso que parezca, en la clase, siendo la carrera de Biología, había algunos alumnos pertenecientes a corrientes religiosas contrarias a la evolución y a otras tantas ideas científicas. Qué hacían estudiando Biología es algo que desconozco, nunca llegué a saberlo. De repente una persona levantó la mano, se le veía crispado. Habló sin que el profesor llegara a invitarle a hacerlo.

—Yo no creo en eso, no puede ser —afirmó, rotundo y encolerizado.

—¿A qué te refieres? —replicó el profesor, contrariado.

—A que eso no puede ser. No me creo que las mitocondrias existan, eso es demasiado pequeño para existir.

De repente, hasta aquellos que desde las últimas filas del aula dormitaban más que atender se dieron codazos unos a otros. Menudo espectáculo parecía estar dando comienzo. El profesor no sabía muy bien qué decir, estoy convencido de que esperaba cualquier pregunta menos esa. Los alumnos se reían discretamente de la situación, ya que aquello era francamente surrealista. No recuerdo del todo cómo se solventó la situación, pero creo recordar que, tras un silencio incómodo y una contestación rotunda a la par que diplomática del profesor, la clase prosiguió en un ambiente enrarecido.

He querido compartir esta anécdota porque que algo sea pequeño para existir no evita que sin embargo exista. Hoy en día hay gente que lo niega, como niega otras tantas cosas, pero, como ya he dejado dicho, la realidad está por encima de lo que algunos individuos, pertenecientes a una especie con una curiosa historia evolutiva detrás, piensen sobre ella.

Durante mucho tiempo los microorganismos, como todo aquello que ha de verse al microscopio, fueron un gran misterio. Esto dio lugar a originales hipótesis sobre de dónde surgían las enfermedades e incluso sobre la reproducción de los animales. Así, se pensaba hasta hace pocos siglos que hay aves que surgen del agua o del barro, que las moscas nacen de la carne pútrida, otros insectos del sudor, las ratas y ratones de la ropa sucia, y el moho de la humedad en sí misma.

Por suerte, todo avanza. Construyendo sobre la ciencia hemos podido superar esa ingenua etapa para adentrarnos en el conocimiento real sobre la vida y sus misterios. Hoy tenemos abundante información sobre bacterias, virus, esporas, polen, algas microscópicas y sobre prácticamente todo lo que nos propongamos por muy esquivo al ojo humano que parezca. Nunca antes ha existido un nivel de conocimiento tan amplio sobre nosotros mismos y nuestro mundo.

Actualmente sabemos que el fitoplancton es clave para que podamos vivir: libera oxígeno a la vez que secuestra CO_2, y disminuye de ese modo la cantidad de este gas de efecto invernadero en la atmósfera. Resulta que más allá del Amazonas, al que siempre se le ha llamado el pulmón verde del planeta, hay millones de pequeños organismos en los océanos que también favorecen que la inmensa mayoría de especies actuales puedan vivir, siendo tal vez el verdadero gran pulmón. Aparte, el fitoplancton es la base de la cadena trófica de los ecosistemas marinos, junto al zooplancton. Lo que acontece en este nivel trófico repercute en multitud de especies que se alimentan de estos pequeños organismos. También sabemos de la importancia de las bacterias de la flora intestinal, grandes olvidadas, aunque ahora parecen estar en boca de todos. La flora intestinal cumple funciones importantes en la digestión, de ahí la insistencia en que en nuestro interior todo esté en orden y cuidemos la flora. Está bien que se haga entender a la sociedad que no todas las bacterias son nocivas, sino que muchas son beneficiosas, e incluso nos facilitan la vida.

A lo largo de los capítulos anteriores he dado leves pinceladas que explicaban cómo los plásticos liberan componentes tóxicos que se les han añadido previamente. Al haber tanto plástico en el medio son potencialmente altas las cantidades de sus aditivos que, una vez liberados, pueden concentrarse en la naturaleza; es más, estas sustancias se desprenden del plástico paulatinamente, conforme este se degrada, por lo que su liberación no es algo puntual, sino continuado durante los años que tarde ese plástico en desaparecer. Por otro lado, también reflejé brevemente el proceso opuesto, cómo compuestos contaminantes que flotan en el océano, procedentes por ejemplo de la industria, pueden adherirse a los desechos en suspensión, concentrarse a su alrededor y ser ingeridos por los animales junto al plástico. Obviamente, hemos visto cómo el plástico daña a diversas especies, a distintos niveles, desde las grandes ballenas a los pequeños crustáceos. Los componentes que el plástico libera, y aquellos que se le unen, dañan a diversos organismos, más allá del propio plástico en sí. Por último, también narraba cómo el plástico puede ser un hábitat en sí mismo con condiciones singulares que permiten la proliferación de unas comunidades de organismos frente a otros.

¿Qué puede pasar si unimos todo esto? Los últimos avances nos permiten adentrarnos en un mundo invisible, discreto, al que solo se ha podido acceder a través de la ciencia de más alto nivel. Más allá de los millones de aves, mamíferos marinos, tortugas marinas y el inmenso abanico de pequeños invertebrados que mueren por esta causa, parece que hay algo más. Realmente, a estas alturas del libro no ha de resultar muy extraño. Sabemos que el plástico impacta en todo tipo de especies, que lo haga con aquellos seres vivos imperceptibles a simple vista es solo un eslabón más de una larga cadena. De este modo, un estudio que ha visto la luz recientemente ha podido demostrar cómo el plástico daña a nivel microscópico los ecosistemas marinos. Para demostrarlo, experimentos en laboratorio han podido demostrar cómo la exposición a productos químicos lixiviados del plástico —en este caso de bolsas de supermercado y PVC— interfiere en el crecimiento, la actividad fotosintética y la producción de oxígeno de *Prochlorococcus*. Se trata de la cianobacteria fotosintética más abundante en los océanos, y en general el organismo fotosintético más abundante del mundo, por lo que este problema no es baladí. También han podido ver cómo se altera la expresión de diversos genes. El paso que viene a continuación ha de ser comprobar lo que ocurre en el medio natural. Desde luego, si organismos fotosintéticos microscópicos tan abundantes sufren por su interacción con algo que también puede ser abundante, nos enfrentamos a un escenario confuso. Vivimos un periodo convulso, con el calentamiento del planeta en franca aceleración sin que pongamos remedio. Dañar al fitoplancton, que nos regala oxígeno, y para más inri retira gases de efecto invernadero de los que ahora hay en demasiada abundancia, es algo que no podemos permitirnos.

No solo ocurre en el medio acuático, en el suelo los microorganismos y sus funciones asociadas se ven también alterados por la presencia de plásticos. Hay algún ejemplo que arroja luz a este nuevo mundo dentro de las investigaciones centradas en el plástico. Así, se ha podido comprobar que, al exponer a diferentes microorganismos terrestres a nanopartículas de poliestireno, en un mes la biomasa de microorganismos se ve afectada, así como el papel que realizan. Por lo tanto, el plástico, una vez convertido en micro y nanoplástico, tendría función antimicrobiana. Eso me trae a la mente esos lodos de aguas residuales cargados de micro y nanoplásticos, y las toneladas de estas partículas que van río abajo hasta el mar cada año. También me recuerda el efecto que puede tener en zonas donde hay vertederos enterrados, o en zonas agrícolas donde los plásticos están ya mezclados con el suelo, y quedarán ahí para cientos de años.

Los plásticos no solo dañan a microorganismos que viven libres en el medio. Hemos visto que el plástico ejerce una serie de daños cuando es ingerido por la fauna. La cita con la que abría el capítulo hace mención de la cantidad de microorganismos que tenemos dentro. Atendiendo a esto, ¿podría el plástico dañar a microorganismos que viven asociados al interior de los animales? Ahora se empieza a detectar el impacto de los microplásticos en la flora intestinal, de animales tanto terrestres como acuáticos. Mucho de lo que ve la luz es aún en condiciones de laboratorio, pero revela que indudablemente los plásticos tienen un efecto. Un clásico de los laboratorios son los ratones, en los que se ha podido constatar cómo la ingestión de microplásticos añadidos al agua reduce la composición de la flora bacteriana que tienen en el tracto digestivo, y a la abundancia de la misma. En otro orden de cosas, también se ha podido comprobar en estos mismos ratones desórdenes metabólicos asociados a la presencia de partículas sintéticas circulando por su interior. Además, comenzaron a secretar menos moco intestinal, que cumple función antiinflamatoria, y también mostraron alteraciones en el transporte de iones. En un trabajo paralelo, en ratones expuestos a poliestireno se han podido corroborar estos efectos. Además, se

Un hombre sujeta con sus manos un montón de pellets de plástico de color blanco [Malanis].

ha podido ver cómo los ratones expuestos a microplásticos vivieron menos, pesaban menos y eran más pequeños, además de presentar alteraciones hepáticas.

A estos ratones los microplásticos se les suministraron por agua. Nosotros bebemos agua del grifo, que presumiblemente puede tener microplásticos que pasan desapercibidos. Millones de animales marinos viven en agua cargada de plástico en sus más diversas formas. Todos tenemos flora intestinal, por lo que estos primeros ensayos en laboratorio pueden ser un magnífico indicativo de lo que puede esperarnos si seguimos saturando el planeta de pequeñas partículas a las que apenas empezamos a conocer.

Por ahora hablaba de efectos negativos del plástico sobre los microorganismos que nos rodean; pero, como todo, aparte de perdedores hay ganadores. El plástico altera el ecosistema simplemente con su presencia, al incrementar considerablemente la cantidad de objetos flotantes en el medio acuático, por ejemplo, convirtiendo algunas zonas en sopas de pequeñas partículas sintéticas. Esto a su vez altera diferentes patrones fisicoquímicos de ese paisaje en cuestión. Lo cambia, pasa a reunir otras condiciones, y ahí hay ganadores que proliferan entre tanto perdedor que no es capaz de valerse ante tan repentina novedad. De este modo, hay bacterias que pueden aferrarse al plástico y convertirlo en sustrato en el que crecer. Igualmente, las nuevas condiciones del medio pueden hacer que proliferen, aunque no necesariamente aferradas a los plásticos en sí, sino beneficiadas por las nuevas condiciones del medio. Hay ejemplos de ello, y no pueden dejar indiferentes. De entre los microplásticos más conocidos destacan las lágrimas de sirena, técnicamente *pellets*, de los que ya hablé en algún momento previo. Son unas pequeñas esferas blanquecinas de plástico que sirven de materia prima para fabricar con ellas todo lo que nos rodea basado en el plástico. Las lágrimas de sirena son, a juicio de muchos, el microplástico más abundante en playas de todo el mundo, ya que caen de los barcos que las transportan, y dispersan con gran facilidad y velocidad. Es algo más común de lo que cabría esperar, ya vimos el ejemplo de los patos de goma y las piezas de Lego. Cada vez que un contenedor cargado de *pellets* cae al agua se liberan billones de estas pequeñas perlas contaminantes. También pueden escaparse de las fábricas donde se trabaja con ellas, o ser desechadas por el desagüe.

Una vez en el medio, las lágrimas de sirena son ingeridas por diversas especies, que las confunden con alimento, pero más allá de eso pueden liberar compuestos y ser sustrato al que otros organismos se adhieren, o lo usan como balsa; de hecho, las lágrimas de sirena cuentan como uno de los agentes de transporte y almacenaje de tóxicos más abundantes de los océanos. Aparte, que es lo que nos interesa en este capítulo, también son el hogar de diversas bacterias. Ahora, sabemos más de algunos ejemplos de bacterias que hacen de estos microplásticos su hogar. Lo negativo para nosotros, en primer lugar, es que se está viendo en playas de gran afluencia de personas en periodo estival. En segundo lugar, algunas de las bacterias halladas son vectores de patógenos (*Vibrio sp.*) e indicadoras de contaminación fecal (*Escherichia coli*). Esto supone un peligro adicional de los plásticos, porque al tragarlos sin querer, o el simple hecho de permitir que ciertas bacterias proliferen en aguas en las que todos nos bañamos, puede acarrear problemas de salud con los que no contamos, aparte de provocar la pérdida de las tan ansiadas banderas azules, asociadas a calidad de las playas. Más allá de las bacterias hay microalgas, que pueden colonizar igualmente la superficie de los plásticos. Como pasa con las bacterias, allí pueden proliferar y generar, bajo ciertas condiciones, explosiones masivas que obliguen a cerrar playas temporalmente. Ambas, bacterias y algas, pueden facilitar la aparición de problemas gastrointestinales, infecciones en ojos y otras partes del cuerpo, y problemas respiratorios.

Evidentemente, para el ecosistema no es importante que nosotros vayamos a la playa, pero las comunidades de organismos presentes en ese entorno sin duda se verán afectadas por estas repentinas explosiones demográficas, facilitadas hasta cierto punto por los plásticos. Además, como el plástico transporta eficazmente polizones, esta película de bacterias que lo coloniza puede viajar en ellos y desencadenar que ciertos microorganismos asociados a problemas de salud y ambiental lleguen a otras regiones.

Como otros tantos aspectos que he desvelado en el libro, la interacción de los plásticos con microorganismos de toda índole ha empezado a estudiarse ahora, queda mucho por saber. En este caso se necesitan laboratorios, y una visión que va más allá de la ecología y la biología de la conservación. En cuestiones como esta se nota la importancia de ser multidisciplinar, porque hay que incluir a microbiólogos, expertos dentro de la biología que aún no parecen haberse adentrado en el estudio de los plásticos, al considerar posiblemente que era algo que no presentaba interés para ellos. El del plástico es un mundo de sorpresas, expertos de prácticamente cualquier área de estudio pueden tener algo que decir.

Enero de 2012. El mítico submarino amarillo con el que el explorador Jacques Cousteau encandiló a varias generaciones se expone en la plaza del Museo Oceanográfico de Mónaco [Baloncici].

17. LA ÚLTIMA FRONTERA

Viajar sirve para ajustar la imaginación a la realidad y para ver las cosas como son en vez de pensar cómo serán.
Samuel Johnson, escritor inglés

No somos conscientes, pero hubo un tiempo en que el mundo acuático era el gran desconocido, un mundo aparte. Las generaciones actuales hemos perdido la perspectiva. Casi todos hemos crecido en un mundo en el que desde nuestra infancia estamos sobreexpuestos a imágenes, es inevitable que perdamos algo del sentido de la fascinación. Esto nos hace incapaces de entender que hace poco tiempo esta difusión de información no era tal. Piénsenlo bien, sin gafas ni equipos autónomos de buceo las posibilidades de maravillarnos ante ese mundo, tan diametralmente opuesto al cotidiano, eran remotas. Vivíamos en el planeta azul, pero el gran azul permanecía siendo un gran secreto, el mayor de todos.

Al pensar en personajes vinculados al mundo submarino indudablemente viene a la mente Jacques Cousteau, investigador, inventor y ecologista francés, al que debemos entre otros grandes logros el haber mostrado al gran público por primera vez filmaciones inéditas de la vida acuática. Este marino, con su característica figura de pelo canoso y nariz aguileña, descubrió todo un mundo que se nos había vetado hasta ese momento. Con su labor divulgativa sentó las bases para que proliferaran vocaciones de aventureros y biólogos marinos en todo el mundo.

No obstante, el rompecabezas del mundo abisal, dominado por la oscuridad y el silencio, sigue sin tener ordenadas todas sus piezas. Actualmente suele decirse, a modo de tópico, que conocemos más de la Luna que de los propios fondos marinos de la Tierra. Aunque como toda frase sacada de contexto esto puede tener algo de exagerado, al menos sí que podemos afirmar que el del fondo marino se trata de un mundo entre tinieblas, iluminado solo por escasos destellos humanos en toda su historia, y solo comprendido en mayor medida a partir del siglo XIX. Cuando el ser humano fue capaz de adentrarse en el conocimiento de los misterios de las profundidades descubrió que, lejos de las remotas ideas que lo imaginaban como una eterna planicie, el suelo marino estaba compuesto por un mundo de montañas, valles, mesetas y llanuras. Es este un mundo enigmático, regido por la penumbra eterna, donde los hijos más insospechados de la evolución han adquirido fantasmagóricas formas.

La fosa de las Marianas, con 11 kilómetros de profundidad, atesora el honor de ser el punto más profundo de los océanos. Durante millones de años de evolución, la luz ha sido un ente desconocido para los organismos que han surgido en ese mundo dentro de otro mundo. En 1960, otro Jacques, en este caso Piccard, acometió la inigualable hazaña de viajar a las profundidades de la Tierra junto a Don Walsh, penetrando hasta los 10.900 metros, punto en el que tocaron tierra. No soy capaz de imaginar lo que debieron sentir estos dos osados aventureros modernos en los diferentes momentos del descenso: primero, despedirse de la luz y el frescor de lo conocido para adentrarse en un pequeño habitáculo hacia lo ignoto; acto seguido, descender durante horas, a sabiendas de que cualquier fallo sería irremediable, sintiendo sus propios latidos, la respiración contenida por la emoción del momento; conforme se hundían en las tinieblas, ser conscientes de que estaban haciendo historia, llegando más lejos que cualquier otro ser humano. Debe ser increíble ser consciente de que estás firmando tu entrada en la historia de la humanidad.

La hazaña de descender hasta el fondo de la fosa de las Marianas ha sido repetida en pocas ocasiones más. La siguiente fue en 2012, cuando James Cameron, el taquillero cineasta realizador de *Titanic* y *Avatar*, cumplió su sueño de viajar al fondo de la Tierra gracias a una multimillonaria expedición. En mayo de 2019, mientras daba las últimas pinceladas a este libro, un nuevo explorador multimillonario, Victor Vescovo, ha batido el récord de profundidad al llegar prácticamente a esos 11 mil metros de profundidad. Esto reafirma la dificultad de moverse en ese territorio prohibido, un mundo perdido ajeno al ajetreo de la superficie. Los fondos abisales siguen representando la última frontera, el ambiente más inexplorado y ajeno al mundo humano... o no. Durante décadas el lecho marino ha funcionado también a modo de alfombra bajo la que esconder la basura, e incluso como vertedero de residuos tóxicos y radiactivos. Si ya el mar, en general, sirve de vertedero donde ocultar vergüenzas, el fondo, lo que ningún ojo ve, ha sido el lugar predilecto para tales artimañas.

Más allá de lo que premeditadamente se oculta en los rincones oscuros de los mares y océanos, aquello que discurre por las capas superiores de la columna de agua puede igualmente precipitarse en una lenta peregrinación hacia el fondo. En este sentido, se conoce como nieve marina a las partículas orgánicas en suspensión que caen lentamente hacia el fondo del mar y nutren a la vida que allí reside, en paciente espera del maná caído de su particular cielo. Creo que saben a lo que me refiero. Son esas motas persistentes que se ven en los vídeos filmados en las profundidades, entre los peces e invertebrados que habitan esa dimensión. Hoy en día, la realidad demuestra que la nueva nieve marina puede tener mucho de plástico, de ahí que estudiar las consecuencias que puede tener la presencia de microplásticos en los sedimentos del lecho marino resulte vital.

Se puede decir que la ciencia ha empezado a trabajar para acabar con el mar de dudas en torno a la presencia de plásticos en lugares insospechados. En la plataforma continental, es decir, el fondo marino cercano a la costa, se han detectado concentraciones de microplásticos sorprendentes. Estos residuos se vinculan a las propias manchas de contaminación que hay en la columna de agua, o al plástico procedente de la línea de costa. Pero viajando más allá, pongamos que desde los 1.000 metros de profundidad en adelante, se desconocía qué estaba ocurriendo. No es fácil operar a tales profundidades, y menos buscar una aguja en un pajar, como puede ser hallar plásticos en el ecosistema más amplio de todos los acuáticos. Sin embargo, en 2013, por primera vez en la historia, se han hallado microplásticos a esta distancia de la superficie. No conocemos mucho de lo que esconden estas inexploradas regiones fuera de foco, no hemos filmado casi nada de la biología de estas especies, pero ahora sabemos que la contaminación por plásticos ha llegado a sus vidas.

Desde ese momento hasta hoy se ha podido incrementar el conocimiento sobre la presencia de estos elementos anómalos en el fondo marino. Se ha detectado en primer lugar la ingestión de microfibras —es increíble, ¡están en todos lados!— por parte de organismos marinos que viven hacia unos 1.000 metros de profundidad. Un estudio paralelo con más de una década de recorrido buscó plásticos entre los 1.000 y los 4.000 metros de profundidad y pudo obtener proporciones, más allá de citas esporádicas: hasta 40 microfibras en 50 mililitros de sedimento. Este mismo estudio también analizaba corales de fondo, y concluyó que las microfibras y otros plásticos también se estaban depositando sobre estos animales de vida sésil. Los japoneses, reyes de la tecnología, han ido aún más allá, realizando durante más de treinta años grabaciones acuáticas a más de 5.000 metros de profundidad. Gracias a ello han podido elaborar una gran base de datos que ha demostrado claramente cómo la basura cobra protagonismo en el fondo marino conforme avanza el tiempo, especialmente la que nos ocupa en esta obra, el plástico, que fue el desecho humano más observado durante sus trabajos. Para que no creáis que se trata solo de sitios familiares —si se puede considerar cerca un sitio a miles de metros de profundidad—, una expedición germano-rusa encontró plásticos hasta los casi 6.000 metros de profundidad en Kamchatka, concretamente en la fosa de los Kuriles, lejos de grandes focos de actividad humana. Por añadir otro ejemplo, la hazaña de Victor Vescovo que describía al comienzo, además de superar el récord de profundidad que el ser humano ha alcanzado, también ha añadido el récord de ser el lugar más profundo donde se han encontrado plásticos, concretamente bolsas y envoltorios de caramelo.

No deja de resultar curioso cómo poco a poco, año a año, se han ido encontrando plásticos a más profundidad, y en animales que viven en lugares aún más remotos, donde apenas hemos llegado una vez a lo largo de la historia. Ya vimos en el capítulo destinado al mar Mediterráneo cómo diferentes animales que habitan aguas profundas, e incluso el lecho marino, están ingiriendo plástico. Justo acabo de citar ejemplos a diferentes profundidades, cada vez más lejos de la superficie. Queda mucho por conocer de la ecología de los seres que habitan los fondos, pero sabemos que tienen plástico, lo que resulta muy curioso. La pregunta final es si el plástico habrá llegado a los seres vivos que viven en las zonas más profundas del mundo, si en aquellos remotos enclaves a los que apenas hemos sido capaces de asomarnos en un par de suspiros esporádicos de nuestra historia sí que habrá llegado de forma palpable el daño del plástico.

Una de las aproximaciones más recientes ha logrado generar evidencias para demostrarlo y sacarnos de dudas con datos, como debe ser. Esta investigación ha tenido por protagonistas a algunos de los más discretos habitantes del fondo. Se trata de los anfípodos, unos crustáceos que para la gente ajena a la ciencia podrían asemejarse a unos pequeños camarones. Ha sido en este mismo 2019 cuando un grupo de científicos ha podido detectar microplásticos en el 72 % de ejemplares de estos crustáceos, capturados entre los 7.000 y casi 11.000 metros de profundidad, en seis de las zonas más profundas del mundo. Estos anfípodos contenían al menos una partícula de material de procedencia humana por individuo, volviendo a destacar el nailon, el polietileno y algunos plásticos de los que hemos hablado a lo largo del libro. Estos datos suponen la entrada del plástico en la red trófica existente en ese desconocido hábitat, porque a los anfípodos se los comen otros animales, y a estos a su vez otros. El pez grande se come al chico, como suele decirse. La nieve marina no cesa de depositar plástico, y este ya forma parte de la vida abisal antes siquiera de que seamos capaces de conocer a buena parte de sus integrantes y sus hábitos de vida. Como curiosidad, hoy se estima que el 92 % de los desechos presentes en los fondos oceánicos provienen de objetos de un solo uso, lo que sirve para recalcar la sinrazón del desaforado consumo en el que vivimos instalados. Más allá de eso, es posible que gran parte de la ingente cantidad de plásticos que flotan en la columna de agua terminará depositándose, en algún momento, en un punto insospechado del lecho marino. La ley de la gravedad no atiende a razones. Los plásticos se extienden cada vez por más rincones, su éxito es imparable.

Los fondos marinos, en cualquier caso, no han sido la última región inexplorada del mundo. Una vez quedaron atrás los siglos de las grandes expediciones por selvas, desiertos y mares remotos, la indomable inercia viajera humana puso sus ojos en las pocas regiones vírgenes que quedaban por ser retratadas. El anhelo humano por viajar, por vivir aventuras y alcanzar la gloria había puesto su atención en los polos —antes de hacerlo en los fondos marinos—. La conquista de los extremos de nuestro planeta está escrita con letras mayúsculas en la historia humana. La disputa por estas tierras y las materias primas que en ellas subyacen, sobre todo en el caso de la Antártida, vetada a la explotación humana más allá de la ciencia por un acuerdo internacional, han mantenido un aura de paraíso helado para nuestros polos. Es probable que durante el transcurso del presente siglo esta situación vire hacia algo más desagradable, dada la voracidad que los países que dominan el globo muestran hacia los recursos de nuestro planeta, y a la patente escasez que algunos de ellos comienzan a mostrar en materias primas de las que hacen girar el mundo humano. El cambio climático, una fuerza imparable que altera todo lo que hemos conocido, aumenta la sensación de irreparable pérdida de los dos reinos helados de nuestro mundo, que parecen esperar su fatal destino separados en lados opuestos del globo. Ya no quedan lugares prístinos, la imparable rueda de generar basura no cesa de girar, y el plástico también ha llegado al reino de los hielos.

Comencemos por el polo sur. Para el más recóndito de los lugares del mundo no ha sido posible huir del impacto humano. En los últimos años, los datos han hablado por sí mismos, arrojando el desesperanzador dato de que el plástico ha cobrado su protagonismo también en aguas del océano Antártico, en forma de macro y microplásticos. Lugares vinculados con la aventura y la fuerza de lo salvaje, ahora también lo están con la contaminación. De este modo, se han hallado partículas en las islas Georgias del Sur, hogar de pingüinos, en el mar de Weddell, y en diversos puntos entre Australia y la Antártida. Dada la poca actividad humana en esta vasta franja de territorio, se considera que las corrientes son las responsables de estar trasladando los plásticos a la que se consideró la última tierra a salvo de las dentelladas humanas. Cómo afectará la creciente presencia de plástico a las cadenas tróficas de esta región del mundo será algo que los investigadores futuros tendrán que mostrar, pero, atendiendo a lo que se conoce para el resto del mundo, no esperen sorpresas positivas.

Al polo norte no parece haberle ido mucho mejor. Groenlandia y el mar de Barents muestran concentraciones de plástico flotante procedente de zonas remotas, que, tras viajes de años de duración, entran en las corrientes de estas regiones heladas y terminan por circular al norte del norte. Pero salgamos del agua por un momento. En el Ártico también el hielo presenta microplásticos. Esto no es moco de pavo. El hielo, durante su formación, atrapa partículas presentes en el agua y las retiene sin fecha de caducidad, tal vez durante milenios. Actualmente se sabe que el hielo del polo norte ha pasado a englobar en sus entrañas concentraciones de plástico similares a las de la famosa isla de plástico del Pacífico Norte. Estas partículas quedarán liberadas conforme el calentamiento global acometa lo que parece obvio, incrementando de este modo la presencia de microplásticos libres en el agua. En cuanto a la fauna, ya detallé anteriormente algunos efectos sobre aves árticas y sobre los osos polares, por citar los dos ejemplos más sonados.

Existe un tercer polo, llamado así metafóricamente, y que también se vincula a la aventura, a la superación de los límites humanos: el Everest, el punto más alto de nuestro planeta. Un símbolo de lo inexpugnable, convertido en las últimas décadas en una suerte de parque temático para turistas, que llegan con dinero a donde no podrían llegar de otro modo. Periódicamente aparecen en medios de comunicación reportajes que alertan de la muerte por éxito del rey de los picos. Muestran cómo la dejadez humana alcanza hasta lo que hasta hace poco pertenecía al mundo de lo inexpugnable. Han bastado 65 años de expediciones para convertir el Everest en un vertedero, un circo de basuras multicolores que se acumulan a la vista de todos. Conforme el hielo se derrite aparecen nuevas basuras que habían sido sepultadas por la propia naturaleza helada de la alta montaña, sumándose a la que anualmente dejan allí los exploradores sin sentido común, que como si se tratara del cine o un concierto, hacen cola esperando a hacer cumbre en el Everest. Que hayamos generado un problema de gestión de residuos en el punto más alto del planeta da buena cuenta de cómo, de un modo u otro, estamos dispuestos a no respetar ningún rincón. Obviamente, a más de 8.000 metros de altitud no habrá organismos que puedan ingerir esos plásticos y otras basuras, no se producirán los desastres que de modo tan obvio se manifiestan en el resto del planeta. Pero no nos equivoquemos, se pueden dar problemas de contaminación de aguas por los lixiviados de la basura de los campos base, ubicados a distintas alturas en estos paraísos del alpinismo. La estampa del Everest se enrarece, al convertirse en el vertedero más alto del planeta, un parque temático a merced del turismo de masas.

Recientemente el mal de los plásticos ha aterrizados en más rincones de la alta montaña. Los glaciares, al igual que los polos, están erigiéndose como abanderados del cambio climático. Las secuencias de imágenes en las que se muestran fotos de glaciares de hace un siglo, comparándolas con su estado actual, no permiten mirar a otro lado con indiferencia. Los estamos perdiendo, el deshielo es evidente año a año. El ejemplo que más ha sonado últimamente es el del glaciar de Forni en los Alpes italianos. Allí, un estudio que ha salido a la luz mientras me encontraba terminando de escribir este libro, ha revelado cifras de hasta 75 partículas de microplástico por kilogramo de sedimento. Una estimación del total de plástico que podría albergar el glaciar arroja una sorprendente cifra, que oscila entre los 131 y 162 millones de partículas de microplásticos para este enclave. Si ustedes atan cabos y se intentan explicar cómo ha podido suceder esto a 3.000 metros de altura, lo primero que se me viene a la mente es parafrasear la canción de Bob Dylan y canturrear aquello de: «*The answer, my friend, is blowing in the wind*» (La respuesta, amigo mío, está flotando en el viento).

Evidentemente, los Alpes no tienen nada especial que haga que a esa cordillera llegue plástico mecido por el viento. Conforme los investigadores tomen muestras en más glaciares y cadenas montañosas del mundo hallarán más escenas similares, y más si hay grandes núcleos poblacionales cerca, como es el caso de Europa, un continente muy humanizado. El último ejemplo que une plásticos y

Zona de esquí en Santa Caterina Valfurva junto al Forni, Alpes italianos [Lena Si].

alta montaña en salir a la luz lo tenemos bien cerca: los Pirineos. En la cordillera que separa a nuestra península del resto de Europa el plástico no ha encontrado fronteras, así que resulta que el aire puro de la montaña ha dejado de serlo. En este caso, un estudio realizado en zonas aparentemente alejadas del mundanal ruido, en rincones pirenaicos recónditos, ha hallado concentraciones de microplásticos similares a las que pueden encontrarse en grandes aglomeraciones urbanas. Así, una serie de mediciones han revelado que cada día llega a la alta montaña, a través del viento, una media de 365 partículas por metro cuadrado. La mayoría son de escasas micras, menos de un milímetro, lo que los hace imperceptibles a simple vista. Unas motas de polvo más, salvo que son de colores, y que durarán centenares de años.

La atmósfera parece estar actuando como un insospechado medio de transporte de plásticos por todo el mundo. Así se puede obtener una visión más completa de cómo y por qué llega el plástico hasta a los rincones más insospechados. Pero el viento no es el único fenómeno que puede hacer llegar plásticos a paraísos aparentemente fuera del ajetreo humano directo. La lluvia y la nieve pueden igualmente depositar materia en suspensión que vaga por el aire. Como llover y nevar puede darse en casi cualquier sitio, esto hace que el lugar donde los plásticos aterricen pueda ser prácticamente cualquiera. Esto amplía en cierto modo las hipótesis que manifiestan que hay más plástico donde hay más gente, o en las grandes ciudades, haciendo ver que, lejos de la realidad, los microplásticos emprenden su camino y llegan a todos lados. El polvo sahariano viaja por la atmósfera hasta España, y qué digo, hasta el mismísimo Amazonas. Ahora sabemos que el microplástico también puede distribuirse por vía aérea a cualquier rincón el mundo, regando hipotéticamente cualquier porción de territorio, sea humanizada o virgen. No hay paz para el mundo, allá donde no estamos establecidos también perjudicamos. Las zonas más remotas, las que más permanecieron ajenas a la presión humana, lo que hasta hace poco solo podíamos imaginar, al no tener ni imágenes reales, todo sucumbe. Hoy, en este planeta donde las distancias cada vez se acortan más, las regiones inexploradas han pasado a ser parte del vecindario global, de modo que nuestra huella acompañará inexorablemente el futuro de lo que un día fue fuente de los más altos anhelos de la grandeza humana.

18. *HOMO PLASTICUS*

*Cuando el hombre se mira mucho a sí mismo llega
a no saber cuál es su cara y cuál es su careta.*
Pío Baroja, escritor español

Durante la lectura de este libro hemos viajado alrededor del mundo desde el punto de vista del plástico y sus problemas asociados. No es el motivo más hermoso para viajar virtualmente por el globo, lo asumo, pero resultaba necesario hacerlo. Juntos nos hemos trasladado tanto a lugares remotos como a otros que nos resultan cotidianos, viendo lo que el plástico fuera de control está desencadenando en nuestro planeta. Algo me dice que, conforme avanzaban los capítulos, ayudados por alguna pista que he ido dejando por el camino, os habrán surgido diferentes reflexiones. La más obvia de todas, la que en el fondo de vuestra alma más os sobrecoge, intuyo que gira en torno a cómo nos afecta todo el problema de la contaminación por plástico a nosotros mismos. No me refiero al daño ambiental, que supongo que ha quedado claro, sino a nosotros en sí, a nuestro organismo y a nuestra salud inmediata.

A lo largo del libro han aparecido multitud de ejemplos que no os habrán dejado indiferentes. De especial interés para la salud humana son aquellos que se referían a las especies que comemos, los animales y plantas que están presentes en nuestros supermercados y restaurantes favoritos. He hablado brevemente de que las plantas pueden incorporar nanoplásticos, y que estos compuestos de reducido tamaño son absolutos desconocidos, que pueden fluir libremente por lugares del interior de los seres vivos, allá por donde sus hermanos mayores no pueden penetrar. También hay compuestos tóxicos liberados por los plásticos que pueden entrar en la red trófica. Hemos visto cómo multitud de organismos, al alimentarse unos de otros, ingieren a su vez el plástico que estos llevaban dentro, y que a estos se los podían comer otros. Tanto a los más pequeños como a los más grandes podemos llevarlos a la mesa, por lo que en diferentes momentos os habrá asaltado una maliciosa pregunta incómoda: ¿estamos comiendo plástico?

Si alguien creía que estamos conformados de algo especial que nos hace inmunes al plástico, algo así como un escudo que nos libra de él, se equivoca. No somos un ser externo al planeta, aunque así lo pensemos. Hay muchas diferencias entre lo que uno cree que es y lo que realmente es. Si los animales beben y comen plástico, nosotros también lo haremos. Vivimos en el mismo planeta, y estamos obteniendo recursos de los mismos sitios, no vivimos en una burbuja aparte. Dicho esto, hay que decirlo con rotundidad: estamos comiendo plástico, bebiendo plástico y respirando plástico. Y esto nos afecta a todos, aquí no caben fronteras. Un problema global tiene repercusiones obviamente globales.

Ante esto, creo que lo mejor es tratar el tema sin adornos ni atajos. Cada vez salen a la luz datos más alarmantes sobre la presencia de los plásticos en nuestros alimentos y productos del día a día. Evidentemente nosotros no comemos macroplásticos, es decir, no vamos a obstruir nuestro estómago por ingerir tapones de botellas, ni vamos a confundir bolsas de plástico con ningún otro alimento, como los desafortunados animales marinos. Lo nuestro entra en la categoría de lo indetectable, de lo que poco a poco transita por nuestro cuerpo sin dar señal alguna de estar ahí.

En este sentido somos más bien como los invertebrados, y como los grandes filtradores como las ballenas y los tiburones ballena, que ingieren microplásticos sin querer, mientras se alimentan de lo que realmente están interesados.

No sé si recuerdan el ya remoto lejano capítulo de las ciudades, en el que hablaba sobre la ingente cantidad de microplásticos que pululan por las calles y hogares del mundo entero. Pues bien, si respiramos, caminamos, dormimos, bebemos y comemos en este entorno, es probable que estos elementos invisibles interaccionen con nosotros de forma pasiva. Dicen los datos que una persona de una gran ciudad puede llegar a ingerir 70 mil partículas de microplástico al año, por ejemplo al respirar aquellas que flotan en el aire removidas por el tráfico, por los enormes aires acondicionados de centros comerciales y por el propio viento. Durante su largo pulular mecidos por estos elementos, las fibras textiles, al igual que otros pequeños plásticos, pueden terminar depositándose de nuevo en la acera. No obstante, existen ciertas probabilidades de que terminen cayendo en el agua que bebemos o en la comida, ya sea durante su proceso de elaboración o en la mesa de casa.

La presencia de plásticos en la comida es lo que más cola está trayendo. La vía más evidente mediante la que estas pequeñas partículas pueden ser transportadas a nuestro interior es a través de los productos del mar, los mayores acumuladores de plástico en su interior. Cada vez se abren más hueco en los titulares de medios internacionales las noticias que hablan de especies de interés pesquero en las que se encuentra plástico, alertando sobre ello, aunque tenga poco efecto. Ya he descrito algunos a lo largo del libro. Entre los casos más recientes en saltar a la luz pública se encuentran las caballas de Canarias —concretamente de Lanzarote y Gran Canaria—: el 80 % de las analizadas ha resultado albergar en su interior este inesperado desecho. En total se encontraron 260 microplásticos dentro de 94 peces, que no son pocos. En este caso los microplásticos resultaron ser mayoritariamente fibras textiles, para cuya procedencia en el medio marino se sugiere que ha de ser los hogares, cuyas aguas son vertidas al mar sin que las pequeñas partículas de nuestra vida cotidiana se depuren adecuadamente. Para este trabajo han obtenido datos directamente de peces y mariscos seleccionados en los mercados, donde estaban a la venta. De este modo se han encontrado plásticos en multitud de peces de diversas especies y en mariscos. Por hacer un ligero resumen, a lo largo y ancho del mundo se han encontrado microplásticos en peces espada y atunes, en multitud de peces comerciales como la sardina, y en una amplia variedad de invertebrados, entre ellos diversos bivalvos como los mejillones y las ostras. Desgraciadamente, ni esto parece hacer saltar las alarmas.

Otro alimento cotidiano clave para las sociedades humanas, la sal, también se ha visto envuelto en la polémica de los plásticos. Las salinas son rincones fotogénicos, su funcionamiento artesanal supone una muestra de inteligencia humana conocida desde tiempos remotos. El modo más habitual de obtener sal es aprovechar el agua marina haciéndola fluir hacia unos recintos cerrados donde el agua se evapora lentamente. La sal queda en el suelo, lista para ser recolectada. A estas alturas del libro intuyo que veis el mar de otra manera, casi como una sopa de polímeros de plástico. No es difícil imaginar que si hay plástico en el agua, y el agua se hace circular hacia unos compartimentos, el plástico fluirá con ella. Como también intuiréis, el plástico no se evapora con el agua, sino que queda depositado en el suelo, que tras la evaporación estará formado por una costra de sal. De ahí a nuestro hogar y a nuestro interior tan solo hay varios pasos, concretamente los que van desde las instalaciones de procesamiento y empaquetado al supermercado más cercano, y de este a casa.

Atendiendo a la masiva presencia de microplásticos en los mares y océanos, las probabilidades de que estos terminen por aparecer en sal de todo el mundo son muy altas, por lo que los resultados que ya se han arrojado a la luz pública no son sorprendentes. Hoy sabemos que aproximadamente el 90 % de las marcas de sal que consumimos en casa contienen microplásticos, una noticia desagradable. En el estudio donde se lanza esta escalofriante cita se analizaron marcas de 21 países de todo el mundo. Aquellas con mayor concentración fueron las asiáticas, algo que concuerda con las cifras dadas sobre quiénes aportan más plástico a los ríos y mares del mundo. Otro estudio demuestra cómo en sal de países tan dispares como Portugal, Irán, Australia, Nueva Zelanda y Sudáfrica, también hacen acto de aparición diferentes fragmentos plásticos. En este estudio, de mayor rango geográfico, los objetos más encontrados fueron fragmentos de objetos mayores en su origen, seguidos de fibras, y por último películas de plástico transparente. No obstante, que se encuentren plásticos no quiere decir que estén en gran cantidad, sino simplemente que están. La ingesta de plásticos por parte del hombre a través de la sal, atendiendo a los gramos de sal que consumimos anualmente, no ha de ser realmente notable. En España también contamos con estudios concretos que analizan si hay microplásticos en la sal que ingerimos. Siguiendo la lógica que se observa para el resto del mundo, se puede decir que también tenemos. Los más abundantes que se han podido hallar son el tereftalato de polietileno (PET), polietileno y el polipropileno (PP). Los plásticos PET se usan por ejemplo para hacer botellas y textiles, y liberan partículas microscópicas que vagan por el mar hasta finalmente acabar depositadas en nuestra sal y en nuestro organismo.

Pasemos ahora a un alimento con tradición, de gran arraigo en nuestro país. Hablo de la miel, dulce manjar que gusta especialmente en invierno, en esos días en los que un inoportuno catarro nos deja hechos polvo. Desgraciadamente, tampoco este producto típico de nuestra sociedad se salva. En muestras de miel obtenidas en países como Alemania, Francia, Italia, España y México, el 100 % cien de las mismas resultó albergar microfibras de plástico de colores, posiblemente procedentes de ropa. Sin

Una abeja pecoreadora vuela hacia la colmena [Serg64].

duda, estas fibras forman parte de las millones de ellas que flotan en el aire hasta depositarse en cualquier lugar, como la comida que posteriormente será envasada y vendida.

Algunos igual aún no han sentido la punzada de dolor en el pecho, pero el plástico se ha propuesto no dejar títere con cabeza, y parece saber qué es lo que duele a muchas personas. No soy yo gran seguidor de las bebidas alcohólicas; de hecho, difícilmente podría hablar con propiedad en una conversación que gire en torno al vino o la cerveza. Mi interés hacia ese ámbito se podría declarar como nulo. Dicho esto, lo lamento por los amantes de la cerveza, que estarían deseando que su amor líquido se hubiera librado de la omnipresencia de los plásticos. Como no podía ser menos, también se han encontrado microplásticos en cerveza. Los alemanes tienen fama de ser los reyes cerveceros por excelencia, pero ahora también les corresponde el honor de ser pioneros en los estudios sobre plásticos en su maná dorado. Los resultados no arrojan lugar a dudas: el 100 % de las 24 marcas de cerveza analizadas para un estudio sobre el tema contenían microplásticos en su bebida. Nada hace esperar resultados distintos si estos estudios se expanden a otros países.

Con todas estas cartas sobre la mesa, y asumiendo que somos otro animal más por muchas ínfulas que nos demos, es de esperar que si en cientos de especies acuáticas y varias decenas terrestres se están encontrando plásticos, lo mismo podría ocurrirnos a nosotros, más teniendo en cuenta que lo respiramos, lo bebemos y lo comemos. Así, ya se han obtenido los primeros datos de lo que se podría catalogar perfectamente como previsible: tenemos plásticos en nuestro interior. Se han encontrado microplásticos en heces de personas europeas, rusas y asiáticas que participaron en un estudio presentado en un congreso de Gastroenterología en Viena, celebrando durante el año 2018. La procedencia es clara: lo que comemos y bebemos. A estas alturas se habla de plásticos de micrómetros, lejos ya de los milímetros, centímetros e incluso metros en los que nos hemos manejado durante tantos capítulos. Sea como sea, ahí están, y de hasta 9 tipos. Destaca el polipropileno, presente en multitud de objetos de nuestra vida cotidiana, desde el ámbito textil a multitud de artículos de papelería.

Hasta el momento estaba narrando casos en los que se ha estudiado la presencia de microplásticos en comidas habituales, pero no podría obviar hablar de lo más elemental de todo: el agua. Sin agua no somos nada, el agua es vida, pero también es donde más plásticos circularán durante siglos y milenios, me temo. Nuestros lagos, embalses y ríos sufren problemas con los plásticos, como ya hemos visto. De ahí viene nuestra agua potable, la que usamos en casa. A sabiendas de que los filtros no son capaces de captar la contaminación de cierto tamaño, y que en nuestras masas de agua igualmente se pueden depositar en cualquier momento microplásticos aéreos, la presencia del plástico en el agua que bebemos varias veces al día es igualmente un hecho. Ya vimos lo que pasaba a los roedores de laboratorio que bebían agua con microplásticos.

En los últimos años se ha puesto especial énfasis en el bisfenol A, que se desprende de las botellas de plástico, por ejemplo. Ante esto se ha desaconsejado por activa y por pasiva reusar botellas de plástico más de una vez, mientras que se intenta proponer traer de vuelta otros materiales, como vidrio y metal. Esto no puede llevarse a cabo en todos los países. Veo difícil que en países en los que no hay agua potable haya otra solución que usar agua embotellada, sobre todo si reciben millones de visitas de extranjeros, que no quieren pasar su estancia en el país con diarrea o algo peor. Lamentablemente, el plástico parece ser por el momento una solución para millones de habitantes del mundo. El bisfenol A aparece también en latas, y durante un tiempo pasado también en tetillas de biberón. Mientras escribía el libro adquirió gran revuelo el hecho de que se confirmase que aparece en tiques de compra, lo que lo devolvió a portadas de todo el país, aunque rodeando buena parte de las noticias de un tufo a pseudociencia que solo sirve para fomentar la quimiofobia. Lo que dice el trabajo original es que el bisfenol A aparece en el 95,3 % de los tickets de España, el 90 % de Brasil y un 50 % en Francia. No obstante, que de los tiques el bisfenol A llegue a nuestro organismo no es probable, y menos por vía cutánea, al rozar nuestros dedos y la palma de la mano.

El del bisfenol A se trata de un caso muy polémico, del que Internet saca lo más dudoso. Así se puede asustar a cualquiera. La realidad es que hay que tener cuidado con los envases de plástico recalentados o reusados, no conocemos todo el daño que pueden causar algunas sustancias que se desprenden de ellos. Desde pequeño he visto decir a los mayores que los niños no debían chupar sus juguetes, al ser de plástico. Les reprendían en caso de hacerlo. Supongo que no tenían mucha información al respecto, pero la intuición les valía para comprender que muy bueno no podía ser chupar y beber de algo de plástico. Por motivos como ese se dejó de usar bisfenol A en biberones y recipientes de comida infantil, porque entre otras cosas parecían estar relacionados con la presencia de este elemento tan polémico en el interior del organismo de bebés. Además, algunos estudios han analizado la orina de miles de ciudadanos de diversos países, desde Estados Unidos a Jamaica y Ghana, encontrando aunque sea mínimas cantidades de bisfenol A. Está presente en la mayoría de los seres humanos de países desarrollados, aunque sea en proporción casi indetectable. Eso parece ser un hecho incuestionable. Más allá de estar en algunos plásticos, la presencia de este elemento se extiende a todo tipo de ambientes urbanizados, desde aguas residuales al sistema de alcantarillado, pasando por aerosoles que lo liberan a la atmósfera. Lo hemos puesto en circulación, se desprende de muchos productos de nuestra vida cotidiana relacionados con el plástico, y ahora nos salpica. Lo ingerimos y excretamos, y lo que pasa desde su ingesta a su evacuación puede causarnos problemas. Aunque en un mar de dudas, la prevención es importante, y aunque el alarmismo no sea la solución, el bisfenol A está bajo sospecha.

La realidad parece demostrar que estamos rodeados de incontables fuentes que pueden hacer llegar el plástico a nuestro interior, y que estos ya están llegando. Sobre los efectos que esto tenga aún toca esperar algo más para obtener certezas, pero, quién sabe si de aquí a unos años, enfermedades asociadas al plástico que tenemos circulando por nuestro interior, o derivadas de compuestos tóxicos contenidos en los mismos, estarán de máxima actualidad. La seguridad alimentaria se enfrenta a un desafío con el que no contaba, pero que puede hacerse notar en un futuro que se nos presenta inquietante.

19. EL FUTURO

Me interesa el futuro porque es el sitio donde
voy a pasar el resto de mi vida.
Woody Allen, cineasta estadounidense

Una pregunta fundamental que uno se hace cuando reflexiona sobre la crisis ambiental que vivimos es qué será del planeta en el futuro, tras los severos impactos a los que lo estamos sometiendo. En mi caso, como biólogo, esa proyección de qué vendrá después de nuestra generación aparece constantemente en mi pensamiento.

Hay que admitir que ciertos contextos invitan a que adquiramos mayor perspectiva de lo que hemos sido, somos y tal vez seamos. Uno de esos momentos me llegó cuando tuve la oportunidad de trabajar en Argentina, no muy lejos de unas urbanizaciones de veraneo a las que pude acudir ocasionalmente. A priori, estas playas no llamarían la atención por nada en especial. De hecho, creo que si menciono los nombres Pehuen-Có y Monte Hermoso nadie los ubicará en el mapa. Resulta curioso, pero estas playas tienen algo singular, una característica que las convierte en un santuario para los amantes de la historia natural. Personalmente, se trata de dos de los rincones más emocionantes que he tenido oportunidad de pisar, y no creo que muchos lleguen a igualarlo.

La arena de estas kilométricas playas esconde, en un precario estado de conservación, parte de nuestra historia, ni más ni menos. Hace miles de años ese mismo enclave estuvo ocupado por un lago interior de orillas fangosas. Allí, cientos de animales dejaron impresas sus huellas de un modo tan palpable que hoy, contra todo pronóstico, siguen allí, y tan bien preservadas que casi puedes oír las pisadas de aquellas bestias del pasado, entre las que están los gliptodontes y mastodontes. A esas series de rastros las acompañan huellas de fauna que aún podemos disfrutar, como diversas aves y el guanaco, que ya entonces transitaban por esos lugares. El primero en descubrir la riqueza paleontológica de aquellas tierras, y de camino poner sobre el tablero su importancia, fue el propio Darwin. Si bien no vio las huellas, sí que tuvo la oportunidad de encontrar en esta zona del litoral argentino numerosos fósiles de especies extintas, a las que pudo relacionar con otras aún existentes. Dichos hallazgos, y las reflexiones que suscitaron en el naturalista británico, aparecen en la obra *El viaje del Beagle* (también editada bajo otros nombres), en la que Darwin plasma sus dudas respecto a las teorías que explicaban la vida en la Tierra. Más allá de las huellas de animales, hay una imagen que tiempo después sigue erizándome el vello: Darwin no pudo ver lo mismo que yo, pero, de haberlo hecho, tal hallazgo posiblemente le habría impactado notablemente. Se trata de las numerosas huellas humanas que del mismo modo quedaron grabadas para la posteridad en el sustrato. No hablo de una, sino de cientos de pisadas de hombres, mujeres y niños caminando en todas direcciones. Rastros de hace miles de años, cuando los primeros moradores de aquellas tierras vivían de la caza y la recolección.

Recuerdo de aquel día que visité este rincón de la geografía argentina un viento tan frío que secaba los ojos. La guía veía en nosotros verdadero entusiasmo ante lo que teníamos delante. No debía estar acostumbrada a la visita de biólogos que se quedaran con la boca abierta ante cada hallazgo que nos mostraba, se notaba en su cara. Viendo nuestra actitud, y tal vez percibiendo interés como pocas veces había visto, se recreó mostrándonos todo cuanto había en el yacimiento. Entre otras joyas, nos mostró una serie de huellas fósiles en las que se podía ver perfectamente, como si hubieran sido hechas cinco minutos antes, los rastros de un niño jugando a pisar las huellas de su madre, que caminaba justo delante de él. Justo lo que muchos niños hacen ahora en la playa cuando pasean con sus padres.

Conforme la visita avanzaba, la guía creaba más vínculos con nosotros, sintiéndonos como de su mismo bando, gente que iba a comprender su posición. «Los yacimientos de huellas fósiles —nos contaba, cambiando a un semblante más serio— se están perdiendo. Están sujetos a la marea, que los sepulta o los expone según suba o baje, y así los erosiona». Más allá de eso, la falta de consideración de los humanos modernos, más salvajes que aquellos que dejaron sus huellas, está siendo el verdadero problema. Los turistas pisan los yacimientos, deteriorándolos, e incluso algunos van con motos de *motocross* y *quads* por encima. Estas urbanizaciones de verano reciben a miles de visitantes cada año, de los cuales solo un ínfimo porcentaje opta por ir a visitar el espacio protegido donde resisten estos fósiles; de hecho, muchos de los que pasan sus vacaciones allí no saben ni la historia del lugar, ni que justo a un lado de donde se torran al sol hay algo único. Tampoco interesa especialmente a los políticos. Pese al grado de protección, la presión turística arroja más beneficios a los intereses locales. Un patrimonio único de nuestro pasado languidece, pese a los esfuerzos de los guardaparques, consternados a la par que orgullosos por ser los responsables de custodiar y divulgar las bondades de ese entorno privilegiado.

Como decía, mi mente en ese tipo de entornos vuela, se transporta. Allí podía imaginar a esos primigenios sudamericanos cazando, caminando y riendo. Me gusta imaginar cómo serían, qué pasaría por sus mentes, cómo transcurriría su día a día. Quién les iba a decir que miles de años después unos congéneres disfrutarían con la simple contemplación de sus huellas, o que algo tan cotidiano para ellos como realizar largas caminatas perduraría por un período de tiempo tan largo. En esos momentos de deriva mental, tiendo a imaginar qué rastros nuestros verán los humanos del futuro, qué percibirán de nuestro paso por el planeta los descendientes de los que ahora pululamos por todos los ecosistemas de la Tierra. Tal vez seamos la generación a la que le toque pedir perdón, pero de lo que no cabe duda es de que estamos dejando bastantes pistas de nuestra vida diaria a aquellos que en el futuro opten por conocer el pasado.

Pienso firmemente que una de las mejores fuentes de información que ayuda a una comprensión global de una sociedad son sus desechos, que sorprendentemente están presentes en más casos de los que cabría esperar. Así, indagar en los basureros de conventos, e incluso estudiar heces humanas conservadas durante siglos en letrinas, supone una gran fuente de información a la hora de entender qué comían nuestros antepasados. Más allá de eso, nuestras basuras nos han acompañado siempre. Es básico, al volvernos sedentarios y conformar ciudades cada vez más grandes, los residuos comenzaron a acumularse en nuestro alrededor, y cada sociedad ha buscado la manera de gestionarlos como ha podido. Pienso en qué restos desechados del pasado han resultado ser de interés siglos después, ayudándonos a comprender a sociedades remotas. Divagando, se me ocurre que no hay mejor ejemplo que el monte Testaccio de Roma. La ciudad eterna llegó a albergar a más de un millón de personas en su momento de máximo esplendor. Era la capital del mundo, el epicentro de un vasto imperio en el que se movían ingentes cantidades de materia prima. Allí, durante los primeros siglos después de Cristo, los romanos crearon una montaña artificial a base de ánforas de aceite fragmentadas y apiladas ordenadamente. Hoy, esta colina está cubierta de vegetación, pero lo que yace bajo los pies de los que la transitan es un acúmulo de millones de ánforas rotas, básicamente. El estudio de estos restos ha permitido conocer en mayor profundidad el comercio que entraba por vía marítima y qué países suministraban aceite.

Antigua ciudad romana de Baelo Claudia ubicada en la ensenada de Bolonia, provincia de Cádiz, España [José R. Pizarro].

Este caso no es único. Recientemente, en plena ciudad de Cádiz, ha salido a la luz un yacimiento verdaderamente interesante que nos ha permitido conocer más sobre la vida en la Gades romana. Un monte Testaccio oculto bajo la ciudad, cerca de la playa de la Caleta. En su día este vertedero de ánforas y otros desechos llegó a tener unos treinta metros de altura, alcanzados por acúmulo de basura durante el siglo que estuvo en activo. Junto a la cerámica han aparecido restos vegetales y de pescado que revelan datos sobre el comercio de la zona durante esa etapa, basado en salazones y otros productos procedentes del mar. En la misma línea, excavaciones llevadas a cabo en las ruinas de Baelo Claudia, en la playa de Bolonia, también dentro de la misma provincia, han hallado restos de atún que datan del período romano. Estos restos óseos han ayudado a comprender la histórica relación existente entre el estrecho de Gibraltar y la pesca de atún, que aún hoy es tema de rabiosa actualidad en la zona.

Hoy habitamos este planeta finito infinitamente más humanos que entonces, y atesoramos además un mayor potencial transformador que hace dos mil años. También, todo hay que decirlo, generamos más residuos que cualquier otra sociedad pasada; nos hemos entregado al usar y tirar, al derroche sin miramientos. Nuestra basura, en general, no solo va a poder ser estudiada por las generaciones futuras, sino que, como veremos un poco más adelante, incluso puede ayudar a determinar una nueva era geológica. El plástico, como desecho emergente y característico del siglo XXI, tiene mucho que decir respecto al futuro. A estas alturas todos sabemos que son duraderos, es decir, no se descomponen al instante. Esto se percibe al excavar en puntos donde ha habido vertederos que permanecieron activos durante el siglo XX. Allá donde estaban ubicados estos lugares hoy soterrados, sobre todo los que mantuvieron su actividad desde los años 70 en adelante, si excavas en la actualidad siguen encontrándose esos plásticos. Todo sigue una lógica muy básica. Enterrando los vertederos hemos limitado la dispersión de los desechos, pero también es cierto que esos residuos quedarán bajo tierra por tiempo indeterminado. No es difícil hallar una explicación convincente sobre ello: no hay apenas agentes subterráneos que puedan degradarlos en un tiempo sensato. Es más, al estar bajo tierra, fuera de agentes erosivos como la luz o la alta temperatura, seguramente se haya incrementado el tiempo que tardarán en descomponerse. Como solución real al problema del plástico cojea, pero a los investigadores del futuro, si es que existen, les será de gran ayuda tener esas minas de información multicolor y larga vida.

Evidentemente, lo que acabo de explicar no debe causar mucha sorpresa, pero no está de más recalcarlo por si alguien cree que los plásticos y otros residuos de la vida moderna se descomponen al mismo ritmo que si entierras a tu mascota en el jardín. Por si acaso siguen albergando dudas, diferentes investigaciones, realizadas sobre terrenos donde permanecen bajo tierra antiguos vertederos, han excavado hasta dar con los residuos en cuestión, confirmando empíricamente que en algunos casos siguen intactos, manteniendo su forma y hasta su color. Hay casos en los que la capa correspondiente al plástico tiene varios metros de grosor, conformando una verdadera capa de sustrato que posiblemente acarree consecuencias que ya vimos al comienzo de la obra. Valorando que al menos en el primer mundo cada núcleo habitado tiene y ha tenido vertederos en las últimas décadas, y considerando que el uso del plástico ha sido homogéneo en nuestra sociedad, podemos afirmar sin temor a equivocarnos que tenemos cientos de potenciales yacimientos de información enterrada para la posteridad. La arqueología del plástico será una rama en el futuro.

A raíz de tantas y tantas reflexiones sobre los plásticos y su persistencia en el medio un término comenzó a fluir por mi mente con cierta insistencia. Aún permanece clavado en un lugar de mi interior, martilleándome: Antropoceno. El nuevo milenio nos trajo un profundo debate científico y social al que se han sumado multitud de expertos, y que tiene como fin comprender si estamos en una nueva era geológica, dejando atrás el Holoceno. El Antropoceno, como concepto, fue desarrollado por el premio nobel de química holandés Paul Crutzen en el año 2000, casi más como una denuncia social y política que como algo puramente científico. Esta nueva era se caracterizaría por el impacto que el ser humano ejerce sobre la Tierra, que de un modo u otro habría quedado registrado en la superficie del planeta, pudiendo ser reconocida por los humanos del futuro. No hay consenso sobre cuándo habría empezado esta nueva era, si con el comienzo de la agricultura, con la aparición de las bombas atómicas, o con la revolución industrial. En cualquier caso es palpable que nuestra huella se hace notar de un modo global, pudiendo dejar señales estratigráficas en el suelo, que permitirán en el futuro reconocer el período en el que nuestra civilización industrial dominó el planeta.

En todo este acalorado debate, el plástico, nuestro ya familiar protagonista, no podía quedar fuera de la lista de elementos que caracterizarían al bautizado como Antropoceno. Haciendo un breve análisis, sabemos que aparece en gran cantidad, en todos los lugares del mundo, y que termina por depositarse en algún lado, más tarde o más temprano. Como hemos visto, incluso está entrando a formar parte del suelo. En general, los plásticos son candidatos perfectos para ser catalogados dentro de lo que se ha denominado como tecnofósiles, es decir, objetos que hemos creado nosotros y que perdurarán por tiempo indescifrable. Aparte de los vertederos, que son el caso más evidente, hay ciertos puntos de acúmulo de residuos, como los formados por capas de sedimento en lagunas, marismas y el propio mar. También aquí podrían incluir áreas terrestres como las zonas agrícolas, las ciudades, y aquellas que reciben un acúmulo profundo y continuo de residuos —merenderos, bordes de caminos, etc.—. Dicho esto, cada vez aparecen más enclaves donde la línea de macro o microplástico forma un estrato claramente diferente, formado por bolsas, envoltorios, o minúsculas partículas del tamaño de un grano de arena. No sé si alguna vez se han topado con alguno de estos rincones, pero es bastante peculiar. Otro caso muy visible son las líneas de marea o de crecidas de río, donde quedan igualmente depositados los microplásticos. A veces se adhieren a ese sustrato y quedan retenidos por tiempo indeterminado.

El culmen de cómo el plástico puede integrarse en el sustrato estamos empezando a verlo ahora, cuando se van descubriendo casos que parecen sacados de ciencia ficción. En este sentido, recientemente se ha descrito el primer mineral formado por plásticos: el plastiglomerado. Aunque suene un poco a broma, este término también se está extendiendo, y cada vez más museos quieren tener una muestra de roca de plástico en sus exposiciones. Su descubrimiento se produjo en unas playas de Hawái, donde, a raíz de fogatas que hacen los excursionistas, se comenzó a ver que el plástico que ardía en dichas hogueras se fundía. Esto servía de masa a la que posteriormente se adherían todo tipo de partículas naturales como arena, restos vegetales y corales. Una vez solidificado, el nuevo material pasaba a formar parte de ese paisaje costero como una roca más. Evidentemente, esto es algo localizado, con un detonante muy concreto, pero se especula con que, en zonas donde en ciertos momentos se alcance alta temperatura, ya sea por actividad volcánica o fuegos forestales, este proceso podría darse, y más roca con base de plástico aparecerá en el medio.

Todo esto me resulta prácticamente de ciencia ficción, si no fuera porque está pasando de verdad. Aunque algunos hallazgos parecen anécdotas, y otros especulaciones sin más, la realidad es que tenemos todos los ingredientes para que en el futuro el plástico, aparte de dañar a la naturaleza, aparezca como un elemento más de la capa de suelo.

20. *RES NON VERBA*

No todos los que deambulan están perdidos.
El señor de los anillos, de J.R.R. Tolkien

Siempre parece imposible... hasta que se hace.
Nelson Mandela

Tras haber llegado a este punto del libro, a algunos les habrá embargado la desesperanza, a otros la impotencia de haber constatado el daño que estamos infligiendo a nuestro planeta. No quisiera que esa sea la sensación con la que el lector se quede al dar por concluida la lectura. No nos engañemos, estamos sumando puntos para ser una generación recordada por haber sido consciente de todo lo que estaba ocurriendo y no hacer lo suficiente para evitarlo. Sin embargo, a mí me gustaría que también nazca en vuestro interior la necesidad de ayudar, de agarrar al toro por los cuernos. Dicho esto, ha llegado la hora de que cada uno de nosotros sume su granito de arena para hacer que nuestro planeta siga siendo habitable. ¡Qué digo! No es que haya llegado la hora, es que se nos ha hecho tarde, ¡ya vamos perdiendo esta partida! Vivimos en una sociedad en la que muchos hablan y pocos hacen. Hay que invertir esto, hay que hacer más. Como suele decirse, el poder está en la acción. El mundo quiere hechos, no palabras. Ha llegado el momento de que la sociedad despierte y luche por su propio futuro. Las palabras se las lleva el viento, pero lo que hagamos hoy tendrá su eco en la eternidad.

Es obvio que nuestra huella negativa en el planeta está siendo profunda y duradera. Las heridas que infligimos a la Tierra no serán de cicatrización limpia. En el momento actual se hace evidente que mucho de lo que hacemos es una trampa mortal para el medio ambiente —y para nosotros—, y no estamos siendo capaces de frenarlo, pese a conocerlo. Por desgracia, también es cierto que buena parte de la humanidad se siente al margen de todo esto, o ni está capacitada para valorar el medio ambiente entre sus preocupaciones mundanas. En efecto, la inmensa mayoría de la humanidad está a otra cosa, unos por pasotismo, otros por tener como máxima sobrevivir lo más dignamente posible, sin posibilidad real de acceso a información y formación básica. En un planeta superpoblado por una especie que tiene en sus manos destruirse a sí misma, se hace más importante que nunca antes estar del lado de los que suman, no de los que restan.

Decía Félix Rodríguez de la Fuente que, cuando el hombre llegó a la Luna, todos nos maravillamos de poder ver nuestro satélite de cerca. Para él, sin embargo, lo más interesante fue haber visto en esas imágenes la Tierra desde lejos. Esta breve reflexión hacía girar el foco de interés justo hacia lo que nadie había reparado. Nuestro planeta es una pequeña canica flotante que, para nuestra desgracia, es todo cuanto tenemos. Nuestra percepción del espacio y el tiempo nos impide comprender en toda su grandeza lo insignificante de nuestro único hogar, en comparación con la vastedad del universo. Ser capaz de entender esto, interiorizarlo para que se convierta en un eje de nuestra existencia, es el verdadero punto de inflexión que aún no hemos alcanzado.

En la misma línea iba dirigida una reflexión que dejó para la posteridad Carl Sagan. La sonda Voyager 1 fue lanzada al espacio por la NASA en 1977, pero allá por 1990, cuando se encontraba ya a 6 mil millones de kilómetros, el astrónomo norteamericano pidió que inmortalizara en una fotografía la visión que se tenía desde ese remoto punto del universo de nuestro planeta. Fue la imagen más lejana que tenemos de nuestro planeta, y la que parafraseando al malogrado astrónomo nos mostró claramente que la Tierra es un minúsculo punto azul pálido, una mota de polvo sobre un rayo de luz del Sol. Si desde la Luna ya se nos veía como algo frágil, esta nueva imagen nos hacía sentir absolutamente insignificantes. Y aquí, en este punto ínfimo al que llamamos Tierra, ha sucedido toda nuestra historia, todo lo que ha sido y todo lo que será. El día que comprendamos que somos una gota de vida en la inmensidad de la nada, que no tenemos ayuda exterior, ni previsión de que la haya, tal vez ese día rememos en la misma dirección.

En todo este gran problema de la contaminación y el maltrato continuado a nuestro medio ambiente, el plástico ha venido a sumarse a la fiesta como un invitado desagradable e inesperado. Un extra que nadie ha pedido, pero que se suma a la amplia lista de jinetes del apocalipsis con los que venimos coqueteando desde hace más de un siglo. El plástico no es más que un síntoma asociado a nuestra forma de vida, un nuevo aviso para navegantes. Por desgracia, el mensaje que nos lanza llega a una generación que vive de espaldas a sí misma, a su pasado y a su futuro. No se trata del peor problema al que nos hemos enfrentado. Sin ir más lejos, el anunciado cambio climático y la despiadada extinción de fauna a la que estamos sometiendo al planeta son otras amenazas incipientes que no terminamos de tomarnos en serio. Sin embargo, la contaminación por plásticos tiene unas connotaciones únicas que hemos ido descubriendo a lo largo de esta obra. Por él hemos entrado en una vorágine sin sentido, casi sin darnos cuenta lo hemos abrazado, nos hemos enamorado para vivir una relación tóxica. Al final el plástico es un fiel reflejo de nuestros tiempos, un símbolo de la idiosincrasia del ser humano actual, lo que nos deja en mal lugar. Observo a la gente por la calle, veo los restaurantes, el interior de las casas… Hemos sucumbido: vivimos en un mundo de plástico. Somos ovejas de un rebaño, nos dejamos influir mucho más fácilmente de lo que creemos.

Sí, nos manejan como quieren. Cambiar esta dinámica es un desafío, pone a prueba nuestro verdadero interés en cambiar el sistema, en cuidar nuestro planeta.

Queda claro que tenemos un problema con diferentes frentes abiertos y con soluciones inciertas. Sin embargo, algo se mueve. Como he dicho, este capítulo debía llenar de energía al lector. Por suerte, el mundo parece haber declarado la guerra al uso indiscriminado del plástico. Gente de todos los rincones del mundo pone su talento al servicio de la imaginativa tarea de retirar el plástico de nuestro entorno.

En 2014 el joven holandés Boyan Slat, con 19 años, inventó una suerte de embudo que podría retirar toneladas de plástico de los mares. Pasados varios años, ya en 2019, su iniciativa, llamada *The ocean cleanup*, sigue adelante, y se ha propuesto limpiar la gran isla de plástico del océano Pacífico. No obstante, iniciativas como esta parecen estar encontrando problemas, entre otras cosas porque junto al plástico arrastran a organismos marinos de la superficie, lo que daña la biodiversidad. Otro de estos humanos comprometidos con el planeta es Afroz Shah, un abogado indio que, harto de ver cómo la playa de Versova, en Mumbai, yacía bajo toneladas de plástico, se puso manos a la obra. Poco a poco convenció a decenas de vecinos para limpiar su playa. Al final, lograron sacar de ella 4 mil toneladas de basura en 2,5 kilómetros, devolviendo a ese entorno que formaba parte del patrimonio de su ciudad el paisaje que nunca debería haberse perdido. Un final feliz, de los que escasean en cuanto a la protección de la naturaleza.

Recientemente, el Gobierno de Nepal ha comprendido que su imagen y la entrada de dinero depende en buena medida de las expediciones al Himalaya. Ante las imágenes que estaban saliendo en los medios sobre la ingente cantidad de basura que se acumula en el Everest, han optado por enviar a un equipo de voluntarios decididos a limpiar todo lo que puedan. En pocas semanas han retirado varias toneladas de basura, sobre todo botellas, latas y material de escalada. Prevén seguir con su titánica tarea durante un tiempo más, dejando ese entorno único como siempre debió permanecer.

Siguiendo el camino marcado por los casos que acabo de mostrar, miles de personas como tú y como yo han decidido que ellos son el cambio que desean ver para el mundo, que hay que empezar por ser coherente entre lo que uno piensa, dice y hace, y aplicarse con decisión en la lucha por proteger nuestro hermoso planeta. En los últimos tiempos una de estas modas virales que da la vuelta al mundo parece tener sentido por una vez. Gracias a las redes sociales nació el *trashtag challenge*, un reto de Internet en el que gente de cualquier lugar se organiza para limpiar playas y sube a sus perfiles de Internet fotos del antes y el después. Algo similar están haciendo multitud de asociaciones ecologistas. La tan anunciada basuraleza ha encontrado un gran enemigo en estos movimientos organizados, que están planteando regularmente campañas de recogida de basuras en el medio natural por toda España. Un ejemplo es el proyecto Libera, que en su primer año movilizó a 11 mil personas para limpiar casi 500 puntos repartidos por toda nuestra geografía.

La imaginación, una de las armas más poderosas del ser humano, tampoco nos ha abandonado esta vez. Como ha venido ocurriendo a lo largo de la historia, irrumpe donde menos se espera. El humilde mecánico brasileño Alfredo Moser es el inventor de un tipo de lámpara basada en el reciclaje del plástico, que se ha bautizado en su honor como lámpara Moser. El funcionamiento de su invento es sencillo: se pegan botellas de plástico en un agujero del techo de casa, rellenas de agua y lejía —para evitar que el agua se ponga verde). Una parte de la botella da a la calle, y el resto queda en el interior de la habitación, colgando del techo. Entonces los rayos de sol entran en la botella, refractan al contactar con el líquido que ésta contiene y se ilumina toda la estancia. Esta sencilla idea ha dado la vuelta al mundo y se ha instaurado con éxito en países de África y América. Uno de los sitios donde más éxito ha tenido sin embargo es Filipinas, en Asia. Allí, ingenieros del afamado MIT (Massachusetts Institute of Technology), en colaboración con asociaciones de ayuda humanitaria, llevan años instalando lámparas Moser en barrios desfavorecidos de Manila. Ya han superado las 300 mil. Otro uso cotidiano que permite el reciclaje de las botellas de plástico es usarlas como material de construcción. Actualmente se están fabricando ladrillos con plástico reciclado, y de un modo aún más sencillo hay gente que está usando botellas encontradas en el medio para hacer directamente parte de las paredes de sus casas.

Esta corriente imparable, mezcla de imaginación y necesidad de retirar plástico del medio, llega a todos los rincones. Recientemente, la Federación Internacional de Voleibol se ha lanzado a fabricar redes de vóley playa a partir de redes de pesca a la deriva, una manera de dar una segunda vida a aquello que aparentemente era un desecho. Por otro lado, diversas empresas se han lanzado a realizar todo tipo de objetos basados en plástico reciclado, desde gafas a lámparas. En la misma línea, otras están empleando este mismo tipo de materiales para diseñar ropas y abalorios varios a partir de diferentes desechos marinos. También han querido sumarse a esta corriente las grandes multinacionales, que no podían dejan escapar la oportunidad de subirse al carro de lo ecológico. Así, algunas de las marcas más famosas de material deportivo han sacado al mercado zapatillas de deporte hechas con plástico reciclado, o pretenden hacerlo.

El mundo universitario tampoco es ajeno al problema del plástico. Por citar solo algunos ejemplos, una iniciativa malagueña obtuvo en 2018 el premio a la mejor *start up* europea, gracias a una idea consistente en obtener combustible bajo en azufre procedente de plásticos. Otra experiencia española, Polymix, liderada por la Universidad de Cantabria, está intentando dar una segunda vida al plástico, incorporándolo como material de construcción de carretera. La Universidad de Huelva investiga en la misma línea, incorporando desechos de plástico de invernadero a carreteras.

Por su parte, otros científicos buscan soluciones que, aparte de reciclar el plástico, permitan eliminarlo del medio. Su búsqueda se ha topado con que apenas se tenían datos sobre organismos vivos que pudieran alimentarse de tal material, para así retirarlo. No obstante, parece que la suerte de los obstinados científicos comienza a cambiar. Aparecen pequeños brotes verdes, el viento sopla algo a favor. En 2016 científicos del Instituto de Tecnología de Kyoto descubrieron que cierta bacteria, llamada *Ideonella sakaiensis,* es capaz de ingerir y digerir el PET (tereftalato de polietileno), del que se componen por ejemplo multitud de envases de agua y refrescos. Este descubrimiento abre un mundo de posibilidades en el mundo de la biorremediación ambiental, ya que esta bacteria puede colaborar retirando cierto porcentaje de estos componentes sintéticos liberados en medios naturales. Poco antes, en el Centro Nacional de Biotecnología, en España, otro grupo mostró que la bacteria *Pseudomonas putida* puede ser modificada para degradar este mismo tipo de plásticos, algo en lo que coinciden investigadores indios, que poco antes hicieron un ensayo y demostraron que, en un solo mes, esta bacteria eliminó el 75 % de plásticos que le pusieron por delante. En 2011 la Universidad de Yale descubrió un hongo (*Pestalotiopsis microspora*) en el Amazonas que digiere poliuretano, material con el que se hacen multitud de objetos de nuestra vida cotidiana, y que es altamente contaminante. Este hongo es capaz de digerir plástico en condiciones anaerobias (sin oxígeno), lo que a juicio de los autores del trabajo donde se presentó este hallazgo permitiría trabajar por ejemplo en el fondo de los vertederos.

Pero no solo en estos reinos de la vida se obra el esperado milagro de la eliminación de los plásticos. Científicos de la Universidad de Stanford y de la Universidad de Beihang descubrieron en 2015 que los gusanos de la harina

(*Tenebrio molitor*) son capaces de alimentarse de poliestireno extruido, material usado como aislante en edificios. Al parecer, igual que los koalas tienen enzimas que les ayudan a degradar las hojas de eucalipto y las termitas tienen bacterias simbiontes que les permiten hacerlo con la madera, estos gusanos tienen enzimas en su sistema digestivo que les otorgan la posibilidad de digerir plástico, sin sufrir percance alguno por ello.

La política, en este asunto, va despacio, como siempre, pero parece que hay unanimidad en que tenemos un problema con el plástico, y que tenemos que solucionarlo cueste lo que cueste. Hay países que están tomándoselo más en serio que otros, como suele pasar, pero sobre el papel no se puede decir que el problema coja por sorpresa a nadie. Podríamos decir que, a diferencia de lo que viene siendo habitual, estamos viendo actuaciones que van del dicho al hecho, algo sorprendente. Europa parece dispuesta a asumir que tenemos un problema. Parece que no queda otro remedio que poner toda la carne en el asador para solucionarlo. Las primeras en sufrir el cerco de las restricciones y prohibiciones están siendo las bolsas de plástico de supermercado, cuya paulatina desaparición es un hecho en países como Chile, Senegal, México e Italia. El resto de los países seguirán el mismo camino, por pura lógica. Muchos comercios han empezado por proponer bolsas de tela o cobrar por las de plástico. Son los primeros pasos de algo que desembocará en el desterramiento para siempre de las bolsas de plástico.

No son las bolsas los únicos objetos en el ojo del huracán. Europa se plantea prohibir los plásticos de usar y tirar a partir de 2021. Ahí se incluyen las pajitas para tomar refresco, sobre las que hay una enorme campaña surgida a raíz del famoso vídeo de la tortuga con una pajita atascada en sus orificios nasales. Los bastoncillos de algodón, otros innecesarios utensilios, van a tener la misma suerte, lo que ayudará a que dejen de aparecer contaminando nuestro entorno. También será el momento de volver a usar cubertería de la de toda la vida cuando los domingos toque barbacoa familiar, porque los platos y cubiertos de plástico disfrutan sus últimos días de gloria.

Después de todo esto, no sé qué queréis que os diga, como conservacionista a veces no sé cómo sentirme. El optimismo sin los pies en la tierra me parece una postura insensata, propia de personas que quieren escapar a la realidad obviándola. Yo prefiero la realidad tal cual es, cruda si es necesario. Posiblemente me reste felicidad, pero no sé vivir de otra manera. Creo que me gusta demasiado la búsqueda de lo que hay más allá de la superficie, aunque por desgracia lo que uno suele encontrar es nefasto. Por el contrario, ser pesimista tampoco es una opción que contemple. Levantarse cada mañana con la derrota en la frente debe ser horrible, una tortura en vida. No me apetecería caminar por la calle pensando que todo está perdido, que mejor dejarse llevar por la negatividad. Oí alguna vez a un reputado escritor afirmar en una entrevista algo así como que no podía mostrarse muy optimista ante el mundo, pero que sentía la obligación de hacer algo, aunque fuese por inercia. Lo ejemplificaba diciendo que, si se hundía tu barco en mitad del mar pero veías tierra muy lejos en el horizonte, tu opción sería nadar y nadar, aunque supieses que a lo mejor nunca ibas a llegar. ¿Qué ibas a hacer si no? La otra opción sería esperar a la nada, al pasar del tiempo hasta que el desenlace obvio llegue por sí mismo. Digo yo que si estás flotando a la deriva valdrá más la pena nadar, aunque sea por intentar algo. Desde luego, quedarse quieto o esperar a que algo mágico pase y salve la situación no parece ser la mejor opción.

Creo que muchos optimistas actuales se engloban dentro de los que nadarían por tal de intentar algo. Desde luego, yo prefiero ser parte de la solución a parte del problema, opto por involucrarme en intentar hacer lo mejor posible que está a mi alcance. Vivir por vivir, como si nada fuera con uno, me haría sufrir punzadas continuas en el corazón, como avisos de mi conciencia alertándome de que algo va mal. Vivimos en una sociedad increíble, para lo bueno y para lo malo. Pensemos en todo lo que el ser humano se ha propuesto y ha conseguido. No nos damos cuenta porque los avances se suceden unos a otros muy rápido, pero hemos llegado a donde ninguna otra generación lo ha hecho. Tenemos que intentar potenciar lo positivo, usar las opciones nunca vistas que tenemos hoy a nuestro alcance para con ellas construir un mundo mejor. Y eso, más allá de las grandes decisiones políticas, está en cada uno de nosotros, en lo que en gran medida depende de cada una de nuestras pequeñas acciones.

Pensar y actuar, sin más excusas. Hechos, no palabras. Seamos la generación que dio lo mejor de sí para sumar en vez de restar. No permitamos que lo único que podamos gritar al futuro sea un enorme lamento de perdón.

Epílogo

Ahora que el libro está finalizado se me amontonan los datos en la mente. Es un disparo continuo, se me atragantan. En los diferentes capítulos hemos recorrido todo el mundo, mostrando ejemplos de lo más variado. Prácticamente no me he dejado ningún rincón de la biosfera por mencionar. He puesto ejemplos de decenas de especies y países, cada uno con sus porqués y sus circunstancias. Pese a todo, representan solo un ínfimo porcentaje del total.

Lo peor del plástico es que queda mucho por saber. No sabemos casi nada de cómo afecta a los organismos terrestres, ni a los que viven en ríos, lagos y estuarios. Igualmente, no tenemos una idea muy clara de los efectos sobre la salud de los animales, sobre todo los relacionados con compuestos tóxicos derivados del plástico que pueden llegar a la sangre y a diversos tejidos. No sabemos ni siquiera qué nos puede pasar a nosotros de seguir esta tendencia actual de tránsito de plástico por nuestros fluidos. Hay ecosistemas del mundo de los que desconocemos casi todo, pero en cambio sabemos que tienen plástico. Resulta muy peculiar. Recuerdo por ejemplo cuando hablé de las lombrices, o de los peces de los fondos oceánicos. Pienso también en la de aves que todos estamos viendo transportar plástico a sus nidos, pero a nadie, con la de miles de ornitólogos que hay, le da por estudiar. ¿Será posible que llevemos décadas viendo cómo diversos animales aparecen con plástico por dentro o por fuera y a nadie se le encendiera la bombilla de pensar que algo podía estar ocurriendo? He podido hablar con naturalistas veteranos, me cuentan que ellos lo veían, que les parecía algo lógico pero anecdótico, que no pensaron que pudiera tratarse de algo de importancia global.

Podemos afirmar que sabemos algo más de lo que pasa en ecosistemas marinos, pero incluso ahí hay enormes huecos, sobre todo en regiones geográficas donde no se desarrolla una actividad científica amplia y consistente. En este sentido, lo que pone un nudo en la garganta es que los huecos de conocimiento aparecen justo en las regiones del mundo que a simple vista parecen más contaminadas, en las que los ríos más basura transportan y las ciudades parecen más inundadas en sus propios desechos. Tal vez llegue el día en que estudios realizados en estas regiones revelen que sus concentraciones de plástico son superiores a las de las islas de plástico, y vayamos de récord deshonroso en récord deshonroso; es más, es posible que en el futuro aparezcan nuevas islas de plástico en más mares y océanos, casi en cualquier corriente. Las existentes seguirán creciendo si nada puede evitarlo, y los titulares de los periódicos ya no serán que estas islas superan en tamaño a Estados Unidos, o que equivalen a siete Españas, sino que cada vez compararán estas manchas con regiones del mundo más amplias.

Los huecos actuales se cubrirán, seguiremos sabiendo cada vez más sobre el plástico. En cualquier caso, con lo que conocemos actualmente, y apoyándonos en las evidencias acumuladas durante siglos sobre el funcionamiento de la vida en nuestro planeta, podemos construir una idea aproximada de lo que ocurre en la actualidad y de lo que seguirá ocurriendo. Nos queda plástico para rato. En los próximos años nuevas investigaciones revelarán nuevos casos que nos dejarán boquiabiertos, mostrarán detalles en los que nadie había reparado, descubrirán plástico en sitios que pensábamos vírgenes. El plástico terminará por llegar a ecosistemas donde ahora no representa un problema real y afectará a más grupos de animales para los que ahora aún no representa ninguna amenaza. Lo que está pasando en los ecosistemas marinos puede agravarse, y el escenario que estamos conociendo para este tipo de ecosistemas comenzará a ser similar en los terrestres.

Tras tantas páginas destinadas a comprender el problema del plástico, hasta yo mismo estoy asustado. He hablado de tantas especies y ecosistemas, arrojando cifras tan abultadas que me desagrada la idea de haber traumatizado al lector. No sé muy bien qué decir. La realidad fría de los datos es la que he intentado mostrar. Suavizar los problemas es algo que hace tiempo dejó de parecerme una buena idea. La gravedad del tema requiere seriedad y tono firme, no hay otra. No obstante, finalizar mostrando que hay multitud de iniciativas a lo largo y ancho del mundo que pelean por mejorar la situación actual me ha aportado cierta tranquilidad. Estoy lejos de ser una persona pesimista, y parecerlo no me agrada, va en contra de mi forma de ser. Ese último capítulo casi que me ha servido de terapia a mí mismo, para terminar con otro sabor de boca.

No obstante, si no me parece oportuno pecar de pesimismo, más rabia me da no ser honesto conmigo mismo, y el problema existe, y es tal y como lo he contado. La abultada bibliografía en la que me he basado, y que acompaña al libro, da buena muestra de ello. Lo más asombroso es que, pese a todo, el del plástico no es el problema más grave al que hacemos frente. Amenazas como el cambio climático, la destrucción de hábitat y la aniquilación directa de multitud de especies por los más variados fines, igualan y superan en importancia al plástico. Eso asusta, pero siempre he sido de aquellos a los que el miedo no les paraliza, sino que me hace redoblar esfuerzos en el estudio y la conservación de la naturaleza. Por supuesto, también me incita a ahondar en mi afán divulgador. Hoy en día siguen escaseando los libros que traten el problema del plástico y sus consecuencias desde la óptica de la ciencia; de hecho, no sé si este es el primero, pero no he visto a la venta otros con las mismas características. En parte me motivé a escribir esta obra como una responsabilidad como ciudadano. Me parecía increíble que no hubiera un libro explicando desde la biología lo que hay tras la contaminación por plástico.

Algo me dice que este libro me ha servido a mí mismo como viaje, por el momento en que se ha escrito. Durante este tiempo yo mismo he empezado a tener ideas como investigador que giran alrededor del plástico. También me he animado a participar en diferentes tareas de recogida de basuras, he conocido cómo se trabaja con plásticos en ciencia y en conservación, he participado en muestreos científicos y he cotejado cuál es el nivel real de concienciación de la gente. Algo en mí ha cambiado. El plástico se ha convertido en uno de mis nuevos temas predilectos, y creo que siempre me acompañará. A partir de ahora, en mi nueva vida, formará parte de un modo más intenso. Creo que he encontrado una nueva vocación como biólogo.

Este libro se terminó de escribir en la noche del 10 de mayo de 2019 en Tarifa, Cádiz.

Gracias a todos por acompañarme hasta aquí.

Agradecimientos

Este libro fue escrito durante un período extraño de mi vida. Los últimos cuatro años he estado realizando mi tesis doctoral, una etapa que debía formarme como científico. Lamentablemente, algo por lo que había luchado durante años se convirtió en la peor experiencia de mi vida. Escribir fue mi mejor terapia, una manera de canalizar los problemas y poder ser yo mismo. Mi particular válvula de escape, siendo sincero, junto al tiempo de calidad con todas las personas que me acompañan en la vida.

Durante este tiempo me he sentido muy querido y apoyado por la inmensa mayoría de compañeros de la Estación Biológica de Doñana, tanto investigadores predoctorales como investigadores en etapas más avanzadas de su carrera. Ellos me han dedicado las palabras más bonitas, me han mantenido en pie y me han levantado la autoestima cuando la situación pintaba peor. Debo agradecer a todos estos amigos su apoyo incondicional, sus sonrisas, sus consejos y su empuje para que siguiera escribiendo. Me he sentido muy querido. Sin esa dosis de energía que canalizaban hacia mí no sé si hubiera sido capaz de afrontar la escritura de un libro. Les debo mucho y no lo olvido.

También me gustaría agradecer a muchos compañeros del mundo de la divulgación, conocedores de la situación que antes relataba, y que han sido importantes apoyos tanto en persona como a través de las redes sociales. Por supuesto, dar las gracias a los diferentes expertos en los temas que trato en el libro, que compartieron continuamente información, y me aconsejaron sobre temas que podía tratar y el enfoque que podía darles. No podría olvidar a las personas que me han pasado fotos y datos curiosos, ya que con su pequeño granito de arena han mejorado considerablemente algunos pasajes del libro y me han inspirado notablemente.

Bibliografía

Durante el proceso de escritura de *La era del plástico* buena parte del trabajo previo estuvo dedicado a la búsqueda de información. Ciertamente, esta tarea tuve que mantenerla hasta el final, dada la velocidad con la que surgen nuevos estudios y noticias relevantes. Corría el riesgo de quedarme anticuado si me descuidaba unos meses sin leer nuevos trabajos científicos.

En esta sección me ha parecido oportuno compartir una recopilación de artículos científicos, que han sido la base sobre la que he construido el libro. Me parecía también que compartir esta información era una muestra de transparencia, y demuestra el trabajo que hay detrás, lo que no se ve.

Dedicando un espacio a la bibliografía facilito que el que quiera profundizar pueda hacerlo, ahorrándole tiempo de búsqueda innecesaria. Buena parte de los trabajos más relevantes de cada temática que he tratado están recopilados en esta lista. Hay aspectos como los efectos del plástico sobre diversas especies marinas para los que hay mucha más información, pero solo seleccioné la que me parecía más concluyente y novedosa.

CAPÍTULO 1: EL HOMBRE Y SU OBRA
APME (2006). An analysis of plastics production, demand and recovery in Europe. Brussels: Association of Plastics Manufacturers.
Barnes, D. K., Galgani, F., Thompson, R. C., & Barlaz, M. (2009). Accumulation and fragmentation of plastic debris in global environments. Philosophical Transactions of the Royal Society of London B: Biological Sciences, 364(1526), 1985-1998.
Bellis, M. (2011). The History of Plastics. *About. com Inventors.*
Buchanan J. B. (1971). Pollution by synthetic fibres. *Marine Pollution Bulletin* 2, 23.
Colton, J. B., Knapp, F. D., & Burns, B. R. (1974). Plastic particles in surface waters of the northwestern Atlantic. Science, 185(4150), 491-497.
Freinkel, S. (2011). A brief history of plastic's conquest of the world. *Sci Am.*
Gallagher, A., Rees, A., Rowe, R., Stevens, J., & Wright, P. (2016). Microplastics in the Solent estuarine complex, UK: an initial assessment. *Marine pollution bulletin*, 102(2), 243-249.
Hopewell, J., Dvorak, R., & Kosior, E. (2009). Plastics recycling: challenges and opportunities. Philosophical Transactions of the Royal Society B: Biological Sciences.
Kenyon, K. W., & Kridler, E. (1969). Laysan albatrosses swallow indigestible matter. The Auk, 86(2), 339-343.
Parkes, A. (1865). 6th Meeting:-" On the properties of parkesine, and its application to the arts and manufactures". *RSA Journal, 14,* 81.
Patterson, C. C. (1965). Contaminated and natural lead environments of man. Archives of Environmental Health: An International Journal, 11(3), 344-360.
Settle, D. M., & Patterson, C. C. (1980). Lead in albacore: guide to lead pollution in Americans. Science, 207(4436), 1167-1176.
Thompson, R. C., Swan, S. H., Moore, C. J., & Vom Saal, F. S. (2009). Our plastic age.
Weiss, K. R., McFarling, U. L., & Loomis, R. (2006). Plague of plastic chokes the seas. Los Angeles Times, 2.
Andrady, A. L., & Neal, M. A. (2009). Applications and societal benefits of plastics. Philosophical transactions of the Royal Society of London. Series B, Biological sciences, 364(1526), 1977-84.

CAPÍTULO 2: DE LA CIUDAD AL RESTO DEL PLANETA

Albertsson, A. C., Andersson, S. O., & Karlsson, S. (1987). The mechanism of biodegradation of polyethylene. *Polymer degradation and stability, 18*(1), 73-87.

Barnes, D. K., Galgani, F., Thompson, R. C., & Barlaz, M. (2009). Accumulation and fragmentation of plastic debris in global environments. Philosophical Transactions of the Royal Society B: Biological Sciences, 364(1526), 1985-1998.

Bläsing, M., & Amelung, W. (2018). Plastics in soil: Analytical methods and possible sources. *Science of the Total Environment, 612*, 422-435.

Briassoulis, D., Babou, E., Hiskakis, M., & Kyrikou, I. (2015). Analysis of long-term degradation behaviour of polyethylene mulching films with pro-oxidants under real cultivation and soil burial conditions. *Environmental Science and Pollution Research, 22*(4), 2584-2598.

Dehghani, S., Moore, F., & Akhbarizadeh, R. (2017). Microplastic pollution in deposited urban dust, Tehran metropolis, Iran. Environmental Science and Pollution Research, 24(25), 20360-20371.

Dris, R., Gasperi, J., Saad, M., Mirande, C., & Tassin, B. (2016). Synthetic fibers in atmospheric fallout: a source of microplastics in the environment? *Marine Pollution Bulletin, 104*(1-2), 290-293.

Feuilloley, P., Cesar, G., Benguigui, L., Grohens, Y., Pillin, I., Bewa, H., ... & Jamal, M. (2005). Degradation of polyethylene designed for agricultural purposes. *Journal of Polymers and the Environment, 13*(4), 349-355.

Hodson, M. E., Duffus-Hodson, C. A., Clark, A., Prendergast-Miller, M. T., & Thorpe, K. L. (2017). Plastic bag derived-microplastics as a vector for metal exposure in terrestrial invertebrates. *Environmental Science & Technology, 51*(8), 4714-4721.

Kashiwada, S. (2006). Distribution of nanoparticles in the see-through medaka (Oryzias latipes). Environmental health perspectives, 114(11), 1697.

Koelmans, A. A., Besseling, E., & Shim, W. J. (2015). Nanoplastics in the aquatic environment. Critical review. In Marine anthropogenic litter (pp. 325-340). Springer, Cham.

Kong, S., Ji, Y., Liu, L., Chen, L., Zhao, X., Wang, J., ... & Sun, Z. (2012). Diversities of phthalate esters in suburban agricultural soils and wasteland soil appeared with urbanization in China. *Environmental Pollution, 170*, 161-168.

Magni, S., Binelli, A., Pittura, L., Avio, C. G., Della Torre, C., Parenti, C. C., ... & Regoli, F. (2019). The fate of microplastics in an Italian Wastewater Treatment Plant. Science of the Total Environment, 652, 602-610.

Napper, I. E., & Thompson, R. C. (2016). Release of synthetic microplastic plastic fibres from domestic washing machines: effects of fabric type and washing conditions. *Marine Pollution Bulletin, 112*(1-2), 39-45.

Pirc, U., Vidmar, M., Mozer, A., & Kržan, A. (2016). Emissions of microplastic fibers from microfiber fleece during domestic washing. Environmental Science and Pollution Research, 23(21), 22206-22211.

Plastic-Europe, A. P. M. E. (2006). Analysis of Plastics Production, Demand and Recovery in Europe.

Plastics Europe (2008) Annual report 2007, p. 36. Brussels, Belgium: Association of Plastics Manufacturers.

Plastics Europe (2017) . An Analysis of European Plastics Production, Demand and Waste Data. http://www.plasticseurope.org.
Rillig, M. C. (2012). Microplastic in terrestrial ecosystems and the soil?
Rochman, C. M., Browne, M. A., Halpern, B. S., Hentschel, B. T., Hoh, E., Karapanagioti, H. K., ... & Thompson, R. C. (2013). Policy: Classify plastic waste as hazardous. Nature, 494(7436), 169.
Salvati, A., Åberg, C., dos Santos, T., Varela, J., Pinto, P., Lynch, I., & Dawson, K. A. (2011). Experimental and theoretical comparison of intracellular import of polymeric nanoparticles and small molecules: toward models of uptake kinetics. Nanomedicine: Nanotechnology, Biology and Medicine, 7(6), 818-826.
Scarascia-Mugnozza, G., Sica, C., & Russo, G. (2011). Plastic materials in European agriculture: actual use and perspectives. *Journal of Agricultural Engineering*, 42(3), 15-28.
Snyder, S. A., Westerhoff, P., Yoon, Y., & Sedlak, D. L. (2003). Pharmaceuticals, personal care products, and endocrine disruptors in water: implications for the water industry. Environmental Engineering Science, 20(5), 449-469.
Steinmetz, Z., Wollmann, C., Schaefer, M., Buchmann, C., David, J., Tröger, J., ... & Schaumann, G. E. (2016). Plastic mulching in agriculture. Trading short-term agronomic benefits for long-term soil degradation? Science of the Total Environment, 550, 690-705.
Thompson, R., Moore, C., Andrady, A., Gregory, M., Takada, H., & Weisberg, S. (2005). New directions in plastic debris. Science, 310(5751), 1117-1117.
Thompson, R. C., Moore, C. J., Vom Saal, F. S., & Swan, S. H. (2009). Plastics, the environment and human health: current consensus and future trends. *Philosophical Transactions of the Royal Society B: Biological Sciences, 364*(1526), 2153-2166.
Wang, Y., Chen, S., Blair, R. B., Jiang, P., & Ding, P. (2009). Nest composition adjustments by Chinese Bulbuls Pycnonotus sinensis in an urbanized landscape of Hangzhou (E China). *Acta Ornithologica, 44*(2), 185-192.
Wang, J., Luo, Y., Teng, Y., Ma, W., Christie, P., & Li, Z. (2013). Soil contamination by phthalate esters in Chinese intensive vegetable production systems with different modes of use of plastic film. Environmental Pollution, 180, 265-273.
Wang, J., Chen, G., Christie, P., Zhang, M., Luo, Y., & Teng, Y. (2015). Occurrence and risk assessment of phthalate esters (PAEs) in vegetables and soils of suburban plastic film greenhouses. *Science of the Total Environment, 523*, 129-137.
Zubris, K. A. V., & Richards, B. K. (2005). Synthetic fibers as an indicator of land application of sludge. *Environmental pollution, 138*(2), 201-211.

CAPÍTULO 3: EL IMPACTO POR DESCUBRIR
Blem, C. R., Blem, L. B., & Harmata, P. J. (2002). Twine causes significant mortality in nestling ospreys. *The Wilson Bulletin, 114*(4), 528-529.
Borges, F. J. A., & Marini, M. Â. (2010). Birds nesting survival in disturbed and protected Neotropical savannas. *Biodiversity and Conservation, 19*(1), 223-236.
Hamilton, C. D., Kovacs, K. M., Ims, R. A., Aars, J., & Lydersen, C. (2017). An Arctic predator–prey system in flux: climate change impacts on coas-

tal space use by polar bears and ringed seals. *Journal of Animal Ecology,* 86(5), 1054-1064.

Henry, P. Y., Wey, G., & Balança, G. (2011). Rubber band ingestion by a rubbish dump dweller, the white stork (Ciconia ciconia). *Waterbirds, 34*(4), 504-508.

Jagiello, Z. A., Dylewski, Ł., Winiarska, D., Zolnierowicz, K. M., & Tobolka, M. (2018). Factors determining the occurrence of anthropogenic materials in nests of the white stork Ciconia ciconia. *Environmental Science and Pollution Research, 25*(15), 14726-14733.

Kapfer, J. M., & Paloski, R. A. (2011). On the threat to snakes of mesh deployed for erosion control and wildlife exclusion. *Herpetological Conservation and Biology, 6*(1), 1-9.

Milchev, B. (2009). Breeding biology of the Long-legged Buzzard Buteo rufinus in SE Bulgaria, nesting also in quarries. *Avocetta, 33,* 25-32.

Milchev, B., & Georgiev, V. (2012). Plastic fibers cause a brood failure in a Long-legged Buzzard Buteo rufinus nest. *Acrocephalus, 32,* 211-212.

Miranda, J. P., de Matos, R. F., Araújo, R. C. S., Scarpa, F. M., & Rocha, C. F. D. (2013). Entanglement in plastic debris by Boa constrictor (Serpentes: Boidae) in the state of Maranhão, Northeastern Brazil. *Herp Notes, 6,* 103-104.

Strine, C. T., Silva, I., Crane, M., Nadolski, B., Artchawakom, T., Goode, M., & Suwanwaree, P. (2014). Mortality of a wild king cobra, Ophiophagus hannah Cantor, 1836 (Serpentes: Elapidae) from Northeast Thailand after ingesting a plastic bag. *Asian Herpetological Research, 5*(4), 284-286.

Torres-Mura, J. C., Lemus, M. L., & Hertel, F. (2015). Plastic material in the diet of the turkey vulture (Cathartes aura) in the Atacama Desert, Chile. *The Wilson Journal of Ornithology, 127*(1), 134-138.

Walde, A. D., Harless, M. L., Delaney, D. K., & Pater, L. L. (2007). Anthropogenic threat to the desert tortoise (Gopherus agassizii): litter in the Mojave Desert. *Western North American Naturalist, 67*(1), 147-149.

Zhao, S., Zhu, L., & Li, D. (2016). Microscopic anthropogenic litter in terrestrial birds from Shanghai, China: Not only plastics but also natural fibers. *Science of the Total Environment, 550,* 1110-1115.

CAPÍTULO 4: UN MUNDO BAJO NUESTROS PIES

Anderson, J. M. (1988). Invertebrate-mediated transport processes in soils. Agriculture, ecosystems & environment, 24(1-3), 5-19.

Bandopadhyay, S., Martin-Closas, L., Pelacho, A. M., & DeBruyn, J. M. (2018). Biodegradable plastic mulch films: Impacts on soil microbial communities and ecosystem functions. Frontiers in microbiology, 9.

Bosker, T., Bouwman, L. J., Brun, N. R., Behrens, P., & Vijver, M. G. (2019). Microplastics accumulate on pores in seed capsule and delay germination and root growth of the terrestrial vascular plant Lepidium sativum. *Chemosphere.*

Cao, D., Wang, X., Luo, X., Liu, G., & Zheng, H. (2017, April). Effects of polystyrene microplastics on the fitness of earthworms in an agricultural soil. In IOP Conference Series: Earth and Environmental Science (Vol. 61, No. 1, p. 012148).

Domínguez, J., Aira, M., & Gómez-Brandón, M. (2009). El papel de las lombrices de tierra en la descomposición de la materia orgánica y el ciclo de nutrientes. Revista *Ecosistemas*, *18*(2).

Huang, H., Wang, D., Wan, W., & Wen, B. (2017). Hexabromocyclododecanes in soils and plants from a plastic waste treatment area in North China: occurrence, diastereomer-and enantiomer-specific profiles, and metabolization. *Environmental Science and Pollution Research*, *24*(27), 21625-21635.

Huerta Lwanga, E., Gertsen, H., Gooren, H., Peters, P., Salánki, T., van der Ploeg, M., ... & Geissen, V. (2016). Microplastics in the terrestrial ecosystem: implications for Lumbricus terrestris (Oligochaeta, Lumbricidae). Environmental science & technology, 50(5), 2685-2691.

Jiang, X., Chen, H., Liao, Y., Ye, Z., Li, M., & Klobučar, G. (2019). Ecotoxicity and genotoxicity of polystyrene microplastics on higher plant Vicia faba. *Environmental Pollution*.

Lwanga, E. H., Gertsen, H., Gooren, H., Peters, P., Salánki, T., van der Ploeg, M., ... & Geissen, V. (2017). Incorporation of microplastics from litter into burrows of Lumbricus terrestris. Environmental Pollution, 220, 523-531.

Maaß, S., Daphi, D., Lehmann, A., & Rillig, M. C. (2017). Transport of microplastics by two collembolan species. Environmental Pollution, 225, 456-459.

Qi, Y., Yang, X., Pelaez, A. M., Lwanga, E. H., Beriot, N., Gertsen, H., ... & Geissen, V. (2018). Macro-and micro-plastics in soil-plant system: Effects of plastic mulch film residues on wheat (Triticum aestivum) growth. *Science of the Total Environment*, *645*, 1048-1056.

Rillig, M. C., Lehmann, A., de Souza Machado, A. A., & Yang, G. (2019). Microplastic effects on plants. *New Phytologist*.

Rodriguez-Seijo, A., Lourenço, J., Rocha-Santos, T. A. P., Da Costa, J., Duarte, A. C., Vala, H., & Pereira, R. (2017). Histopathological and molecular effects of microplastics in Eisenia andrei Bouché. Environmental Pollution, 220, 495-503.

Rodríguez-Seijo, A., da Costa, J. P., Rocha-Santos, T., Duarte, A. C., & Pereira, R. (2018). Oxidative stress, energy metabolism and molecular responses of earthworms (*Eisenia fetida*) exposed to low-density polyethylene microplastics. Environmental Science and Pollution Research, 25(33), 33599-33610.

Rodríguez-Seijo, A., Santos, B., da Silva, E. F., Cachada, A., & Pereira, R. Low-density polyethylene microplastics as a source and carriers of agrochemicals to soil and earthworms. Environmental Chemistry.

Rillig, M. C., Ziersch, L., & Hempel, S. (2017). Microplastic transport in soil by earthworms. Scientific reports, 7(1), 1362.

Smith, M. (2018). Do microplastic residuals in municipal compost bioaccumulate in plant tissue?

van Weert, S., Redondo-Hasselerharm, P. E., Diepens, N. J., & Koelmans, A. A. (2019). Effects of nanoplastics and microplastics on the growth of sediment-rooted macrophytes. *Science of the Total Environment*, *654*, 1040-1047.

Widenfalk, L. A., Bengtsson, J., Berggren, Å., Zwiggelaar, K., Spijkman, E., Huyer-Brugman, F., & Berg, M. P. (2015). Spatially structured environmental filtering of collembolan traits in late successional salt marsh vegetation. Oecologia, 179(2), 537-549.

CAPÍTULO 5: REBELIÓN EN LA GRANJA

Hailat, N., Al-Darraji, A., Lafi, S., Barakat, S. A., Al-Ani, F., El-Magrhaby, H., ... & Al-Smadi, M. (1998). Pathology of the rumen in goats caused by plastic foreign bodies with reference to its prevalence in Jordan. *Small Ruminant Research, 30*(2), 77-83.

Omidi, A., Naeemipoor, H., & Hosseini, M. (2012). Plastic debris in the digestive tract of sheep and goats: An increasing environmental contamination in Birjand, Iran. *Bulletin of environmental contamination and toxicology, 88*(5), 691-694

Otsyina, H. R., Nguhiu-Mwangi, J., Mogoa, E. G. M., Mbuthia, P. G., & Ogara, W. O. (2014). A retrospective study on the prevalence of plastic materials in the rumen of sheep and goats in Nairobi, Kenya. *Bulletin of Animal Health and production in Africa, 62*(3), 197-205.

Ramaswamy, V., & Sharma, H. R. (2011). Plastic bags–Threat to environment and cattle health: A retrospective study from Gondar City of Ethiopia. *IIOAB-India Journal, 2*(1), 7-12.

Tiruneh, R., & Yesuwork, H. (2010). Occurrence of rumen foreign bodies in sheep and goats slaughtered at the Addis Ababa Municipality Abattoir. *Ethiopian Veterinary Journal, 14*(1), 91-100.

CAPÍTULO 6: EL MONSTRUO DEL LAGO ERA DE PLÁSTICO

Baldwin, A. K., Corsi, S. R., & Mason, S. A. (2016). Plastic debris in 29 Great Lakes tributaries: relations to watershed attributes and hydrology. *Environmental Science & Technology, 50*(19), 10377-10385.

Besseling, E., Wang, B., Lürling, M., & Koelmans, A. A. (2014). Nanoplastic affects growth of S. obliquus and reproduction of D. magna. *Environmental science & technology, 48*(20), 12336-12343.

Besseling, E., Quik, J. T., Sun, M., & Koelmans, A. A. (2017). Fate of nano-and microplastic in freshwater systems: A modeling study. *Environmental Pollution, 220*, 540-548.

Biginagwa, F. J., Mayoma, B. S., Shashoua, Y., Syberg, K., & Khan, F. R. (2016). First evidence of microplastics in the African Great Lakes: recovery from Lake Victoria Nile perch and Nile tilapia. *Journal of Great Lakes Research, 42*(1), 146-149.

Blettler, M. C., Abrial, E., Khan, F. R., Sivri, N., & Espinola, L. A. (2018). Freshwater plastic pollution: Recognizing research biases and identifying knowledge gaps. *Water research*.

Brookson, C. B., de Solla, S., Fernie, K. J., Cepeda, M. F., & Rochman, C. M. (2019). Microplastics in the diet of nestling double-crested cormorants (Phalacrocorax auratus), an obligate piscivore in a freshwater ecosystem. *Canadian Journal of Fisheries and Aquatic Sciences*, (ja).

Cable, R. N., Beletsky, D., Beletsky, R., Wigginton, K., Locke, B. W., & Duhaime, M. B. (2017). Distribution and modeled transport of plastic pollution in the Great Lakes, the world's largest freshwater resource. *Frontiers in Environmental Science, 5*, 45.

Driedger, A. G., Dürr, H. H., Mitchell, K., & Van Cappellen, P. (2015). Plastic debris in the Laurentian Great Lakes: a review. *Journal of Great Lakes Research*, 41(1), 9-19.

Dris, R., Imhof, H., Sanchez, W., Gasperi, J., Galgani, F., Tassin, B., &

Laforsch, C. (2015). Beyond the ocean: contamination of freshwater ecosystems with (micro-) plastic particles. *Environmental Chemistry*, *12*(5), 539-550.

Eerkes-Medrano, D., Thompson, R. C., & Aldridge, D. C. (2015). Microplastics in freshwater systems: a review of the emerging threats, identification of knowledge gaps and prioritisation of research needs. *Water research*, *75*, 63-82.

Eriksen, M., Mason, S., Wilson, S., Box, C., Zellers, A., Edwards, W., ... & Amato, S. (2013). Microplastic pollution in the surface waters of the Laurentian Great Lakes. *Marine pollution bulletin*, *77*(1-2), 177-182.

Fischer, E. K., Paglialonga, L., Czech, E., & Tamminga, M. (2016). Microplastic pollution in lakes and lake shoreline sediments—a case study on Lake Bolsena and Lake Chiusi (central Italy). *Environmental pollution*, *213*, 648-657.

Free, C. M., Jensen, O. P., Mason, S. A., Eriksen, M., Williamson, N. J., & Boldgiv, B. (2014). High-levels of microplastic pollution in a large, remote, mountain lake. *Marine pollution bulletin*, *85*(1), 156-163.

Gil-Delgado, J. A., Guijarro, D., Gosálvez, R. U., López-Iborra, G. M., Ponz, A., & Velasco, A. (2017). Presence of plastic particles in waterbirds faeces collected in Spanish lakes. *Environmental pollution*, *220*, 732-736.

Holland, E. R., Mallory, M. L., & Shutler, D. (2016). Plastics and other anthropogenic debris in freshwater birds from Canada. Science of the Total Environment, 571, 251-258.

Horton, A. A., Walton, A., Spurgeon, D. J., Lahive, E., & Svendsen, C. (2017). Microplastics in freshwater and terrestrial environments: Evaluating the current understanding to identify the knowledge gaps and future research priorities. *Science of the total environment*, *586*, 127-141.

Lagarde, F., Olivier, O., Zanella, M., Daniel, P., Hiard, S., & Caruso, A. (2016). Microplastic interactions with freshwater microalgae: hetero-aggregation and changes in plastic density appear strongly dependent on polymer type. *Environmental pollution*, *215*, 331-339.

Mason, S. A., Kammin, L., Eriksen, M., Aleid, G., Wilson, S., Box, C., ... & Riley, A. (2016). Pelagic plastic pollution within the surface waters of Lake Michigan, USA. *Journal of Great Lakes Research*, *42*(4), 753-759.

Moseman, E. (2015). Micro-plastic Bioaccumulation in Yellow Perch (Perca flavescens) of Lake Champlain.

Reynolds, C., & Ryan, P. G. (2018). Micro-plastic ingestion by waterbirds from contaminated wetlands in South Africa. *Marine pollution bulletin*, *126*, 330-333.

Sighicelli, M., Pietrelli, L., Lecce, F., Iannilli, V., Falconieri, M., Coscia, L., ... & Zampetti, G. (2018). Microplastic pollution in the surface waters of Italian Subalpine Lakes. *Environmental pollution*, *236*, 645-651.

Wagner, M., Scherer, C., Alvarez-Muñoz, D., Brennholt, N., Bourrain, X., Buchinger, S., ... & Rodriguez-Mozaz, S. (2014). Microplastics in freshwater ecosystems: what we know and what we need to know. *Environmental Sciences Europe*, *26*(1), 12.

Zeng, F., Cui, K., Xie, Z., Liu, M., Li, Y., Lin, Y., ... & Li, F. (2008). Occurrence of phthalate esters in water and sediment of urban lakes in a subtropical city, Guangzhou, South China. *Environment International*, *34*(3), 372-380.

Zhang, K., Su, J., Xiong, X., Wu, X., Wu, C., & Liu, J. (2016). Microplastic pollution of lakeshore sediments from remote lakes in Tibet plateau, China. *Environmental pollution, 219,* 450-455.

Zbyszewski, M., Corcoran, P. L., & Hockin, A. (2014). Comparison of the distribution and degradation of plastic debris along shorelines of the Great Lakes, North America. *Journal of Great Lakes Research,* 40(2), 288-299.

CAPÍTULO 7: LAS OBSTRUIDAS ARTERIAS DEL MUNDO

Blettler, M. C., Abrial, E., Khan, F. R., Sivri, N., & Espinola, L. A. (2018). Freshwater plastic pollution: Recognizing research biases and identifying knowledge gaps. *Water research.*

Calamari, D., Zuccato, E., Castiglioni, S., Bagnati, R., & Fanelli, R. (2003). Strategic survey of therapeutic drugs in the rivers Po and Lambro in northern Italy. *Environmental Science & Technology,* 37(7), 1241-1248.

Capaldo, A., Gay, F., Lepretti, M., Paolella, G., Martucciello, S., Lionetti, L., ... & Laforgia, V. (2018). Effects of environmental cocaine concentrations on the skeletal muscle of the European eel (Anguilla anguilla). *Science of the Total Environment, 640,* 862-873.

Cardinale, B. J., Gelmann, E. R., & Palmer, M. A. (2004). Net spinning caddisflies as stream ecosystem engineers: the influence of Hydropsyche on benthic substrate stability. Functional Ecology, 18(3), 381-387.

Domínguez-Morueco, N., González-Alonso, S., & Valcárcel, Y. (2014). Phthalate occurrence in rivers and tap water from central Spain. *Science of the Total Environment, 500,* 139-146.

Gasperi, J., Dris, R., Bonin, T., Rocher, V., & Tassin, B. (2014). Assessment of floating plastic debris in surface water along the Seine River. *Environmental pollution, 195,* 163-166.

Gherardi, F. (2007). Biological invasions in inland waters: an overview. In *Biological invaders in inland waters: profiles, distribution, and threats* (pp. 3-25). Springer, Dordrecht.

Holland, E. R., Mallory, M. L., & Shutler, D. (2016). Plastics and other anthropogenic debris in freshwater birds from Canada. *Science of the Total Environment, 571,* 251-258.

Horton, A. A., Svendsen, C., Williams, R. J., Spurgeon, D. J., & Lahive, E. (2017). Large microplastic particles in sediments of tributaries of the River Thames, UK–Abundance, sources and methods for effective quantification. *Marine Pollution Bulletin, 114*(1), 218-226.

Hussner, A. (2012). Alien aquatic plant species in European countries. *Weed Research,* 52(4), 297-306.

Jabeen, K., Su, L., Li, J., Yang, D., Tong, C., Mu, J., & Shi, H. (2017). Microplastics and mesoplastics in fish from coastal and fresh waters of China. *Environmental Pollution, 221,* 141-149.

Johnson, A. C., Keller, V., Dumont, E., & Sumpter, J. P. (2015). Assessing the concentrations and risks of toxicity from the antibiotics ciprofloxacin, sulfamethoxazole, trimethoprim and erythromycin in European rivers. *Science of the Total Environment, 511,* 747-755.

Lahens, L., Strady, E., Kieu-Le, T. C., Dris, R., Boukerma, K., Rinnert, E., ... & Tassin, B. (2018). Macroplastic and microplastic contamination assessment of a tropical river (Saigon River, Vietnam) transversed by a developing megacity. *Environmental pollution*, 236, 661-671.

Lebreton, L. C., Van der Zwet, J., Damsteeg, J. W., Slat, B., Andrady, A., & Reisser, J. (2017). River plastic emissions to the world's oceans. *Nature communications*, 8, 15611.

Lechner, A., Keckeis, H., Lumesberger-Loisl, F., Zens, B., Krusch, R., Tritthart, M., ... & Schludermann, E. (2014). The Danube so colourful: a potpourri of plastic litter outnumbers fish larvae in Europe's second largest river. *Environmental pollution*, 188, 177-181.

Leprieur, F., Beauchard, O., Blanchet, S., Oberdorff, T., & Brosse, S. (2008). Fish invasions in the world's river systems: when natural processes are blurred by human activities. *PLoS biology*, 6(2), e28.

McIlgorm, A., Campbell, H. F., & Rule, M. J. (2011). The economic cost and control of marine debris damage in the Asia-Pacific region. *Ocean & Coastal Management*, 54(9), 643-651.

Mani, T., Hauk, A., Walter, U., & Burkhardt-Holm, P. (2015). Microplastics profile along the Rhine River. *Scientific reports*, 5, 17988.

McGoran, A. R., Clark, P. F., & Morritt, D. (2017). Presence of microplastic in the digestive tracts of European flounder, Platichthys flesus, and European smelt, Osmerus eperlanus, from the River Thames. *Environmental pollution*, 220, 744-751.

Mendoza, A., De Alda, M. L., González-Alonso, S., Mastroianni, N., Barceló, D., & Valcárcel, Y. (2014). Occurrence of drugs of abuse and benzodiazepines in river waters from the Madrid Region (Central Spain). *Chemosphere*, 95, 247-255.

Miller, R. Z., Watts, A. J., Winslow, B. O., Galloway, T. S., & Barrows, A. P. (2017). Mountains to the sea: river study of plastic and non-plastic microfiber pollution in the northeast USA. *Marine Pollution Bulletin*, 124(1), 245-251.

Moore, C. J., Lattin, G. L., & Zellers, A. F. (2011). Quantity and type of plastic debris flowing from two urban rivers to coastal waters and beaches of Southern California. *Revista de Gestão Costeira Integrada-Journal of Integrated Coastal Zone Management*, 11(1), 65-73.

Morritt, D., Stefanoudis, P. V., Pearce, D., Crimmen, O. A., & Clark, P. F. (2014). Plastic in the Thames: a river runs through it. *Marine Pollution Bulletin*, 78(1-2), 196-200.

Panov, V. E., Alexandrov, B., Arbačiauskas, K., Binimelis, R., Copp, G. H., Grabowski, M., ... & Semenchenko, V. (2009). Assessing the risks of aquatic species invasions via European inland waterways: from concepts to environmental indicators. *Integrated environmental assessment and management*, 5(1), 110-126.

Pazos, R. S., Maiztegui, T., Colautti, D. C., Paracampo, A. H., & Gómez, N. (2017). Microplastics in gut contents of coastal freshwater fish from Río de la Plata estuary. *Marine Pollution Bulletin*, 122(1-2), 85-90.

Pico, Y., Belenguer, V., Corcellas, C., Diaz-Cruz, M. S., Eljarrat, E., Farré, M., ... & Rodríguez-Mozaz, S. (2019). Contaminants of emerging concern in freshwater fish from four Spanish Rivers. *Science of The Total Environment*, 659, 1186-1198.

Ricciardi, A., & MacIsaac, H. J. (2011). Impacts of biological invasions on freshwater ecosystems. *Fifty years of invasion ecology: the legacy of Charles Elton*, 1, 211-224.

Sadri, S. S., & Thompson, R. C. (2014). On the quantity and composition of floating plastic debris entering and leaving the Tamar Estuary, Southwest England. *Marine Pollution Bulletin*, 81(1), 55-60.

Sanchez, W., Bender, C., & Porcher, J. M. (2014). Wild gudgeons (Gobio gobio) from French rivers are contaminated by microplastics: preliminary study and first evidence. *Environmental research*, 128, 98-100.

Schmid, K., Winemiller, K. O., Chelazzi, D., Cincinelli, A., Dei, L., & Giarrizzo, T. (2018). First evidence of microplastic ingestion by fishes from the Amazon River estuary. *Marine Pollution Bulletin*, 133, 814-821.

Schnitzler, A., Hale, B. W., & Alsum, E. M. (2007). Examining native and exotic species diversity in European riparian forests. *Biological Conservation*, 138(1-2), 146-156.

Shanmugam, G., Sampath, S., Selvaraj, K. K., Larsson, D. J., & Ramaswamy, B. R. (2014). Non-steroidal anti-inflammatory drugs in Indian rivers. *Environmental Science and Pollution Research*, 21(2), 921-931.

Silva-Cavalcanti, J. S., Silva, J. D. B., de França, E. J., de Araújo, M. C. B., & Gusmão, F. (2017). Microplastics ingestion by a common tropical freshwater fishing resource. *Environmental pollution*, 221, 218-226.

Sutton, R., Mason, S. A., Stanek, S. K., Willis-Norton, E., Wren, I. F., & Box, C. (2016). Microplastic contamination in the San Francisco Bay, California, USA. *Marine Pollution Bulletin*, 109(1), 230-235.

Tibbetts, J., Krause, S., Lynch, I., & Sambrook Smith, G. (2018). Abundance, Distribution, and Drivers of Microplastic Contamination in Urban River Environments. Water, 10(11), 1597.

Todd, P. A., Ong, X., & Chou, L. M. (2010). Impacts of pollution on marine life in Southeast Asia. *Biodiversity and Conservation*, 19(4), 1063-1082.

Wagner, M., Scherer, C., Alvarez-Muñoz, D., Brennholt, N., Bourrain, X., Buchinger, S., ... & Rodriguez-Mozaz, S. (2014). Microplastics in freshwater ecosystems: what we know and what we need to know. *Environmental Sciences Europe*, 26(1), 12.

Windsor, F. M., Tilley, R. M., Tyler, C. R., & Ormerod, S. J. (2019). Microplastic ingestion by riverine macroinvertebrates. Science of the Total Environment, 646, 68-74.

Wu, C., Zhang, K., & Xiong, X. (2018). Microplastic pollution in inland waters focusing on Asia. In *Freshwater Microplastics* (pp. 85-99). Springer, Cham.

CAPÍTULO 8: UN CUENTO DE CORRIENTES MARINAS E ISLAS DE PLÁSTICO

Bryant, J. A., Clemente, T. M., Viviani, D. A., Fong, A. A., Thomas, K. A., Kemp, P., ... & DeLong, E. F. (2016). Diversity and activity of communities inhabiting plastic debris in the North Pacific Gyre. *MSystems*, 1(3), e00024-16.

Day, R. H., & Shaw, D. G. (1987). Patterns in the abundance of pelagic plastic and tar in the North Pacific Ocean, 1976–1985. *Marine Pollution Bulletin*, 18(6), 311-316.

Doyle, M. J., Watson, W., Bowlin, N. M., & Sheavly, S. B. (2011). Plastic particles in coastal pelagic ecosystems of the Northeast Pacific Ocean. Marine Environmental Research, 71(1), 41-52.

Eriksen, M., Maximenko, N., Thiel, M., Cummins, A., Lattin, G., Wilson, S., ... & Rifman, S. (2013). Plastic pollution in the South Pacific subtropical gyre. Marine pollution bulletin, 68(1-2), 71-76.

Goldstein, M. C., Rosenberg, M., & Cheng, L. (2012). Increased oceanic microplastic debris enhances oviposition in an endemic pelagic insect. *Biology letters*, 8(5), 817-820.

Kostigen, T. M., & Magazine, F. D. (2008). The world's largest dump: the great pacific garbage patch. *Discover Magazine (July 10, 2008), http://discovermagazine. com/2008/jul/10 theworldslargestdump.*

Law, K. L., Morét-Ferguson, S., Maximenko, N. A., Proskurowski, G., Peacock, E. E., Hafner, J., & Reddy, C. M. (2010). Plastic accumulation in the North Atlantic subtropical gyre. *Science*, 329(5996), 1185-1188

Law, K. L., Morét-Ferguson, S. E., Goodwin, D. S., Zettler, E. R., DeForce, E., Kukulka, T., & Proskurowski, G. (2014). Distribution of surface plastic debris in the eastern Pacific Ocean from an 11-year data set. *Environmental science & technology*, 48(9), 4732-4738.

Lebreton, L., Slat, B., Ferrari, F., Sainte-Rose, B., Aitken, J., Marthouse, R., ... & Noble, K. (2018). Evidence that the Great Pacific Garbage Patch is rapidly accumulating plastic. *Scientific reports*, 8(1), 4666.

Maximenko, N., Hafner, J., & Niiler, P. (2012). Pathways of marine debris derived from trajectories of Lagrangian drifters. *Marine Pollution Bulletin*, 65(1-3), 51-62.

Moore, C. J., Moore, S. L., Leecaster, M. K., & Weisberg, S. B. (2001). A comparison of plastic and plankton in the North Pacific central gyre. *Marine Pollution Bulletin*, 42(12), 1297-1300.

Morét-Ferguson, S., Law, K. L., Proskurowski, G., Murphy, E. K., Peacock, E. E., & Reddy, C. M. (2010). The size, mass, and composition of plastic debris in the western North Atlantic Ocean. *Marine Pollution Bulletin*, 60(10), 1873-1878.

Oberbeckmann, S., Löder, M. G., & Labrenz, M. (2015). Marine microplastic-associated biofilmse a review. Environ. Chem. 12, 551e562.

Rios, L. M., Jones, P. R., Moore, C., & Narayan, U. V. (2010). Quantitation of persistent organic pollutants adsorbed on plastic debris from the Northern Pacific Gyre's "eastern garbage patch". *Journal of Environmental Monitoring*, 12(12), 2226-2236.

Ryan, P. G. (2014). Litter survey detects the South Atlantic 'garbage patch'. *Marine Pollution Bulletin*, 79(1-2), 220-224.

Shaw, D. G., & Ignell, S. E. (1990). The quantitative distribution and characteristics of neuston plastic in the North Pacific Ocean, 1985-88. In *Proceedings of the Second International Conference on Marine Debris: 2-7 April, 1989, Honolulu, Hawaii* (Vol. 154, p. 247). US Department of Commerce, National Oceanic and Atmospheric Administration, National Marine Fisheries Service.

Thiel, M., & Gutow, L. (2005). The ecology of rafting in the marine environment. II. The rafting organisms and community. In Oceanography and Marine Biology (pp. 289-428). CRC Press.

Van Sebille, E., England, M. H., & Froyland, G. (2012). Origin, dynamics and evolution of ocean garbage patches from observed surface drifters. *Environmental Research Letters*, 7(4), 044040.

CAPÍTULO 9: PLAYAS DE PLÁSTICO

Abu-Hilal, A. H., & Al-Najjar, T. H. (2009). Plastic pellets on the beaches of the northern Gulf of Aqaba, Red Sea. *Aquatic Ecosystem Health & Management*, *12*(4), 461-470.

Albuquerque, E. F., Pinto, A. P. B., Perez, A. D. A. D. Q., & Veloso, V. G. (2007). Spatial and temporal changes in interstitial meiofauna on a sandy ocean beach of South America. *Brazilian Journal of Oceanography*, *55*(2), 121-131.

Ballance, A., Ryan, P. G., & Turpie, J. K. (2000). How much is a clean beach worth? The impact of litter on beach users in the Cape Peninsula, South Africa. *South African Journal of Science*, *96*(5), 210-230.

Baztan, J., Carrasco, A., Chouinard, O., Cleaud, M., Gabaldon, J. E., Huck, T., ... & Vanderlinden, J. P. (2014). Protected areas in the Atlantic facing the hazards of micro-plastic pollution: First diagnosis of three islands in the Canary Current. *Marine Pollution Bulletin*, *80*(1-2), 302-311.

Brennecke, D., Ferreira, E. C., Costa, T. M., Appel, D., da Gama, B. A., & Lenz, M. (2015). Ingested microplastics (> 100 μm) are translocated to organs of the tropical fiddler crab Uca rapax. *Marine Pollution Bulletin*, *96*(1-2), 491-495.

Browne, M. A., Dissanayake, A., Galloway, T. S., Lowe, D. M., & Thompson, R. C. (2008). Ingested microscopic plastic translocates to the circulatory system of the mussel, Mytilus edulis (L.). *Environmental science & technology*, *42*(13), 5026-5031.

Campbell, M. L., Slavin, C., Grage, A., & Kinslow, A. (2016). Human health impacts from litter on beaches and associated perceptions: a case study of 'clean'Tasmanian beaches. *Ocean & coastal management*, *126*, 22-30.

Carson, H. S., Colbert, S. L., Kaylor, M. J., & McDermid, K. J. (2011). Small plastic debris changes water movement and heat transfer through beach sediments. *Marine Pollution Bulletin*, *62*(8), 1708-1713

Corcoran, P. L., Biesinger, M. C., & Grifi, M. (2009). Plastics and beaches: a degrading relationship. *Marine Pollution Bulletin*, *58*(1), 80-84.

Corraini, N. R., de Lima, A. D. S., Bonetti, J., & Rangel-Buitrago, N. (2018). Troubles in the paradise: Litter and its scenic impact on the North Santa Catarina island beaches, Brazil. *Marine Pollution Bulletin*, *131*, 572-579.

Costa, M. F., Do Sul, J. A. I., Silva-Cavalcanti, J. S., Araújo, M. C. B., Spengler, Â., & Tourinho, P. S. (2010). On the importance of size of plastic fragments and pellets on the strandline: a snapshot of a Brazilian beach. *Environmental Monitoring and Assessment*, *168*(1-4), 299-304.

D'ávila, S., & Bessa, E. C. D. A. (2005). Influence of moisture on growth and egg production by Subulina octona (Brugüière)(Mollusca, Subulinidae), reared in different substrates, under laboratory conditions. *Revista Brasileira de Zoologia*, *22*(2), 349-353.

e Silva, P. P. G., Nobre, C. R., Resaffe, P., Pereira, C. D. S., & Gusmão, F. (2016). Leachate from microplastics impairs larval development in brown mussels. *Water research*, *106*, 364-370.

Eriksson, C., Burton, H., Fitch, S., Schulz, M., & van den Hoff, J. (2013). Daily accumulation rates of marine debris on sub-Antarctic island beaches. *Marine Pollution Bulletin*, *66*(1-2), 199-208.

Fauziah, S. H., Liyana, I. A., & Agamuthu, P. (2015). Plastic debris in the coastal environment: The invincible threat? Abundance of buried plastic debris on Malaysian beaches. *Waste Management & Research*, *33*(9), 812-821.

Frias, J. P. G. L., Sobral, P., & Ferreira, A. M. (2010). Organic pollutants in microplastics from two beaches of the Portuguese coast. *Marine Pollution Bulletin*, *60*(11), 1988-1992.

Gall, S. C., & Thompson, R. C. (2015). The impact of debris on marine life. *Marine Pollution Bulletin*, *92*(1-2), 170-179.

Gusmão, F., Di Domenico, M., Amaral, A. C. Z., Martínez, A., González, B. C., Worsaae, K., ... & da Cunha Lana, P. (2016). In situ ingestion of microfibres by meiofauna from sandy beaches. *Environmental pollution*, *216*, 584-590.

Keswani, A., Oliver, D. M., Gutiérrez, T., & Quilliam, R. S. (2016). Microbial hitchhikers on marine plastic debris: human exposure risks at bathing waters and beach environments. *Marine environmental research*, *118*, 10-19.

Laglbauer, B. J., Franco-Santos, R. M., Andreu-Cazenave, M., Brunelli, L., Papadatou, M., Palatinus, A., ... & Deprez, T. (2014). Macrodebris and microplastics from beaches in Slovenia. *Marine Pollution Bulletin*, *89*(1-2), 356-366.

Li, J., Green, C., Reynolds, A., Shi, H., & Rotchell, J. M. (2018). Microplastics in mussels sampled from coastal waters and supermarkets in the United Kingdom. *Environmental pollution*, *241*, 35-44.

Lourenço, P. M., Serra-Gonçalves, C., Ferreira, J. L., Catry, T., & Granadeiro, J. P. (2017). Plastic and other microfibers in sediments, macroinvertebrates and shorebirds from three intertidal wetlands of southern Europe and west Africa. *Environmental pollution*, *231*, 123-133.

Mato, Y., Isobe, T., Takada, H., Kanehiro, H., Ohtake, C., & Kaminuma, T. (2001). Plastic resin pellets as a transport medium for toxic chemicals in the marine environment. *Environmental science & technology*, *35*(2), 318-324.

Mrosovsky, N., Ryan, G. D., & James, M. C. (2009). Leatherback turtles: the menace of plastic. *Marine Pollution Bulletin*, *58*(2), 287-289.

Nakashima, E., Isobe, A., Kako, S. I., Itai, T., & Takahashi, S. (2012). Quantification of toxic metals derived from macroplastic litter on Ookushi Beach, Japan. *Environmental science & technology*, *46*(18), 10099-10105.

Özdilek, H. G., Yalçin-Özdilek, S., Ozaner, F. S., & Sönmez, B. (2006). Impact of accumulated beach litter on Chelonia mydas L. 1758(Green turtle) Hatchlings of the Samandag Coast, Hatay, Turkey. *Fresenius Environmental Bulletin*, *15*(2), 95-103.

Penn, D., & Brockmann, H. J. (1994). Nest-site selection in the horseshoe crab, Limulus polyphemus. *The Biological Bulletin*, *187*(3), 373-384.

Quilliam, R. S., Jamieson, J., & Oliver, D. M. (2014). Seaweeds and plastic debris can influence the survival of faecal indicator organisms in beach environments. *Marine Pollution Bulletin*, *84*(1-2), 201-207.

Retama, I., Jonathan, M. P., Shruti, V. C., Velumani, S., Sarkar, S. K., Roy, P. D., & Rodríguez-Espinosa, P. F. (2016). Microplastics in tourist beaches of Huatulco Bay, Pacific coast of southern Mexico. *Marine Pollution Bulletin*, *113*(1-2), 530-535.

Santos, I. R., Friedrich, A. C., Wallner-Kersanach, M., & Fillmann, G. (2005).

Influence of socio-economic characteristics of beach users on litter generation. *Ocean & Coastal Management, 48*(9-10), 742-752.

Santos, I. R., Friedrich, A. C., & Do Sul, J. A. I. (2009). Marine debris contamination along undeveloped tropical beaches from northeast Brazil. *Environmental Monitoring and Assessment, 148*(1-4), 455-462.

Sheavly, S. B., & Register, K. M. (2007). Marine debris & plastics: environmental concerns, sources, impacts and solutions. *Journal of Polymers and the Environment, 15*(4), 301-305.

Turra, A., Manzano, A. B., Dias, R. J. S., Mahiques, M. M., Barbosa, L., Balthazar-Silva, D., & Moreira, F. T. (2014). Three-dimensional distribution of plastic pellets in sandy beaches: shifting paradigms. *Scientific reports, 4*, 4435.

Van Cauwenberghe, L., Claessens, M., Vandegehuchte, M. B., & Janssen, C. R. (2015). Microplastics are taken up by mussels (Mytilus edulis) and lugworms (Arenicola marina) living in natural habitats. *Environmental Pollution, 199*, 10-17.

Watts, A. J., Urbina, M. A., Corr, S., Lewis, C., & Galloway, T. S. (2015). Ingestion of plastic microfibers by the crab Carcinus maenas and its effect on food consumption and energy balance. *Environmental science & technology, 49*(24), 14597-14604.

Zhang, W., Ma, X., Zhang, Z., Wang, Y., Wang, J., Wang, J., & Ma, D. (2015). Persistent organic pollutants carried on plastic resin pellets from two beaches in China. *Marine Pollution Bulletin, 99*(1-2), 28-34.

CAPÍTULO 10: *MARE PLASTICUM*

Aliani, S., & Molcard, A. (2003). Hitch-hiking on floating marine debris: macrobenthic species in the Western Mediterranean Sea. In Migrations and Dispersal of Marine Organisms (pp. 59-67). Springer, Dordrecht.

Anastasopoulou, A., Mytilineou, C., Smith, C. J., & Papadopoulou, K. N. (2013). Plastic debris ingested by deep-water fish of the Ionian Sea (Eastern Mediterranean). Deep Sea Research Part I: Oceanographic Research Papers, 74, 11-13.

Barnes, D. K., Galgani, F., Thompson, R. C., & Barlaz, M. (2009). Accumulation and fragmentation of plastic debris in global environments. Philosophical Transactions of the Royal Society of London B: Biological Sciences, 364(1526), 1985-1998.

Bianchi, C. N., & Morri, C. (2000). Marine biodiversity of the Mediterranean Sea: situation, problems and prospects for future research. *Marine Pollution Bulletin, 40*(5), 367-376.

Bleu, P. (2009). State of the Environment and Development in the Mediterranean. *Athens: UNEP/MAP-Plan Bleu.*

Campani, T., Baini, M., Giannetti, M., Cancelli, F., Mancusi, C., Serena, F., ... & Fossi, M. C. (2013). Presence of plastic debris in loggerhead turtle stranded along the Tuscany coasts of the Pelagos Sanctuary for Mediterranean Marine Mammals (Italy). *Marine Pollution Bulletin, 74*(1), 225-230.

Codina-García, M., Militão, T., Moreno, J., & González-Solís, J. (2013). Plastic debris in Mediterranean seabirds. *Marine Pollution Bulletin, 77*(1-2), 220-226.

Collignon, A., Hecq, J. H., Glagani, F., Voisin, P., Collard, F., & Goffart, A. (2012). Neustonic microplastic and zooplankton in the North Western Mediterranean Sea. *Marine Pollution Bulletin*, *64*(4), 861-864.

Cózar, A., Sanz-Martín, M., Martí, E., González-Gordillo, J. I., Ubeda, B., Gálvez, J. Á., ... & Duarte, C. M. (2015). Plastic accumulation in the Mediterranean Sea. *PLoS One*, *10*(4), e0121762.

de Stephanis, R., Giménez, J., Carpinelli, E., Gutierrez-Exposito, C., & Cañadas, A. (2013). As main meal for sperm whales: Plastics debris. *Marine Pollution Bulletin*, *69*(1-2), 206-214.

Fossi, M. C., Panti, C., Guerranti, C., Coppola, D., Giannetti, M., Marsili, L., & Minutoli, R. (2012). Are baleen whales exposed to the threat of microplastics? A case study of the Mediterranean fin whale (Balaenoptera physalus). *Marine Pollution Bulletin*, 64(11), 2374-2379.

Fossi, M. C., Coppola, D., Baini, M., Giannetti, M., Guerranti, C., Marsili, L., ... & Clò, S. (2014). Large filter feeding marine organisms as indicators of microplastic in the pelagic environment: The case studies of the Mediterranean basking shark (Cetorhinus maximus) and fin whale (Balaenoptera physalus). Marine environmental research, 100, 17-24.

Latini, G. (2005). Monitoring phthalate exposure in humans. Clinica Chimica Acta, 361(1-2), 20-29.

Ruiz-Orejón, L. F., Sardá, R., & Ramis-Pujol, J. (2018). Now, you see me: High concentrations of floating plastic debris in the coastal waters of the Balearic Islands (Spain). *Marine Pollution Bulletin*, 133, 636-646.

Sala, B., Giménez, J., de Stephanis, R., Barceló, D., & Eljarrat, E. (2019). First determination of high levels of organophosphorus flame retardants and plasticizers in dolphins from Southern European waters. Environmental Research.

Suaria, G., & Aliani, S. (2014). Floating debris in the Mediterranean Sea. *Marine Pollution Bulletin*, 86(1-2), 494-504.

Suaria, G., Avio, C. G., Mineo, A., Lattin, G. L., Magaldi, M. G., Belmonte, G., ... & Aliani, S. (2016). The Mediterranean Plastic Soup: synthetic polymers in Mediterranean surface waters. Scientific reports, 6, 37551.

Tomás, J., Guitart, R., Mateo, R., & Raga, J. A. (2002). Marine debris ingestion in loggerhead sea turtles, Caretta caretta, from the Western Mediterranean. *Marine Pollution Bulletin*, 44(3), 211-216

CAPÍTULO 11: EL DÍA QUE DESCUBRIMOS LA TRAGEDIA

Álvarez, G., Barros, Á., & Velando, A. (2018). The use of European shag pellets as indicators of microplastic fibers in the marine environment. *Marine Pollution Bulletin*, *137*, 444-448.

Auman, H. J., Woehler, E. J., Riddle, M. J., & Burton, H. (2004). First evidence of ingestion of plastic debris by seabirds at sub-Antarctic Heard Island. Marine ornithology, 32(1), 105-106

Avery-Gomm, S., O'Hara, P. D., Kleine, L., Bowes, V., Wilson, L. K., & Barry, K. L. (2012). Northern fulmars as biological monitors of trends of plastic pollution in the eastern North Pacific. *Marine Pollution Bulletin*, 64(9), 1776-1781.

Barbieri, E. (2009). Occurrence of plastic particles in procellariiforms, south of Sao Paulo State (Brazil). Brazilian Archives of Biology and Technology, 52(2), 341-348.

Battisti, C., Staffieri, E., Poeta, G., Sorace, A., Luiselli, L., & Amori, G. (2019). Interactions between anthropogenic litter and birds: a global review with a 'black-list'of species. *Marine Pollution Bulletin, 138*, 93-114.

Bond, A. L., Provencher, J. F., Daoust, P. Y., & Lucas, Z. N. (2014). Plastic ingestion by fulmars and shearwaters at Sable Island, Nova Scotia, Canada. *Marine Pollution Bulletin*, 87(1-2), 68-75.

Codina-García, M., Militão, T., Moreno, J., & González-Solís, J. (2013). Plastic debris in Mediterranean seabirds. *Marine Pollution Bulletin*, 77(1-2), 220-226.

Colabuono, F. I., Taniguchi, S., & Montone, R. C. (2010). Polychlorinated biphenyls and organochlorine pesticides in plastics ingested by seabirds. *Marine Pollution Bulletin*, 60(4), 630-634.

Croxall, J. P., Butchart, S. H., Lascelles, B. E. N., Stattersfield, A. J., Sullivan, B. E. N., Symes, A., & Taylor, P. H. I. L. (2012). Seabird conservation status, threats and priority actions: a global assessment. Bird Conservation International, 22(1), 1-34.

Day, R. H., Wehle, D. H., & Coleman, F. C. (1985, December). Ingestion of plastic pollutants by marine birds. In Proceedings of the Workshop on the Fate and Impact of Marine Debris (Vol. 2, p. 34). US Dept. Commerce.

Derraik, J. G. (2002). The pollution of the marine environment by plastic debris: a review. *Marine Pollution Bulletin*, 44(9), 842-852.

Furtado, R., Menezes, D., Santos, C. J., & Catry, P. (2016). White-faced stormpetrels Pelagodroma marina predated by gulls as biological monitors of plastic pollution in the pelagic subtropical Northeast Atlantic. *Marine Pollution Bulletin*, 112(1-2), 117-122.

Gray, H., Lattin, G. L., & Moore, C. J. (2012). Incidence, mass and variety of plastics ingested by Laysan (*Phoebastria immutabilis*) and Black-footed Albatrosses (*P. nigripes*) recovered as by-catch in the North Pacific Ocean. *Marine Pollution Bulletin*, 64(10), 2190-2192.

Hutton, I., Carlile, N., & Priddel, D. (2008). Plastic ingestion by flesh-footed (*Puffinus carneipes*) and wedge-tailed (*P. pacificus*) shearwaters. In Papers and proceedings of the Royal Society of Tasmania (Vol. 142, No. 1, p. 1).

Kühn, S., & van Franeker, J. A. (2012). Plastic ingestion by the northern fulmar (*Fulmarus glacialis*) in Iceland. *Marine Pollution Bulletin*, 64(6), 1252-1254.

Laist, D. W. (1997). Impacts of marine debris: entanglement of marine life in marine debris including a comprehensive list of species with entanglement and ingestion records. In Marine Debris (pp. 99-139). Springer, New York, NY.

Lavers, J. L., Bond, A. L., & Hutton, I. (2014). Plastic ingestion by Fleshfooted Shearwaters (*Puffinus carneipes*): Implications for fledgling body condition and the accumulation of plastic-derived chemicals. Environmental Pollution, 187, 124-129.

Lavers, J. L., & Bond, A. L. (2016). Ingested plastic as a route for trace metals in Laysan Albatross (*Phoebastria immutabilis*) and Bonin Petrel (*Pterodroma hypoleuca*) from Midway Atoll. *Marine Pollution Bulletin*, 110(1), 493-500.

Lenzi, J., Burgues, M. F., Carrizo, D., Machín, E., & Teixeira-de Mello, F. (2016). Plastic ingestion by a generalist seabird on the coast of Uruguay. *Marine Pollution Bulletin, 107*(1), 71-76.

Pierce, K. E., Harris, R. J., Larned, L. S., & Pokras, M. A. (2004). Obstruction and starvation associated with plastic ingestion in a Northern Gannet Morus bassanus and a Greater Shearwater Puffinus gravis. Marine Ornithology, 32(2), 187-9.

Provencher, J. F., Gaston, A. J., Mallory, M. L., O'hara, P. D., & Gilchrist, H. G. (2010). Ingested plastic in a diving seabird, the thick-billed murre (*Uria lomvia*), in the eastern Canadian Arctic. *Marine Pollution Bulletin*, 60(9), 1406-1411.

Provencher, J. F., Bond, A. L., Hedd, A., Montevecchi, W. A., Muzaffar, S. B., Courchesne, S. J., ... & Durinck, J. (2014). Prevalence of marine debris in marine birds from the North Atlantic. *Marine Pollution Bulletin*, 84(1-2), 411-417.

Rodríguez, A., Rodríguez, B., & Carrasco, M. N. (2012). High prevalence of parental delivery of plastic debris in Cory's shearwaters (*Calonectris diomedea*). *Marine Pollution Bulletin*, 64(10), 2219-2223.

Steen, R., Torjussen, C. S., Jones, D. W., Tsimpidis, T., & Miliou, A. (2016). Plastic mistaken for prey by a colony-breeding Eleonora's falcon (Falco eleonorae) in the Mediterranean Sea, revealed by camera-trap. *Marine Pollution Bulletin, 106*(1-2), 200-201.

Talsness, C. E., Andrade, A. J., Kuriyama, S. N., Taylor, J. A., & Vom Saal, F. S. (2009). Components of plastic: experimental studies in animals and relevance for human health. Philosophical Transactions of the Royal Society B: Biological Sciences, 364(1526), 2079-209

Tanaka, K., Takada, H., Yamashita, R., Mizukawa, K., Fukuwaka, M. A., & Watanuki, Y. (2013). Accumulation of plastic-derived chemicals in tissues of seabirds ingesting marine plastics. *Marine Pollution Bulletin*, 69(1-2), 219-222.

Trevail, A. M., Gabrielsen, G. W., Kühn, S., & Van Franeker, J. A. (2015). Elevated levels of ingested plastic in a high Arctic seabird, the northern fulmar (*Fulmarus glacialis*). Polar Biology, 38(7), 975-981.

Van Franeker, J. A., Blaize, C., Danielsen, J., Fairclough, K., Gollan, J., Guse, N., ... & Olsen, B. (2011). Monitoring plastic ingestion by the northern fulmar (*Fulmarus glacialis*) in the North Sea. Environmental Pollution, 159(10), 2609-2615.

Verlis, K. M., Campbell, M. L., & Wilson, S. P. (2013). Ingestion of marine debris plastic by the wedge-tailed shearwater Ardenna pacifica in the Great Barrier Reef, Australia. *Marine Pollution Bulletin*, 72(1), 244-249.

Vlietstra, L. S., & Parga, J. A. (2002). Long-term changes in the type, but not amount, of ingested plastic particles in short-tailed shearwaters in the southeastern Bering Sea. *Marine Pollution Bulletin*, 44(9), 945-955.

Wilcox, C., Van Sebille, E., & Hardesty, B. D. (2015). Threat of plastic pollution to seabirds is global, pervasive, and increasing. Proceedings of the National Academy of Sciences, 112(38), 11899-11904.

Young, L. C., Vanderlip, C., Duffy, D. C., Afanasyev, V., & Shaffer, S. A. (2009). Bringing home the trash: do colony-based differences in foraging distribution lead to increased plastic ingestion in Laysan albatrosses? PloS one, 4(10), e7623.

CAPÍTULO 12: AHOGADOS EN PLÁSTICO

Andrady, A. L. (2011). Microplastics in the marine environment. *Marine Pollution Bulletin, 62*(8), 1596-1605.

Alomar, C., & Deudero, S. (2017). Evidence of microplastic ingestion in the shark Galeus melastomus Rafinesque, 1810 in the continental shelf off the western Mediterranean Sea. *Environmental Pollution, 223,* 223-229.

Barreiros, J. P., & Barcelos, J. (2001). Plastic ingestion by a leatherback turtle Dermochelys coriacea from the Azores (NE Atlantic). *Marine Pollution Bulletin, 42*(11), 1196-1197.

Baulch, S. A. R. A. H., & Perry, C. L. A. R. E. (2012). A sea of plastic: evaluating the impacts of marine debris on cetaceans. In *Proceedings of the 64th Meeting of the International Whaling Commission Scientific Committee* (p. 4).

Baulch, S., & Perry, C. (2014). Evaluating the impacts of marine debris on cetaceans. *Marine Pollution Bulletin,* 80(1-2), 210-221.

Besseling, E., Foekema, E. M., Van Franeker, J. A., Leopold, M. F., Kühn, S., Rebolledo, E. B., ... & Koelmans, A. A. (2015). Microplastic in a macro filter feeder: humpback whale Megaptera novaeangliae. *Marine Pollution Bulletin, 95*(1), 248-252.

Cliff, G., Dudley, S. F., Ryan, P. G., & Singleton, N. (2002). Large sharks and plastic debris in KwaZulu-Natal, South Africa. *Marine and Freshwater Research, 53*(2), 575-581.

Davison, P., & Asch, R. G. (2011). Plastic ingestion by mesopelagic fishes in the North Pacific Subtropical Gyre. *Marine Ecology Progress Series, 432,* 173-180.

Denuncio, P., Bastida, R., Dassis, M., Giardino, G., Gerpe, M., & Rodríguez, D. (2011). Plastic ingestion in Franciscana dolphins, Pontoporia blainvillei (Gervais and d'Orbigny, 1844), from Argentina. *Marine Pollution Bulletin, 62*(8), 1836-1841.

Derraik, J. G. (2002). The pollution of the marine environment by plastic debris: a review. *Marine Pollution Bulletin, 44*(9), 842-852.

Di Beneditto, A. P. M., & Ramos, R. M. A. (2014). Marine debris ingestion by coastal dolphins: what drives differences between sympatric species? *Marine Pollution Bulletin, 83*(1), 298-301.

Eriksen, M., Lebreton, L. C., Carson, H. S., Thiel, M., Moore, C. J., Borerro, J. C., ... & Reisser, J. (2014). Plastic pollution in the world's oceans: more than 5 trillion plastic pieces weighing over 250,000 tons afloat at sea. *PloS one, 9*(12), e111913.

Eriksson, C., & Burton, H. (2003). Origins and biological accumulation of small plastic particles in fur seals from Macquarie Island. *AMBIO: A Journal of the Human Environment, 32*(6), 380-385.

Foekema, E. M., De Gruijter, C., Mergia, M. T., van Franeker, J. A., Murk, A. J., & Koelmans, A. A. (2013). Plastic in north sea fish. Environmental science & technology, 47(15), 8818-8824.

Fossi, M. C., Panti, C., Guerranti, C., Coppola, D., Giannetti, M., Marsili, L., & Minutoli, R. (2012). Are baleen whales exposed to the threat of microplastics? A case study of the Mediterranean fin whale (Balaenoptera physalus). *Marine Pollution Bulletin, 64*(11), 2374-2379.

Fossi, M. C., Marsili, L., Baini, M., Giannetti, M., Coppola, D., Guerranti, C., ... & Rubegni, F. (2016). Fin whales and microplastics: The

Mediterranean Sea and the Sea of Cortez scenarios. *Environmental Pollution, 209*, 68-78.

Fossi, M. C., Baini, M., Panti, C., Galli, M., Jiménez, B., Muñoz-Arnanz, J., ... & Ramírez-Macías, D. (2017). Are whale sharks exposed to persistent organic pollutants and plastic pollution in the Gulf of California (Mexico)? First ecotoxicological investigation using skin biopsies. *Comparative Biochemistry and Physiology Part C: Toxicology & Pharmacology, 199*, 48-58.

Goldsworthy, S. D., Hindell, M. A., & Crowley, H. M. (1997). Diet and diving behaviour of sympatric fur seals Arctocephalus gazella and A. tropicalis at Macquarie Island. In *Marine mammal research in the Southern Hemisphere* (Vol. 1, pp. 151-163).

Hernandez-Gonzalez, A., Saavedra, C., Gago, J., Covelo, P., Santos, M. B., & Pierce, G. J. (2018). Microplastics in the stomach contents of common dolphin (Delphinus delphis) stranded on the Galician coasts (NW Spain, 2005–2010). *Marine Pollution Bulletin, 137*, 526-532.

Jabeen, K., Su, L., Li, J., Yang, D., Tong, C., Mu, J., & Shi, H. (2017). Microplastics and mesoplastics in fish from coastal and fresh waters of China. *Environmental Pollution, 221*, 141-149.

Jacobsen, J. K., Massey, L., & Gulland, F. (2010). Fatal ingestion of floating net debris by two sperm whales (Physeter macrocephalus). *Marine Pollution Bulletin, 60*(5), 765-767.

Lusher, A. L., Mchugh, M., & Thompson, R. C. (2013). Occurrence of microplastics in the gastrointestinal tract of pelagic and demersal fish from the English Channel. *Marine Pollution Bulletin, 67*(1-2), 94-99.

Lusher, A. L., Hernandez-Milian, G., O'Brien, J., Berrow, S., O'Connor, I., & Officer, R. (2015). Microplastic and macroplastic ingestion by a deep diving, oceanic cetacean: the True's beaked whale Mesoplodon mirus. *Environmental Pollution, 199*, 185-191.

Martineau, D., Lemberger, K., Dallaire, A., Labelle, P., Lipscomb, T. P., Michel, P., & Mikaelian, I. (2002). Cancer in wildlife, a case study: beluga from the St. Lawrence estuary, Québec, Canada. *Environmental health perspectives, 110*(3), 285-292.

Mrosovsky, N., Ryan, G. D., & James, M. C. (2009). Leatherback turtles: the menace of plastic. *Marine Pollution Bulletin, 58*(2), 287-289.

Nelms, S. E., Duncan, E. M., Broderick, A. C., Galloway, T. S., Godfrey, M. H., Hamann, M., ... & Godley, B. J. (2015). Plastic and marine turtles: a review and call for research. *ICES Journal of Marine Science, 73*(2), 165-181.

Rebolledo, E. L. B., Van Franeker, J. A., Jansen, O. E., & Brasseur, S. M. (2013). Plastic ingestion by harbour seals (Phoca vitulina) in The Netherlands. *Marine Pollution Bulletin, 67*(1-2), 200-202.

Rummel, C. D., Löder, M. G., Fricke, N. F., Lang, T., Griebeler, E. M., Janke, M., & Gerdts, G. (2016). Plastic ingestion by pelagic and demersal fish from the North Sea and Baltic Sea. *Marine Pollution Bulletin, 102*(1), 134-141.

Schuyler, Q., Hardesty, B. D., Wilcox, C., & Townsend, K. (2014). Global analysis of anthropogenic debris ingestion by sea turtles. *Conservation biology, 28*(1), 129-139.

Schuyler, Q. A., Wilcox, C., Townsend, K. A., Wedemeyer-Strombel, K. R., Balazs, G., Van Sebille, E., & Hardesty, B. D. (2016). Risk analy-

sis reveals global hotspots for marine debris ingestion by sea turtles. *Global Change Biology*, 22(2), 567-576.
Sheavly, S. B., & Register, K. M. (2007). Marine debris & plastics: environmental concerns, sources, impacts and solutions. *Journal of Polymers and the Environment*, 15(4), 301-305.
Unger, B., Rebolledo, E. L. B., Deaville, R., Gröne, A., IJsseldijk, L. L., Leopold, M. F., ... & Herr, H. (2016). Large amounts of marine debris found in sperm whales stranded along the North Sea coast in early 2016. *Marine Pollution Bulletin*, 112(1-2), 134-141.
Wedemeyer-Strombel, K. R., Balazs, G. H., Johnson, J. B., Peterson, T. D., Wicksten, M. K., & Plotkin, P. T. (2015). High frequency of occurrence of anthropogenic debris ingestion by sea turtles in the North Pacific Ocean. *Marine biology*, 162(10), 2079-2091.

CAPÍTULO 13: LA TELARAÑA MARINA

Albano, M. J., da Cunha Lana, P., Bremec, C., Elías, R., Martins, C. C., Venturini, N., ... & Obenat, S. (2013). Macrobenthos and multi-molecular markers as indicators of environmental contamination in a South American port (Mar del Plata, Southwest Atlantic). *Marine Pollution Bulletin*, 73(1), 102-114.
Anderson, O. R., Small, C. J., Croxall, J. P., Dunn, E. K., Sullivan, B. J., Yates, O., & Black, A. (2011). Global seabird bycatch in longline fisheries. Endangered Species Research, 14(2), 91-106.
Baum, J. K., Meeuwig, J. J., & Vincent, A. C. (2003). Bycatch of lined seahorses (Hippocampus erectus) in a Gulf of Mexico shrimp trawl fishery. *Fishery Bulletin*, 101(4), 721-731.
Beerkircher, L. R., Cortes, E., & Shivji, M. (2002). Characteristics of shark bycatch observed on pelagic longlines off the southeastern United States, 1992–2000. *Marine Fisheries Review*, 64(4), 40-49.
Bilkovic, D. M., Havens, K., Stanhope, D., & Angstadt, K. (2014). Derelict fishing gear in Chesapeake Bay, Virginia: Spatial patterns and implications for marine fauna. *Marine Pollution Bulletin*, 80(1-2), 114-123.
Capietto, A., Escalle, L., Chavance, P., Dubroca, L., de Molina, A. D., Murua, H., ... & Merigot, B. (2014). Mortality of marine megafauna induced by fisheries: Insights from the whale shark, the world's largest fish. *Biological Conservation*, 174, 147-151.
Croxall, J. P., Butchart, S. H., Lascelles, B. E. N., Stattersfield, A. J., Sullivan, B. E. N., Symes, A., & Taylor, P. H. I. L. (2012). Seabird conservation status, threats and priority actions: a global assessment. Bird Conservation International, 22(1), 1-34.
Gallagher, A. J., Orbesen, E. S., Hammerschlag, N., & Serafy, J. E. (2014). Vulnerability of oceanic sharks as pelagic longline bycatch. *Global Ecology and Conservation*, 1, 50-59.
Genovart, M., Arcos, J. M., Álvarez, D., McMinn, M., Meier, R., Wynn, R. B., ... & Oro, D. (2016). Demography of the critically endangered Balearic shearwater: the impact of fisheries and time to extinction. *Journal of Applied Ecology*, 53(4), 1158-1168.
Gerrodette, T., & Rojas-Bracho, L. (2011). Estimating the success of pro-

tected areas for the vaquita, Phocoena sinus. *Marine Mammal Science,* 27(2), E101-E125.

Gerrodette, T., Taylor, B. L., Swift, R., Rankin, S., Jaramillo-Legorreta, A. M., & Rojas-Bracho, L. (2011). A combined visual and acoustic estimate of 2008 abundance, and change in abundance since 1997, for the vaquita, Phocoena sinus. *Marine Mammal Science,* 27(2), E79-E100.

Gianuca, D., Phillips, R. A., Townley, S., & Votier, S. C. (2017). Global patterns of sex-and age-specific variation in seabird bycatch. Biological conservation, 205, 60-76.

Gilardi, K. V., Carlson-Bremer, D., June, J. A., Antonelis, K., Broadhurst, G., & Cowan, T. (2010). Marine species mortality in derelict fishing nets in Puget Sound, WA and the cost/benefits of derelict net removal. *Marine Pollution Bulletin,* 60(3), 376-382.

Gilman, E., Gearhart, J., Price, B., Eckert, S., Milliken, H., Wang, J., ... & Chaloupka, M. (2010). Mitigating sea turtle by-catch in coastal passive net fisheries. *Fish and Fisheries,* 11(1), 57-88.

Hill, B. J., & Wassenberg, T. J. (2000). The probable fate of discards from prawn trawlers fishing near coral reefs: a study in the northern Great Barrier Reef, Australia. Fisheries Research, 48(3), 277-286.

Jaramillo-Legorreta, A., Cardenas-Hinojosa, G., Nieto-Garcia, E., Rojas-Bracho, L., Ver Hoef, J., Moore, J., ... & Taylor, B. (2017). Passive acoustic monitoring of the decline of Mexico's critically endangered vaquita. Conservation Biology, 31(1), 183-191.

Johnson, A. E. (2010). Reducing bycatch in coral reef trap fisheries: escape gaps as a step towards sustainability. Marine Ecology Progress Series, 415, 201-209.

Kiszka, J., Muir, C., Poonian, C., Cox, T. M., Amir, O. A., Bourjea, J., ... & Bristol, N. (2009). Marine mammal bycatch in the southwest Indian Ocean: review and need for a comprehensive status assessment. *Western Indian Ocean Journal of Marine Science,* 7(2), 119-136.

Lawson, J. M., Foster, S. J., & Vincent, A. C. (2017). Low bycatch rates add up to big numbers for a genus of small fishes. Fisheries, 42(1), 19-33.

Lewison, R. L., & Crowder, L. B. (2003). Estimating fishery bycatch and effects on a vulnerable seabird population. Ecological Applications, 13(3), 743-753.

Lewison, R. L., Crowder, L. B., Read, A. J., & Freeman, S. A. (2004). Understanding impacts of fisheries bycatch on marine megafauna. Trends in ecology & evolution, 19(11), 598-604.

Lewison, R. L., Crowder, L. B., Wallace, B. P., Moore, J. E., Cox, T., Zydelis, R., ... & Bjorkland, R. (2014). Global patterns of marine mammal, seabird, and sea turtle bycatch reveal taxa-specific and cumulative megafauna hotspots. Proceedings of the National Academy of Sciences, 111(14), 5271-5276.

Macfayden, G., T. Huntington, and R. Cappell. 2009. Abandoned, lost or otherwise discarded fishing gear. UNEP Regional Seas Reports and Studies 185, FAO Fisheries and Aquaculture Technical Paper 523, United Nations Environment Programme, Food and Agriculture Organisation of the United Nations, Rome.

Maree, B. A., Wanless, R. M., Fairweather, T. P., Sullivan, B. J., & Yates, O. (2014). Significant reductions in mortality of threatened seabirds in a South African trawl fishery. Animal Conservation, 17(6), 520-529.

Marsili, L., Fossi, M. C., Casini, S., Savelli, C., Jimenez, B., Junin, M., & Castello, H. (1997). Fingerprint of polycyclic aromatic hydrocarbons in two populations of southern sea lions (Otaria flavescens). Chemosphere, 34(4), 759-770

Meeuwig, J. J., Ky, T. S., Job, S. D., & Vincent, A. C. (2006). Quantifying non-target seahorse fisheries in central Vietnam. Fisheries Research, 81(2-3), 149-157.

Molina, J. M., & Cooke, S. J. (2012). Trends in shark bycatch research: current status and research needs. *Reviews in Fish Biology and Fisheries*, 22(3), 719-737.

Moore, J. E., Cox, T. M., Lewison, R. L., Read, A. J., Bjorkland, R., McDonald, S. L., ... & Joynson-Hicks, C. (2010). An interview-based approach to assess marine mammal and sea turtle captures in artisanal fisheries. *Biological Conservation*, 143(3), 795-805.

Meeuwig, J. J., Ky, T. S., Job, S. D., & Vincent, A. C. (2006). Quantifying non-target seahorse fisheries in central Vietnam. Fisheries Research, 81(2-3), 149-157.

Oliver, S., Braccini, M., Newman, S. J., & Harvey, E. S. (2015). Global patterns in the bycatch of sharks and rays. *Marine Policy*, 54, 86-97.

Peckham, S. H., Diaz, D. M., Walli, A., Ruiz, G., Crowder, L. B., & Nichols, W. J. (2007). Small-scale fisheries bycatch jeopardizes endangered Pacific loggerhead turtles. *PloS one*, 2(10), e1041.

Peña, N. I., Moreno, V. J., Marcovecchio, J. E., & Pérez, A. (1988). Total mercury, cadmium and lead distribution in tissues of the southern sea lion (Otaria flavescens) in the ecosystem of Mar del Plata, Argentina. In Metals in coastal environments of Latin America (pp. 140-146). Springer, Berlin, Heidelberg.

Probert, P. K., McKnight, D. G., & GROVE, S. L. (1997). Benthic invertebrate bycatch from a deep-water trawl fishery, Chatham Rise, New Zealand. Aquatic Conservation: marine and freshwater ecosystems, 7(1), 27-40.

Read, A. J., Drinker, P., & Northridge, S. (2006). Bycatch of marine mammals in US and global fisheries. *Conservation biology*, 20(1), 163-169.

Read, A. J. (2008). The looming crisis: interactions between marine mammals and fisheries. *Journal of Mammalogy*, 89(3), 541-548.

Rodriguez, D., & Bastida, R. (1998). Four hundred years in the history of pinniped colonies around Mar del Plata, Argentina. *Aquatic Conservation: Marine and Freshwater Ecosystems*, 8(6), 721-735.

Rodríguez-Pérez, M. Y., Aurioles-Gamboa, D., Sánchez-Velásco, L., Lavín, M. F., & Newsome, S. D. (2018). Identifying critical habitat of the endangered vaquita (Phocoena sinus) with regional δ13C and δ15N isoscapes of the Upper Gulf of California, Mexico. *Marine Mammal Science*, 34(3), 790-805.

Rojas-Bracho, L., & Taylor, B. L. (1999). Risk factors affecting the vaquita (Phocoena sinus) 1. *Marine Mammal Science*, 15(4), 974-989.

Rojas-Bracho, L., Gulland, F. M. D., Smith, C. R., Taylor, B., Wells, R. S., Thomas, P. O., ... & Balle, J. D. (2019). A field effort to capture critically endangered vaquitas Phocoena sinus for protection from entanglement in illegal gillnets. Endangered Species Research, 38, 11-27.

Sullivan, B. J., Reid, T. A., & Bugoni, L. (2006). Seabird mortality on factory trawlers in the Falkland Islands and beyond. Biological Conservation, 131(4), 495-504.

Tomás, J., Gozalbes, P., Raga, J. A., & Godley, B. J. (2008). Bycatch of loggerhead sea turtles: insights from 14 years of stranding data. Endangered Species Research, 5(2-3), 161-169.

Uhlmann, S., Fletcher, D., & Moller, H. (2005). Estimating incidental takes of shearwaters in driftnet fisheries: lessons for the conservation of seabirds. Biological conservation, 123(2), 151-163.

Wallace, B. P., Heppell, S. S., Lewison, R. L., Kelez, S., & Crowder, L. B. (2008). Impacts of fisheries bycatch on loggerhead turtles worldwide inferred from reproductive value analyses. *Journal of Applied Ecology*, 45(4), 1076-1085.

Wallace, B. P., Lewison, R. L., McDonald, S. L., McDonald, R. K., Kot, C. Y., Kelez, S., ... & Crowder, L. B. (2010). Global patterns of marine turtle bycatch. Conservation letters, 3(3), 131-142.

Wallace, B. P., Kot, C. Y., DiMatteo, A. D., Lee, T., Crowder, L. B., & Lewison, R. L. (2013). Impacts of fisheries bycatch on marine turtle populations worldwide: toward conservation and research priorities. Ecosphere, 4(3), 1-49

Wilson, S. M., Raby, G. D., Burnett, N. J., Hinch, S. G., & Cooke, S. J. (2014). Looking beyond the mortality of bycatch: sublethal effects of incidental capture on marine animals. Biological Conservation, 171, 61-72.

Žydelis, R., Bellebaum, J., Österblom, H., Vetemaa, M., Schirmeister, B., Stipniece, A., ... & Garthe, S. (2009). Bycatch in gillnet fisheries–an overlooked threat to waterbird populations. *Biological Conservation*, *142*(7), 1269-1281.

CAPÍTULO 14: AL ABORDAJE

Barnes, D. K. (2002). Biodiversity: invasions by marine life on plastic debris. Nature, 416(6883), 808.

Barnes, D. K., Warren, N. L., Webb, K., Phalan, B., & Reid, K. (2004). Polar pedunculate barnacles piggy-back on pycnogona, penguins, pinniped seals and plastics. *Marine Ecology Progress Series*, *284*, 305-310.

Barnes, D. K. A., & Milner, P. (2005). Drifting plastic and its consequences for sessile organism dispersal in the Atlantic Ocean. *Marine Biology*, *146*(4), 815-825.

Carlton, J. T., & Ruiz, G. M. (2015). 1. Anthropogenic Vectors of Marine and Estuarine Invasions: an Overview Framework. In *Biological Invasions in Changing Ecosystems* (pp. 24-36). Sciendo Migration.

Derraik, J. G. (2002). The pollution of the marine environment by plastic debris: a review. *Marine Pollution Bulletin*, 44(9), 842-852.

Gil, M. A., & Pfaller, J. B. (2016). Oceanic barnacles act as foundation species on plastic debris: implications for marine dispersal. *Scientific reports*, *6*, 19987.

Gregory, M. R. (2009). Environmental implications of plastic debris in marine settings—entanglement, ingestion, smothering, hangers-on, hitch-hiking and alien invasions. *Philosophical Transactions of the Royal Society B: Biological Sciences*, *364*(1526), 2013-2025.

Masó, M., Garcés, E., Pagès, F., & Camp, J. (2003). Drifting plastic debris as a potential vector for dispersing Harmful Algal Bloom (HAB) species. *Scientia Marina*, *67*(1), 107-111.

Therriault, T. W., Nelson, J. C., Carlton, J. T., Liggan, L., Otani, M., Kawai, H., ... & Murray, C. C. (2018). The invasion risk of species associated with Japanese tsunami marine debris in Pacific North America and Hawaii. *Marine Pollution Bulletin, 132*, 82-89.

Zettler, E. R., Mincer, T. J., & Amaral-Zettler, L. A. (2013). Life in the "plastisphere": microbial communities on plastic marine debris. *Environmental science & technology, 47*(13), 7137-7146.

CAPÍTULO 15: ¿PLÁSTICO Y CAMBIO CLIMÁTICO?

Ackerman, F. (2000). Waste management and climate change. *Local Environment, 5*(2), 223-229.

Anderegg, W. R., Prall, J. W., Harold, J., & Schneider, S. H. (2010). Expert credibility in climate change. Proceedings of the National Academy of Sciences, 107(27), 12107-12109.

Andrady, A. L., Hamid, H. S., & Torikai, A. (2003). Effects of climate change and UV-B on materials. *Photochemical & Photobiological Sciences, 2*(1), 68-72.

Bellard, C., Bertelsmeier, C., Leadley, P., Thuiller, W., & Courchamp, F. (2012). Impacts of climate change on the future of biodiversity. *Ecology letters, 15*(4), 365-377.

Berkhout, F., Hertin, J., & Gann, D. M. (2006). Learning to adapt: organisational adaptation to climate change impacts. *Climatic change, 78*(1), 135-156.

Doran, P. T., & Zimmerman, M. K. (2009). Examining the scientific consensus on climate change. Eos, Transactions American Geophysical Union, 90(3), 22-23.

Gardiner, S. M. (2004). Ethics and global climate change. *Ethics, 114*(3), 555-600.

Hoegh-Guldberg, O., & Bruno, J. F. (2010). The impact of climate change on the world's marine ecosystems. *Science, 328*(5985), 1523-1528.

Johnson, K. A., & Johnson, D. E. (1995). Methane emissions from cattle. *Journal of Animal Science, 73*(8), 2483-2492.

Linquist, B., Van Groenigen, K. J., Adviento-Borbe, M. A., Pittelkow, C., & Van Kessel, C. (2012). An agronomic assessment of greenhouse gas emissions from major cereal crops. *Global Change Biology, 18*(1), 194-209.

McCright, A. M., & Dunlap, R. E. (2003). Defeating Kyoto: The conservative movement's impact on US climate change policy. *Social problems, 50*(3), 348-373.

Moss, A. R., Jouany, J. P., & Newbold, J. (2000, May). Methane production by ruminants: its contribution to global warming. In *Annales de zootechnie* (Vol. 49, No. 3, pp. 231-253). EDP Sciences.

Oreskes, N. (2004). The scientific consensus on climate change. Science, 306(5702), 1686-1686.

Parmesan, C., & Yohe, G. (2003). A globally coherent fingerprint of climate change impacts across natural systems. *Nature, 421*(6918), 37.

Patz, J. A., Campbell-Lendrum, D., Holloway, T., & Foley, J. A. (2005). Impact of regional climate change on human health. *Nature, 438*(7066), 310.

Rosenzweig, C., Karoly, D., Vicarelli, M., Neofotis, P., Wu, Q., Casassa, G., ...

& Tryjanowski, P. (2008). Attributing physical and biological impacts to anthropogenic climate change. *Nature, 453*(7193), 353.

Royer, S. J., Ferrón, S., Wilson, S. T., & Karl, D. M. (2018). Production of methane and ethylene from plastic in the environment. *PloS one, 13*(8), e0200574.

Russill, C. (2015). Climate change tipping points: origins, precursors, and debates. *Wiley Interdisciplinary Reviews: Climate Change, 6*(4), 427-434.

Shibata, M., & Terada, F. (2010). Factors affecting methane production and mitigation in ruminants. *Animal Science Journal, 81*(1), 2-10.

Thomas, C. D., Cameron, A., Green, R. E., Bakkenes, M., Beaumont, L. J., Collingham, Y. C., ... & Hughes, L. (2004). Extinction risk from climate change. *Nature, 427*(6970), 145.

Van Groenigen, K. J., Van Kessel, C., & Hungate, B. A. (2013). Increased greenhouse-gas intensity of rice production under future atmospheric conditions. *Nature Climate Change, 3*(3), 288.

Vörösmarty, C. J., Green, P., Salisbury, J., & Lammers, R. B. (2000). Global water resources: vulnerability from climate change and population growth. *science, 289*(5477), 284-288.

Weber, E. U., & Stern, P. C. (2011). Public understanding of climate change in the United States. *American Psychologist, 66*(4), 315.

CAPÍTULO 16: LO INVISIBLE A LOS OJOS

Awet, T. T., Kohl, Y., Meier, F., Straskraba, S., Grün, A. L., Ruf, T., ... & Emmerling, C. (2018). Effects of polystyrene nanoparticles on the microbiota and functional diversity of enzymes in soil. *Environmental Sciences Europe, 30*(1), 11.

Bejgarn, S., MacLeod, M., Bogdal, C., & Breitholtz, M. (2015). Toxicity of leachate from weathering plastics: An exploratory screening study with Nitocra spinipes. *Chemosphere, 132*, 114-119.

Caruso, G. (2015). Microplastics in marine environments: possible interactions with the microbial assemblage. J. Pollut. Eff. Cont, 3(2).

Caruso, G., Pedà, C., Cappello, S., Leonardi, M., La Ferla, R., Giudice, A. L., ... & Genovese, L. (2018). Effects of microplastics on trophic parameters, abundance and metabolic activities of seawater and fish gut bacteria in mesocosm conditions. *Environmental Science and Pollution Research, 25*(30), 30067-30083.

Guidi, L., Chaffron, S., Bittner, L., Eveillard, D., Larhlimi, A., Roux, S., ... & Coelho, L. P. (2016). Plankton networks driving carbon export in the oligotrophic ocean. *Nature, 532*(7600), 465.

Jin, Y., Lu, L., Tu, W., Luo, T., & Fu, Z. (2019). Impacts of polystyrene microplastic on the gut barrier, microbiota and metabolism of mice. *Science of the Total Environment, 649*, 308-317.

Kedzierski, M., D'Almeida, M., Magueresse, A., Le Grand, A., Duval, H., César, G., ... & Le Tilly, V. (2018). Threat of plastic ageing in marine environment. Adsorption/desorption of micropollutants. *Marine Pollution Bulletin, 127*, 684-694.

Keswani, A., Oliver, D. M., Gutierrez, T., & Quilliam, R. S. (2016). Microbial hitchhikers on marine plastic debris: human exposure risks at bathing waters and beach environments. Marine environmental research, 118, 10-19.

Koelmans, A. A., Bakir, A., Burton, G. A., & Janssen, C. R. (2016). Microplastic as a vector for chemicals in the aquatic environment: critical review and model-supported reinterpretation of empirical studies. *Environmental Science & Technology*, 50(7), 3315-3326.

Lithner, D., Nordensvan, I., & Dave, G. (2012). Comparative acute toxicity of leachates from plastic products made of polypropylene, polyethylene, PVC, acrylonitrile–butadiene–styrene, and epoxy to Daphnia magna. Environmental Science and Pollution Research, 19(5), 1763-1772.

Lu, L., Wan, Z., Luo, T., Fu, Z., & Jin, Y. (2018). Polystyrene microplastics induce gut microbiota dysbiosis and hepatic lipid metabolism disorder in mice. *Science of the Total Environment*, 631, 449-458.

Lu, L., Luo, T., Zhao, Y., Cai, C., Fu, Z., & Jin, Y. (2019). Interaction between microplastics and microorganism as well as gut microbiota: A consideration on environmental animal and human health. *Science of The Total Environment*.

Lu, L., Luo, T., Zhao, Y., Cai, C., Fu, Z., & Jin, Y. (2019). Interaction between microplastics and microorganism as well as gut microbiota: A consideration on environmental animal and human health. *Science of The Total Environment*.

Mato, Y., Isobe, T., Takada, H., Kanehiro, H., Ohtake, C., & Kaminuma, T. (2001). Plastic resin pellets as a transport medium for toxic chemicals in the marine environment. *Environmental science & technology*, 35(2), 318-324.

Rodrigues, A., Oliver, D. M., McCarron, A., & Quilliam, R. S. (2019). Colonisation of plastic pellets (nurdles) by E. coli at public bathing beaches. *Marine Pollution Bulletin*, 139, 376-380.

Zettler, E. R., Mincer, T. J., & Amaral-Zettler, L. A. (2013). Life in the "plastisphere": microbial communities on plastic marine debris. *Environmental science & technology*, 47(13), 7137-7146.

CAPÍTULO 17: LA ÚLTIMA FRONTERA

S. Allen, D.Allen, V.R. Phoenix, ...& D. Galop .Atmospheric transport and deposition of microplastics in a remote mountain catchment. Nature Geoscience

Anastasopoulou, A., Mytilineou, C., Smith, C. J., & Papadopoulou, K. N. (2013). Plastic debris ingested by deep-water fish of the Ionian Sea (Eastern Mediterranean). Deep Sea Research Part I: Oceanographic Research Papers, 74, 11-13.

Barnes, D. K., Galgani, F., Thompson, R. C., & Barlaz, M. (2009). Accumulation and fragmentation of plastic debris in global environments. Philosophical Transactions of the Royal Society B: Biological Sciences, 364(1526), 1985-1998

Bergmann, M., & Klages, M. (2012). Increase of litter at the Arctic deep-sea observatory HAUSGARTEN. *Marine Pollution Bulletin*, 64(12), 2734-2741.

Bergmann, M., Mützel, S., Primpke, S., Tekman, M. B., & Gerdts, G. (2019,

January). Blown to the North? Microplastic in snow fallen out from the atmosphere of Europe and the Arctic.

Chiba, S., Saito, H., Fletcher, R., Yogi, T., Kayo, M., Miyagi, S., ... & Fujikura, K. (2018). Human footprint in the abyss: 30 year records of deep-sea plastic debris. Marine Policy, 96, 204-212.

Courtene-Jones, W., Quinn, B., Gary, S. F., Mogg, A. O., & Narayanaswamy, B. E. (2017). Microplastic pollution identified in deep-sea water and ingested by benthic invertebrates in the Rockall Trough, North Atlantic Ocean. Environmental pollution, 231, 271-280

Cózar, A., Martí, E., Duarte, C. M., García-de-Lomas, J., Van Sebille, E., Ballatore, T. J., ... & Troublè, R. (2017). The Arctic Ocean as a dead end for floating plastics in the North Atlantic branch of the Thermohaline Circulation. Science advances, 3(4), e1600582.

Eriksen, M., Lebreton, L. C., Carson, H. S., Thiel, M., Moore, C. J., Borerro, J. C., ... & Reisser, J. (2014). Plastic pollution in the world's oceans: more than 5 trillion plastic pieces weighing over 250,000 tons afloat at sea. PloS one, 9(12), e111913.

Galgani, F., Souplet, A., & Cadiou, Y. (1996). Accumulation of debris on the deep sea floor off the French Mediterranean coast. Marine Ecology Progress Series, 142, 225-234.

Isobe, A., Uchiyama-Matsumoto, K., Uchida, K., & Tokai, T. (2017). Microplastics in the Southern Ocean. *Marine Pollution Bulletin*, 114(1), 623-626.

Jamieson, A. J., Brooks, L. S. R., Reid, W. D. K., Piertney, S. B., Narayanaswamy, B. E., & Linley, T. D. (2019). Microplastics and synthetic particles ingested by deep-sea amphipods in six of the deepest marine ecosystems on Earth. Royal Society open science, 6(2), 180667.

Lusher, A. L., Tirelli, V., O'Connor, I., & Officer, R. (2015). Microplastics in Arctic polar waters: the first reported values of particles in surface and sub-surface samples. Scientific reports, 5, 14947.

Miyake, H., Shibata, H., & Furushima, Y. (2011). Deep-sea litter study using deep-sea observation tools. Interdisciplinary Studies on Environmental Chemistry-Marine Environmental Modeling and Analysis: Terrapub, 261-269.

Moran-Zuloaga, D., Ditas, F., Walter, D., Saturno, J., Brito, J., Carbone, S., ... & Heese, B. (2018). Long-term study on coarse mode aerosols in the Amazon rain forest with the frequent intrusion of Saharan dust plumes. Atmospheric Chemistry and Physics, 18(13), 10055-10088.

Obbard, R. W., Sadri, S., Wong, Y. Q., Khitun, A. A., Baker, I., & Thompson, R. C. (2014). Global warming releases microplastic legacy frozen in Arctic Sea ice. Earth's Future, 2(6), 315-320.

Pham, C. K., Ramirez-Llodra, E., Alt, C. H., Amaro, T., Bergmann, M., Canals, M., ... & Huvenne, V. A. (2014). Marine litter distribution and density in European seas, from the shelves to deep basins. PloS one, 9(4), e95839.

Ramirez-Llodra, E., De Mol, B., Company, J. B., Coll, M., & Sardà, F. (2013). Effects of natural and anthropogenic processes in the distribution of marine litter in the deep Mediterranean Sea. Progress in Oceanography, 118, 273-287.

Sighicelli, M., Pietrelli, L., Lecce, F., Iannilli, V., Falconieri, M., Coscia, L., ...

& Zampetti, G. (2018). Microplastic pollution in the surface waters of Italian Subalpine Lakes. Environmental pollution, 236, 645-651.

Taylor, M. L., Gwinnett, C., Robinson, L. F., & Woodall, L. C. (2016). Plastic microfibre ingestion by deep-sea organisms. *Scientific reports*, *6*, 33997.

Van Cauwenberghe, L., Vanreusel, A., Mees, J., & Janssen, C. R. (2013). Microplastic pollution in deep-sea sediments. *Environmental pollution, 182*, 495-499.

Waller, C. L., Griffiths, H. J., Waluda, C. M., Thorpe, S. E., Loaiza, I., Moreno, B., ... & Hughes, K. A. (2017). Microplastics in the Antarctic marine system: an emerging area of research. Science of the Total Environment, 598, 220-227.

Watters, D. L., Yoklavich, M. M., Love, M. S., & Schroeder, D. M. (2010). Assessing marine debris in deep seafloor habitats off California. *Marine Pollution Bulletin*, 60(1), 131-138.

Woodall, L. C., Sanchez-Vidal, A., Canals, M., Paterson, G. L., Coppock, R., Sleight, V., ... & Thompson, R. C. (2014). The deep sea is a major sink for microplastic debris. Royal Society open science, 1(4), 140317.

Woodall, L. C., Robinson, L. F., Rogers, A. D., Narayanaswamy, B. E., & Paterson, G. L. (2015). Deep-sea litter: a comparison of seamounts, banks and a ridge in the Atlantic and Indian Oceans reveals both environmental and anthropogenic factors impact accumulation and composition. Frontiers in Marine Science, 2, 3.

Zarfl, C., & Matthies, M. (2010). Are marine plastic particles transport vectors for organic pollutants to the Arctic? *Marine Pollution Bulletin*, 60(10), 1810-1814.

CAPÍTULO 18: *HOMO PLASTICUS*

Barboza, L. G. A., Vethaak, A. D., Lavorante, B. R., Lundebye, A. K., & Guilhermino, L. (2018). Marine microplastic debris: An emerging issue for food security, food safety and human health. *Marine Pollution Bulletin*, 133, 336-348.

Bouwmeester, H., Hollman, P. C., & Peters, R. J. (2015). Potential health impact of environmentally released micro-and nanoplastics in the human food production chain: experiences from nanotoxicology. Environmental science & technology, 49(15), 8932-8947.

EFSA Panel on Contaminants in the Food Chain (CONTAM). (2016). Presence of microplastics and nanoplastics in food, with particular focus on seafood. *EFSA Journal*, 14(6), e04501.

Galloway, T. S. (2015). Micro-and nano-plastics and human health. In Marine anthropogenic litter (pp. 343-366). Springer, Cham

Iñiguez, M. E., Conesa, J. A., & Fullana, A. (2017). Microplastics in Spanish table salt. Scientific reports, 7(1), 8620.

Karalius, V. P., Harbison, J. E., Plange-Rhule, J., Van Breemen, R. B., Li, G., Huang, K., ... & Tuchman, N. C. (2014). Bisphenol A (BPA) found in humans and water in three geographic regions with distinctly different levels of economic development. Environmental health insights, 8, EHI-S13130.

Karami, A., Golieskardi, A., Choo, C. K., Larat, V., Galloway, T. S., &

Salamatinia, B. (2017). The presence of microplastics in commercial salts from different countries. Scientific Reports, 7, 46173.

Kim, J. S., Lee, H. J., Kim, S. K., & Kim, H. J. (2018). Global Pattern of Microplastics (MPs) in Commercial Food-Grade Salts: Sea Salt as an Indicator of Seawater MP Pollution. Environmental science & technology, 52(21), 12819-12828.

Li, J., Yang, D., Li, L., Jabeen, K., & Shi, H. (2015). Microplastics in commercial bivalves from China. Environmental pollution, 207, 190-195.

Liebezeit, G., & Liebezeit, E. (2013). Non-pollen particulates in honey and sugar. Food Additives & Contaminants: Part A, 30(12), 2136-2140

Liebezeit, G., & Liebezeit, E. (2014). Synthetic particles as contaminants in German beers. Food Additives & Contaminants: Part A, 31(9), 1574-1578.

Molina-Molina, J. M., Jiménez-Díaz, I., Fernández, M. F., Rodriguez-Carrillo, A., Peinado, F. M., Mustieles, V., ... & Freire, C. (2019). Determination of bisphenol A and bisphenol S concentrations and assessment of estrogen-and anti-androgen-like activities in thermal paper receipts from Brazil, France, and Spain. Environmental research, 170, 406-415.

Peixoto, D., Pinheiro, C., Amorim, J., Oliva-Teles, L., Guilhermino, L., & Vieira, M. N. (2019). Microplastic pollution in commercial salt for human consumption: A review. Estuarine, Coastal and Shelf Science.

Prata, J. C. (2018). Airborne microplastics: consequences to human health? Environmental pollution, 234, 115-126.

Raloff, J. (1999). Food for thought: what's coming out of baby's bottle. Science News Online, 156, 1-4.

Rochman, C. M., Tahir, A., Williams, S. L., Baxa, D. V., Lam, R., Miller, J. T., ... & Teh, S. J. (2015). Anthropogenic debris in seafood: Plastic debris and fibers from textiles in fish and bivalves sold for human consumption. Scientific reports, 5, 14340.

Seltenrich, N. (2015). New link in the food chain? Marine plastic pollution and seafood safety.

Thompson, R. C., Moore, C. J., Vom Saal, F. S., & Swan, S. H. (2009). Plastics, the environment and human health: current consensus and future trends. Philosophical Transactions of the Royal Society B: Biological Sciences, 364(1526), 2153-2166.

Van Cauwenberghe, L., & Janssen, C. R. (2014). Microplastics in bivalves cultured for human consumption. Environmental pollution, 193, 65-70.

Vandenberg, L. N., Hauser, R., Marcus, M., Olea, N., & Welshons, W. V. (2007). Human exposure to bisphenol A (BPA). Reproductive toxicology, 24(2), 139-177.

Wright, S. L., & Kelly, F. J. (2017). Plastic and human health: a micro issue? Environmental science & technology, 51(12), 6634-6647.

Yang, D., Shi, H., Li, L., Li, J., Jabeen, K., & Kolandhasamy, P. (2015). Microplastic pollution in table salts from China. Environmental science & technology, 49(22), 13622-13627.

CAPÍTULO 19: EL FUTURO

Browne, M. A., Crump, P., Niven, S. J., Teuten, E., Tonkin, A., Galloway, T., & Thompson, R. (2011). Accumulation of microplastic on shorelines

woldwide: sources and sinks. *Environmental science & technology, 45*(21), 9175-9179.
Corcoran, P. L., Moore, C. J., & Jazvac, K. (2014). An anthropogenic marker horizon in the future rock record. *GSA today, 24*(6), 4-8.
Corcoran, P. L., Norris, T., Ceccanese, T., Walzak, M. J., Helm, P. A., & Marvin, C. H. (2015). Hidden plastics of Lake Ontario, Canada and their potential preservation in the sediment record. *Environmental Pollution, 204*, 17-25.
Haff, P. K. (2014). Technology as a geological phenomenon: implications for human well-being. *Geological Society, London, Special Publications, 395*(1), 301-309.
Rillig, M. C. (2012). Microplastic in terrestrial ecosystems and the soil?
Zalasiewicz, J., Williams, M., Smith, A., Barry, T. L., Coe, A. L., Bown, P. R., ... & Gregory, F. J. (2008). Are we now living in the Anthropocene? *Gsa Today, 18*(2), 4.
Zalasiewicz, J., Williams, M., Waters, C. N., Barnosky, A. D., & Haff, P. (2014). The technofossil record of humans. *The Anthropocene Review, 1*(1), 34-43.
Zalasiewicz, J., Waters, C. N., do Sul, J. A. I., Corcoran, P. L., Barnosky, A. D., Cearreta, A., ... & McNeill, J. R. (2016). The geological cycle of plastics and their use as a stratigraphic indicator of the Anthropocene. *Anthropocene, 13*, 4-17.

CAPÍTULO 20: *RES NON VERBA*
Ahmadinia, E., Zargar, M., Karim, M. R., Abdelaziz, M., & Shafigh, P. (2011). Using waste plastic bottles as additive for stone mastic asphalt. *Materials & Design, 32*(10), 4844-4849.
Bale, A. S. (2011). Potential reuse of plastic waste in road construction: a review. *International Journal of Advances in Engineering & Technology (IJAET), 2*, 233-236.
Chavan, M. A. J. (2013). Use of plastic waste in flexible pavements. *International Journal of Application or Innovation in Engineering and Management, 2*(4), 540-552.
García, B., Olivera, E. R., Miñambres, B., Fernández-Valverde, M., Cañedo, L. M., Prieto, M. A., ... & Luengo, J. (1999). Novel biodegradable aromatic plastics from a bacterial source genetic and biochemical studies on a route of the phenylacetyl-CoA catabolon. *Journal of Biological Chemistry, 274*(41), 29228-29241.
Huang, Y., Bird, R. N., & Heidrich, O. (2007). A review of the use of recycled solid waste materials in asphalt pavements. *Resources, Conservation and Recycling, 52*(1), 58-73.
Russell, J. R., Huang, J., Anand, P., Kucera, K., Sandoval, A. G., Dantzler, K. W., ... & Marks, D. H. (2011). Biodegradation of polyester polyurethane by endophytic fungi. *Applied and environmental microbiology*, AEM-00521.
Saminathan, P., Sripriya, A., Nalini, K., Sivakumar, T., & Thangapandian, V. (2014). Biodegradation of plastics by Pseudomonas putida isolated from garden soil samples. *J Adv Bot Zool, 1*(3), 34-38.

Shimao, M. (2001). Biodegradation of plastics. *Current opinion in Biotechnology*, *12*(3), 242-247.

Siddique, R., Khatib, J., & Kaur, I. (2008). Use of recycled plastic in concrete: a review. *Waste management*, *28*(10), 1835-1852.

Verma, S. S. (2008). Roads from plastic waste. *The Indian concrete journal*, *3*(1), 43-44.

Wierckx, N., Prieto, M. A., Pomposiello, P., de Lorenzo, V., O'connor, K., & Blank, L. M. (2015). Plastic waste as a novel substrate for industrial biotechnology. *Microbial biotechnology*, *8*(6), 900-903.

Yang, Y., Yang, J., Wu, W. M., Zhao, J., Song, Y., Gao, L., ... & Jiang, L. (2015). Biodegradation and mineralization of polystyrene by plastic-eating mealworms: Part 1. Chemical and physical characterization and isotopic tests. *Environmental science & technology*, *49*(20), 12080-12086.

Yang, Y., Yang, J., Wu, W. M., Zhao, J., Song, Y., Gao, L., ... & Jiang, L. (2015). Biodegradation and mineralization of polystyrene by plastic-eating mealworms: Part 2. Role of gut microorganisms. *Environmental science & technology*, *49*(20), 12087-12093.